Menschenrechte und Bürgergesellschaft
in Deutschland

Franz-Josef Hutter
Carsten Tessmer (Hrsg.)

Menschenrechte und Bürgergesellschaft in Deutschland

Leske + Budrich, Opladen 1999

Gedruckt auf säurefreiem und altersbeständigem Papier.

ISBN 3-8100-2153-9

Druck: Druck Partner Rübelmann, Hemsbach
Printed in Germany

Inhalt

III. „Neue“ Menschenrechte

IV. Akteure

V. Ausblick

I. Einführung

Franz-Josef Hutter und Carsten Tessmer

„Die Würde des Menschen ist unantastbar". Einleitende Überlegungen zum Zusammenhang von Menschenrechten, Demokratie und Bürgergesellschaft

Am 8. November 1992 fand in der deutschen Hauptstadt, in Berlin, eine Demonstration ohne Beispiel statt. Nicht weil sie die größte Protestkundgebung seit dem Fall der Mauer im Herbst 1989 war und mehr als 300 000 Menschen an ihr teilnahmen; nicht weil es der damalige Bundespräsident, Richard von Weizsäcker, war, der zu der Veranstaltung aufgerufen hatte. Es waren Anlaß und Thema, die die Demonstration einzigartig machten. „Es ging einfach nur um den Artikel 1 unserer Verfassung, der die Unantastbarkeit der Würde eines jeden Menschen ausspricht, nicht nur des Deutschen" (Weizsäcker, Vier Zeiten, 431).

Und es stand seinerzeit denkbar schlecht um die Menschenwürde zwischen Rhein und Oder; Nachrichten aus Deutschland vermeldeten Ereignisse, wie es sie „bei uns bisher noch nie gegeben hat in der Nachkriegszeit. Es geht bösartig zu: Schwere Ausschreitungen gegen Ausländerheime; Hetze gegen Fremde; Anschläge auf kleine Kinder; geschändete jüdische Friedhöfe; Verwüstungen in den Gedenkstätten der KZs Sachsenhausen, Ravensbrück und Überlingen; brutaler Rechtsextremismus, wachsende Gewalt gegen die Schwachen, egal ob gegen Fremde oder Deutsche; Brandstifter und Totschläger sind unterwegs" (Weizsäcker, Mitverantwortung, 1121).

Und auch heute, im Juni 1998, verzeichnet die Chronik der Bundesrepublik Geschehnisse, die – so die Diagnose des Berliner Bischofs Huber – dem „christlichen Verständnis von Menschenrecht und Menschenwürde [widersprechen]" (zit. nach Süddeutsche Zeitung vom 22. Juni 1998). Gewiß: Die Zahl fremdenfeindlich, rassistisch oder antisemitisch motivierter Straftaten ist seit 1993 zurückgegangen. Doch nach wie vor ist sie viel zu hoch, um Entwarnung geben zu können, zumal die Statistiken für 1997 wieder einen deutlichen Anstieg ausweisen: Das Bundeskriminalamt registrierte, so teilte die Bundesregierung mit, im letzten Jahr 1 974 ausländer- und fremdenfeindliche Straftaten (1996: 1 634) sowie 825 Übergriffe mit antisemitischem Hintergrund (1996: 719); nach Erkenntnissen des Bundesamts für Verfassungsschutz hat die Zahl *gewaltbereiter* Rechtsextremisten in den letzten drei Jahren um mehr als 40 Prozent auf 7 600 (1994: 5 400) zugenommen. Fachleute wie der Generalstaatsanwalt von Brandenburg, Erardo Rautenberg, diagnostizieren eine „faschistoide Gewaltbereitschaft mit Vernichtungswillen“ gegen alle, „die einfach nur anders sind“; und Brandenburgs Ausländerbeauftragte, Almuth Berger, kann in ihrem Bundesland „keinem garantieren, daß er hier nicht behelligt wird“ (zit. nach Der Spiegel, Nr. 13 vom 23. März 1998). Dies ist um so dramatischer, als gleichzeitig die Akzeptanz rechtsextremer Positionen vor allem im Osten Deutschlands gestiegen ist, wie nicht nur der Wahlerfolg der Deutschen Volksunion (DVU) in Sachsen-Anhalt belegt. 65 Prozent der Ostdeutschen sind nach einer Emnid-Umfrage aus dem März 1998 der Meinung, daß in Deutschland zu viele Ausländer leben, obgleich ihr Bevölkerungsanteil zwischen Elbe und Oder unter zwei Prozent rangiert; 53 Prozent der Westdeutschen sind derselben Ansicht. Obwohl diese Zahlen nur eine diffuse Stimmung widerspiegeln und nicht per se auf aktives fremdenfeindliches Verhalten schließen lassen müssen, so stellen solche Stimmungslagen gleichwohl den Nährboden dar, auf dem Rassismus erst gedeihen kann. Allein die in den Umfrageergebnissen zum Ausdruck kommende Abwehrhaltung gegenüber „Fremden“ vermittelt den rechtsextremen Gewalttätern das Gefühl, daß andere genauso denken wie sie selbst. Deshalb zeugen auch bereits diese Frühformen von Verhaltensdispositionen genauso wie jede rassistisch und fremdenfeindlich motivierte Straftat von fehlender Mitmenschlichkeit, ja von Menschenverachtung. Sie führen über die Bedrohung jedes einzelnen Betroffenen hinaus „zu einer erheblichen Beeinträchtigung des Sicherheitsempfindens“ und damit der vielfach – freilich meist in einem anderen Kontext – beschworenen inneren Sicherheit, die „für einen Rechtsstaat nicht hinnehmbar“ ist (Bericht der Beauftragten der Bundesregierung für Ausländerfragen, 45).

„Es ging einfach nur um den Artikel 1 unserer Verfassung...“. Und doch geht es gleichzeitig um mehr. Die Gewähr der Grundrechte und ihre subjektive Einklagbarkeit als Ausdruck des Rechtsstaatsprinzips sind das eine; die stete, aufmerksame und kritische Überprüfung des Umgangs mit ihnen in Politik und Gesellschaft, die Kontrolle der Einhaltung der aus ihnen für alle staatliche Gewalt resultierenden Eingriffsverbote, Achtungsgebote und Schutzpflichten sind das andere. Nicht erst, wenn die verfassungsrechtlich garantierten Menschen- und Bürgerrechte mißachtet und verletzt werden, hat der kritische Blick stets ebenso den politischen und sozialen Bedingungen für ihre wirksame Durchsetzung zu gelten. Das verlangt der „Ethos des Rechtsstaats“ (Limbach, Abschied, 9). Denn die Grundrechte sind eines der konstituierenden Elemente einer liberalen, demokratischen politischen Kultur: Sie begründen die freiheitliche Rechtsordnung der Bundesrepublik; sie sind Teil der „Grundfesten unserer Zivilisation, an denen die Lebensfähigkeit unserer Demokratie hängt“ (Weizsäcker, Mitverantwortung, 1121f.). Einschränkungen oder Verstöße gegen die Grundrechte eines Einzelnen bleiben nie ohne Folgen für den Zustand von Demokratie und Gesellschaft insgesamt.

„Es ging einfach nur um den Artikel 1 unserer Verfassung...". Dahinter steckt genaugenommen die – in Anlehnung an die Mitte der sechziger Jahre von Ralf Dahrendorf formulierte – „soziale Frage an uns selbst": Wie viele Freunde hat das Prinzip der liberalen Demokratie in Deutschland gefunden (Dahrendorf, Gesellschaft und Demokratie, 26, 480)? Und dem Umgang mit der „Würde des Menschen als höchstem Rechtswert" (Simon, 57) und mit den sich an ihr orientierenden elementaren Freiheitsrechten des Grundgesetzes kommt bei der Beantwortung dieser Frage zentrale Bedeutung zu.

*

Nicht umsonst stellt das Grundgesetz der Bundesrepublik Deutschland den Schutz der Menschenwürde an den Beginn des Verfassungstextes. Schlicht und einprägsam heißt es dort: *Die Würde des Menschen ist unantastbar*. Es fährt fort, daß ihr Schutz die fundamentale Aufgabe aller staatlichen Gewalt sei, und führt vor allem in den darauffolgenden Artikeln aus, welche Grundrechte sich aus dieser Menschenwürde zuvörderst ableiten. Diese dürfen in ihrem Wesensgehalt von niemandem angetastet werden und begründen ein Gesellschaftsverständnis, das heute in der politischen Publizistik oft mit *ziviler Republik* bezeichnet wird. Gemeint ist damit die *civil society* – so der Begriff aus den angloamerikanischen Gesellschaftswissenschaften –, die wohl treffender mit *Bürgergesellschaft* zu übersetzen wäre. Diese stellt nicht den Staat, sondern den Bürger im Sinne eines *citoyen* und als Gegenstück zum bloßen Untertan in den Mittelpunkt der Betrachtung. Sein Dasein, seine Rolle, seine Staatsbürgerschaft konstituieren sich über drei Elemente: „Das bürgerliche Element besteht aus den Rechten, die für die individuelle Freiheit nötig sind [...]. Mit dem politischen Element meine ich das Recht, an der Ausübung von politischer Macht teilzunehmen [...]. Mit dem sozialen Element meine ich den ganzen Bereich von dem Recht auf ein Maß an wirtschaftlicher Wohlfahrt und Sicherheit bis zu dem Recht zur vollen Teilhabe am sozialen Erbe und zum Leben eines zivilisierten Wesens gemäß den Maßstäben, die in der Gesellschaft gelten" (T. H. Marshall, zit. nach Dahrendorf, Gesellschaft und Demokratie, 82).

Die Bürgergesellschaft lebt vom Zusammenspiel der Idee der Menschenrechte und den demokratischen Prinzipien. Beide sind in der Tat aufs engste miteinander verwoben. Begründen die Menschenrechte subjektive Rechte, die das Individuum vor Willkürakten staatlicher Gewalt schützen sollen, sowie den normativen Anspruch auf universale, für jeden Einzelnen erfahrbare Wohlfahrt und auf Möglichkeiten, freiwillig am politisch-gesellschaftlichen Leben teilzuhaben, so sorgt die *civil society* „durch die Existenz autonomer, d. h. nicht staatlich oder in anderer Weise zentral geleiteter Organisationen und Institutionen als Organe des Volkswillens" für die praktische Verwirklichung dieses Anspruchs; umgekehrt bilden die Bürgerrechte „als ein Ensemble legitimer Ansprüche" die Grundlage für die Bürgergesellschaft, indem sie „die Teilhabechancen des Volkes einerseits vor dem Zugriff der Regierung und andererseits vor den Wechselfällen des Marktes" schützen (Dahrendorf, Die gefährdete *Civil Society*, 262f.). Konkret bezogen auf die Bundesrepublik läßt sich dieser Zusammenhang zwischen Menschenrechten und demokratischen Prinzipien mit den Worten Richard Löwenthals formulieren: Es sind die „Freiheitsgarantien der Grundrechte, die dem demokratischen Bürgerrecht zur Teilnahme an Entscheidungen die Grundlage einer echten Wahlfreiheit sichern" (zit. nach Brandt, Über den Tag hinaus, 270). Freilich ist damit erst einmal nur ein Anspruch formuliert.

*

Vielleicht bedarf es tatsächlich der gut bedachten Provokation, den ersten Artikel des Grundgesetzes als „semantischen Unfug" zu bezeichnen und ihm jede Plausibilität abzusprechen, um bewußt zu machen, daß zwar „mit der Rede von der Unantastbarkeit der menschlichen Würde eine naturrechtliche Basis für bestimmte positive Grundrechte und die Bindung staatlicher Organe an die Wahrung dieser Grundrechte gegeben" wird (Reemtsma, 4), damit aber noch nichts über ihre Institutionalisierungsbedingungen und ihre Durchsetzbarkeit gesagt ist. Diese Unterscheidung ist Ausdruck eines Spannungsverhältnisses zwischen den rechtlichen Vorgaben und den darin enthaltenen Ansprüchen auf der einen Seite sowie der einem steten Wandlungsprozeß unterliegenden sozialen und politischen Wirklichkeit auf der anderen. Allein daraus ergibt sich schon, daß auch in demokratisch verfaßten Staaten wie der Bundesrepublik Deutschland die Menschenrechtsfrage keineswegs nur theoretischer Natur sein kann. Nicht umsonst begründet Artikel 1 des Grundgesetzes in seinem zweiten Satz – „Die Menschenwürde zu achten und zu schützen ist Verpflichtung aller staatlichen Gewalt" – eine permanente Aufgabe: Schließlich müssen, so formulierte es Carlo Schmid für den Verfassungsgeber im Parlamentarischen Rat, „die Rechte, deren der Einzelmensch bedarf, wenn anders er in Würde und Selbstachtung soll leben können, die Verfassungswirklichkeit bestimmen [...]. Letztlich ist der Staat dazu da, die äußere Ordnung zu schaffen, deren die Menschen zu einem auf der Freiheit des einzelnen beruhenden Zusammenleben bedürfen. Aus diesem Auftrag allein stammt letztlich die Legitimität seiner Machtausübung" (zit. nach Eschenburg, 417).

Doch dieser Auftrag wird – so zeigt ein Blick auf die gesellschaftliche Realität zwischen Rhein und Oder – am Ende des 20. Jahrhunderts trotz aller anderslautenden Bekenntnisse zu den Menschenrechten, zu denen deutsche Politiker bevorzugt dann greifen, wenn von weit entfernten und ungeliebten Staaten zu reden ist, nicht in ausreichendem Maße wahrgenommen. Ein Grund dafür liegt sicherlich in der vergleichsweise häufig anzutreffenden vorschnellen Gleichsetzung von parlamentarisch-demokratischen Systemen mit der tatsächlichen Durchsetzung der Menschenrechtsidee und einem umfassenden Menschenrechtsschutz. Gewiß: Demokratische Ordnungsgrundsätze und Menschenrechte sind eng miteinander verknüpft. Menschenrechte besitzen eine demokratisierende Tendenz, wie umgekehrt die demokratische Organisationsform staatlicher Herrschaft günstige Bedingungen für die Durchsetzung der Menschenrechte schafft. Doch so wenig der erste Zusammenhang besagt, daß die Achtung der Menschenrechte *notwendigerweise* zur Etablierung eines demokratischen Systems führt, so wenig folgt aus dem zweiten, daß die Existenz demokratischer Strukturen *hinreichende* Bedingung ist, um von einer umfassenden Geltung der Menschenrechte ausgehen zu können. Wer, angesprochen auf den Umgang mit Menschenrechten hierzulande, allein auf das Grundgesetz und auf die Stabilität der Demokratie in der Bundesrepublik verweist, auf die wir zu recht stolz sein können, verkennt nicht nur deren Prozeßcharakter: „Demokratie *ist* nicht, sondern *wird* ständig. [...] Demokratie ist kein Endzustand“ (Beyme, 9f.); er macht zudem nicht Ernst mit dem Grundgesetz und den darin definierten elementaren Freiheitsrechten. Wer die Menschenrechte in dieser Form an die Demokratie gebunden sieht, schadet ihrem Geltungsanspruch, weil er übersieht: „Ausübung von Macht zwischen Menschen ist immer der Gefahr ausgesetzt, bestehende Rechte nicht zu achten und die Macht zu mißbrauchen“ (Böckenförde).

Ein zweites gewichtiges Motiv für die mitunter unzureichende Wahrnehmung des oben zitierten Auftrags an alle staatliche Gewalt scheint in dem verbreiteten Mißverständnis zu liegen, Demokratie sei einfach die Herrschaft der Mehrheit. Das allerdings greift insgesamt zu kurz, speziell zum Menschenrechtsgedanken verhält es sich konträr. Denn Demokratie meint die Herrschaft des ganzen Volkes; für eine reine Mehrheitsherrschaft verwendeten schon die griechischen Staatsdenker der Antike die abwertende Bezeichnung Ochlokratie. Ohne Frage muß und soll in einer Demokratie vieles von Mehrheiten entschieden werden, doch kann und darf nicht über alles von einer Mehrheit verfügt werden. Auch Minderheiten jedweder Art sind Bestandteil des *demos*, des Volkes. Und jedes Individuum, egal ob es einer Mehrheit oder einer Minderheit angehört, verfügt über substantielle Rechte, die nicht zur Disposition einer wie auch immer gearteten Mehrheit stehen können. Dieses substantielle Verständnis von den Rechten des Einzelnen hängt zusammen einerseits mit der historisch-politischen Genese der Menschenrechtsidee, andererseits mit grundlegenden demokratietheoretischen Überlegungen.

*

Entstanden ist die politische Idee der Menschenrechte im Gefolge der Aufklärung als Grundgedanke von Abwehrrechten des Individuums gegenüber einem sich übermächtig und willkürlich gebärdenden Staat mit umfassendem

Herrschaftsanspruch über seine Untertanen. Diesem *Leviathan* sollten die Beherrschten nicht völlig ausgeliefert sein. Obwohl also die Formulierung der Menschenrechtsidee historisch im westlichen Kulturkreis vonstatten ging, markiert sie doch keine Besonderheit der westlichen Kultur. Denn ihren Ursprung haben die Menschenrechte in „fundamentalen Unrechtserfahrungen“ (Dicke, 62), wie sie auf der ganzen Welt gemacht werden konnten und auch tatsächlich gemacht wurden und werden. Nun mag zwar die konkrete Bewertung von Recht oder Unrecht zwischen den Kulturen unterschiedlich ausfallen, gemeinsam ist ihnen jedoch, daß sie alle Unrecht kennen, das die Würde des Menschen verletzt. Es geht also nicht darum, ein „an eine bestimmte kulturelle Tradition gebundenes Ethos zu ‘universalisieren’“ (ebd., 73), sondern es geht darum, jedem Verstoß gegen die Menschenwürde und die daraus abgeleiteten Menschenrechte zu begegnen. In Europa bedeutete dies in der historischen Entwicklung, daß die Begrenzung der Staatsgewalt gegenüber dem Individuum hervorgehoben werden mußte. Wenn also im folgenden dieser europäische Weg aufgrund seiner Bedeutung für das Thema dieses Sammelbandes näher beleuchtet wird, soll damit keine notwendige Gleichsetzung von Demokratie und Achtung der Menschenrechte behauptet werden. „Die Anerkennung von Menschenrechten kann und wird vielfach zur Demokratie führen. Sie hat [...] eine demokratisierende Tendenz [...]. Aber das ist kein Apriori und darf nicht zu dem Umkehrschluß führen, Demokratie sei eine notwendige Bedingung für die Geltung von Menschenrechten“ (Böckenförde). In Europa und Nordamerika war jedoch der historische Weg von diesem Zusammenhang geprägt.

Ältere Traditionen aus den Zeiten der englischen Magna Charta fortführend, die dem Bürger ein Recht auf Eigentum zubilligte, standen Gedankenfreiheit, Ausdrucksfreiheit und damit verbunden rasch die Religionsfreiheit am Beginn der europäischen Menschenrechtsidee. Ausgangspunkt war das ursprünglich gegen die Kirche gerichtete Postulat eines Naturrechts und in dessen Folge die Lehre von der Bildung politischer Gemeinschaften als Vertrag, als Übereinkunft von im Naturzustand freien Individuen. Dieser Vertrag binde, so Locke, auch nachfolgende Generationen und sei nötigenfalls aufkündbar; er garantiere eine Rechtsordnung und damit auch Eigentum und verschaffe sich durch seine Garantien Geltung, weil diese den Menschen ein besseres Leben als im Naturzustand bescheren; d. h. die Herrschaft erlangt in den Augen der Beherrschten Legitimität. Der Gedanke, daß der geschlossene Vertrag prinzipiell aufkündbar sei, begründet übrigens ein weiteres und oft vernachlässigtes Menschenrecht: das Recht auf Widerstand gegen jede Form illegitimer Herrschaft. Oder mit den Worten Werner Stauffachers, einer Figur aus Schillers zeitgenössischem Drama „Wilhelm Tell“: „Nein, eine Grenze hat Tyrannenmacht, / Wenn der Gedrückte nirgends Recht kann finden, / Wenn unerträglich wird die Last – greift er / Hinauf getrosten Mutes in den

Himmel / Und holt herunter seine ewgen Rechte, / Die droben hangen unveräußerlich / Und unzerbrechlich wie die Sterne selbst" (Schiller, 959).

Die im Zustand des geschlossenen Gesellschaftsvertrages notwendige politische Herrschaft wird beschränkt auf die Ausübung unabdingbarer staatlicher Gewalt zum Schutz der vereinbarten Rechtsordnung, ausschließlich nach festen, stehenden und dem Volk bekanntgemachten Gesetzen, immer mit dem Ziel des Erhalts und der Verbesserung des gemeinsamen Wohls. Die Gewaltausübung wird ausdrücklich begrenzt „im Innern *nur zur Vollziehung dieser Gesetze*, nach außen zur Verhütung und Sühne fremden Unrechts und zum Schutz der Gemeinschaft vor Überfällen und Angriffen" (Locke, 281).

Staatliche Herrschaft wird also grundlegend begrenzt. Sie wird als zustimmungspflichtig durch die Beherrschten verstanden und muß ihr Handeln ihnen gegenüber begründen, bedarf folglich der Legitimität. Die frei geborenen Menschen schließen sich zu politischen Gesellschaften zusammen, weil ihnen dies einen höheren Nutzen verspricht als ein Leben im Naturzustand. Sie unterwerfen sich aus diesem Grund einer Herrschaft, die durch eben diesen Grund und ferner durch die Freiwilligkeit der Unterwerfung begrenzt ist. „Der einzige Zweck, der die Menschen individuell oder kollektiv berechtigt, in die Handlungsfreiheit eines der ihren einzugreifen, ist Selbstschutz" (Mill, 16), einschließlich des Schutzes der selbstgewählten Rechtsordnung. Daraus folgt, daß der Mensch auch nur mit dem Teil seiner selbst der Gesellschaft gegenüber verantwortlich ist, der andere Menschen unmittelbar betrifft. „In dem Teil, der nur ihn selbst berührt, ist seine Unabhängigkeit im rechtlichen Sinne absolut. Über sich selbst, über seinen eigenen Körper und Geist, ist das Individuum souverän" (ebd., 17). Der Mensch verfügt demnach nicht nur über das Recht auf Leben, sondern auch über das Recht auf körperliche Unversehrtheit, auf Meinungs-, Gewissens- und Religionsfreiheit, auf Meinungs*äußerungs*freiheit, auf freie Berufswahl, auf Niederlassungsfreiheit und auf Eigentum. Kurz gesagt: Jeder staatliche Eingriff in jede denkbare Freiheit des Menschen bedarf der Begründung, die sich wiederum der Kritik stellen muß. Grundsätzlich aber darf nicht das Denken, sondern nur das Handeln des Menschen beschränkt werden. Damit sind einerseits grundlegende Menschenrechte begründet, andererseits Grenzen sowohl für staatliches Handeln als auch für die Umsetzung jedes Mehrheitswillens markiert.

Eine weitere Grenze wird politischer Herrschaft durch die Gewaltenteilung gezogen. Basierend auf der schon seit der Antike geläufigen Erkenntnis, daß *jede* Herrschaft zur Willkür tendiert, muß staatliche Gewalt funktional begrenzt werden. Dieser Ansatz liegt auch dem von Montesquieu entwickelten anti-absolutistischen Modell der Gewaltenteilung und -verschränkung zugrunde. Dieses sieht zum einen eine Begrenzung der Regierungsgewalt durch die „Herrschaft des Gesetzes" vor; zum zweiten strebt es durch Etablierung verschiedener, sich gegenseitig kontrollierender Machtinstanzen, denen je eigene Zuständigkeiten zugeordnet und damit wiederum Beschränkungen durch die Kompetenzgrenzen auferlegt sind, die Herstellung eines Machtgleichgewichts innerhalb eines Staates, einer Gesellschaft an. Die Begrenzung staatlicher Herrschaft durch Recht und deren Kontrolle durch andere Gewalten innerhalb des Machtgeflechts bleiben „jedoch unwirksam, solange es keine unabhängigen Körperschaften gibt, die nach diesem Recht Geltung haben und dazu da sind, es zu verteidigen" (Taylor, 66). Diese „corps intermédiaires" – Tocqueville spricht, aufbauend auf Montesquieu, von „associations politiques" – begründen die Unterscheidung zwischen Bürgergesellschaft und Staat, beschreiben sie doch überschaubare, lokal begrenzte Orte der Selbstregierung, die „der Immunisierung der Freiheit gegenüber den autoritären Versuchungen des Staates dien[en] und den tyrannischen Ambitionen gesellschaftlicher Mehrheiten interne Schranken setz[en]" (Merkel/Lauth, 5).

Hinzu tritt als weiteres Gegengewicht zur möglichen Willkür der Machthaber, wie bereits von Locke gefordert, die zeitliche Begrenzung ihrer Machtausübung, beispielsweise durch Legislaturperioden. Das wichtigste Mittel der Machtbegrenzung wird jedoch negativ bestimmt, durch die Freiheiten der Bürger, in die staatliches Handeln nicht oder nur unter ganz besonderen, eigens zu definierenden Bedingungen, eingreifen darf.

Beim Gedanken des Naturrechts als Quelle der jedem Menschen angeborenen und unantastbaren Rechte spielt übrigens keine Rolle, daß es sich dabei nur um einen gedachten, nicht um einen empirischen Naturzustand des Menschen handelt. Der Ansatz ist kein evolutionstheoretischer, hebt lediglich den Menschen als vernunftbegabtes Wesen vom Tier ab. Nur insoweit handelt es sich dabei um einen normativen Ansatz, der im Fortgang logisch-deduktiv argumentiert, jedoch keine Moral, sondern nur eine Ethik begründen will. Trotz gleicher Begrifflichkeit aber bestehen fundamentale Unterschiede zur politischen Philosophie Rousseaus, die bzw. deren ungenaue oder falsche Interpretation wesentlich für das Mißverständnis mitverantwortlich zeichnet, Demokratie wäre mit Mehrheitsherrschaft gleichzusetzen. Während die Naturrechtler nur davon sprechen, daß der Mensch im Naturzustand *frei* sei, geht Rousseau einen entscheidenden – und in menschenrechtlicher Sicht fatalen – Schritt weiter und behauptet, daß der Mensch im Naturzustand *gut* sei. Diese „guten Menschen" schließen bei Rousseau ebenfalls einen Gesellschaftsvertrag, in dem sich das zur *volontée génerale* mutierte Gemeinwohl Ausdruck verschafft. Indikator dieses Gemeinschaftswillens sind für Rousseau nun Mehrheiten, die durch Befragung aller *citoyens* zu ermitteln seien; Voraussetzung dafür ist allerdings, daß „zumindest eine Mehrzahl der Staatsbürger das Gemeinwohl will und es über das Privatwohl oder das Wohl partieller Gruppen stellt" (Fetscher, 131). Wer sich außerhalb dieses allgemeinen Willens stellt, wird in dieser Konzeption zum Gegner der Gesellschaft und verrät seine eigene Natur; die Gemeinschaft wird und darf ihn zur Unterwerfung zwingen, „was nichts anderes heißt, als daß man ihn zwingt, frei zu sein" (Rousseau, 20). Folgt der Dissident auch dann noch nicht, wird er zwangsläufig rechtlos gestellt. Dies macht Rousseau in demokratietheoretischer und menschenrechtlicher Perspektive zu einem „romantischen Kollektivisten" und damit zu einem Feind der offenen Gesellschaft (Popper, 67). Gewiß: Man kann nicht so weit gehen wie Heinrich Heine, der zu dem Schluß kam, Maximilien de Robespierre sei „nichts als die Hand von Jean-Jacques Rousseau" gewesen (Heine, 73) – zumal der deutsche Dichter den Philosophen aus Genf damit zum geistigen Vater der Französischen Revolution hochloben wollte, folglich dessen politische Theorie ebenso wie die Verantwortlichen des *terreur* mißverstanden hatte. Ganz sicher ist aber, daß Rousseau „*nicht* der Theoretiker der modernen europäischen Demokratie im Zeitalter des Kapitalismus" ist; er war viel zu konservativ, viel zu sehr traditionalistischer Moralist, sein Ansatz „viel stärker gegen die sich entwickelnde bürgerliche Gesellschaft und ihre Dynamik als gegen die politische Herrschaft des Ancien Régime" gerichtet, als daß sein „Demokratismus für unsere Gegenwart normbildend sein" könnte (Fetscher, 255, 257).

Aus demokratietheoretischer Sicht basiert die Festschreibung von Freiheiten, in die der Staat, in die Mehrheiten nicht eingreifen dürfen, u. a. auf zwei grundsätzlichen Erwägungen: Erstens kann beispielsweise auch die unliebsamste und vorderhand unglaublichste Meinung wahr sein oder wenigstens einen Kern von Wahrheit enthalten. Da es absolute Gewißheit über zahllose Fragen aufgrund der begrenzten Erkenntnisfähigkeit des Menschen gar nicht geben kann, läßt sich über die mögliche Wahrheit nur in freier Diskussion ein Urteil bilden, das jedoch auch falsch sein kann. Deshalb ist es ferner wenig hilfreich, Auseinandersetzungen über Meinungen zeitlich zu begrenzen. „Jede Unterdrückung von Diskussion bedeutet eine Annahme von Unfehlbarkeit" (Mill, 25). Zu dieser Annahme jedoch kann niemand ein Recht geltend machen. Zweitens wird sich auf Dauer die Zustimmung jeder Minderheit zur Herrschaft der Mehrheit nur dann erhalten lassen, wenn diese Minderheit potentiell mehrheitsfähig ist. Nur so lassen sich unterschiedliche Minderheiten demokratisch integrieren. „Die Demokratie dient nur dann der Freiheit, wenn sie der unterlegenen Minderheit immer eine reale Chance und Hoffnung gibt, einmal die Mehrheit zu erringen" (Fleiner, 51). Banal ausgedrückt: Was heute von einer Mehrheit als falsch betrachtet wird, kann morgen von einer Mehrheit als richtig betrachtet werden. Dieser grundlegende Irrtumsvorbehalt, den eine demokratische Mehrheit immer einräumen muß, beschränkt zwangsläufig ihre Handlungsoptionen gegenüber jeder Minderheit.

Vor dem Hintergrund der Erfahrungen des sich seinem Ende zuneigenden 20. Jahrhunderts, in dem Regime mit einem Herrschaftsanspruch auftraten, den die Aufklärer wohl in ihren Alpträumen nicht für möglich gehalten hätten, haben diese Überlegungen eine schreckliche Aktualität gewonnen. Machthaber wie die im nationalsozialistischen Deutschland, in den kommunistischen Diktaturen von Ost-Berlin bis Peking, Despoten von Amin über Pinochet bis Pol

Pot, wollten ihre Untertanen nicht nur beherrschen. Sie verlangten auch ideologische Übereinstimmung zwischen Beherrschten und Herrschern und trachteten jede abweichende Gesinnung mit den Mitteln des Terrors zu verfolgen und auszulöschen: Aus dem Leviathan war *Behemoth* geworden.

*

Es waren zum einen die Erfahrungen der menschenverachtenden NS-Diktatur und das Bewußtsein um die besondere Verantwortung des deutschen Volkes für die in seinem Namen begangenen Verbrechen gegen die Menschheit, die die Mütter und Väter des Grundgesetzes 1948/49 dazu bewegten, den Menschenrechten einen besonderen Stellenwert einzuräumen und dies auch durch ihre exponierte Stellung im ersten Abschnitt der Verfassung sichtbar zu machen. „Die Grundrechte dürften", erinnerte sich Carlo Schmid an seine Ausführungen in der Eröffnungssitzung des Parlamentarischen Rates, „nicht als Anhängsel des Grundgesetzes betrachtet werden, sondern seien unmittelbar geltendes, von jedermann einklagbares Bundesrecht, die Magna Charta unseres politischen Lebens" (Schmid, 361). Zum zweiten sorgten die sich im Kalten Krieg verschärfende Systemkonfrontation zwischen West und Ost und in deren Schlepptau die innerdeutsche Auseinandersetzung um das „bessere Deutschland" dafür, daß im Zuge der Demokratisierung des befreiten Landes zumindest in seinem westlichen Teil die Menschenrechte eine neue Chance erhielten. Dies galt um so mehr, als die Westmächte sowie – mit Ausnahme der KPD und rechtsextremistischer Splittergruppen – die zwischen Rhein und Elbe am Neuaufbau beteiligten politisch-gesellschaftlichen Formationen die sich deutlich abzeichnenden diktatorischen Züge der Herrschaftsausübung in der Sowjetischen Besatzungszone verurteilten und alles taten, um ein attraktives westdeutsches Gegenmodell und „Bollwerke der Freiheit" (J. J. McCloy) zu schaffen. Zum dritten hat die nach dem Zweiten Weltkrieg rund um den Globus einsetzende Neubesinnung auf die Bedeutung der Menschenrechte, wie sie in der Präambel und in Artikel 1 der Satzung der Vereinten Nationen sowie in der von der UN-Vollversammlung am 10. Dezember 1948 verabschiedeten Allgemeinen Erklärung der Menschenrechte zum Ausdruck gekommen war, auch den westdeutschen Verfassungsgeber nachhaltig beeinflußt. Die Regelungen und Deklarationen der Weltorganisation waren ihm Richtschnur und Orientierungshilfe. Der Ausschuß für Grundsatzfragen des Parlamentarischen Rates, der unter anderem das Grundrechtskapitel vorzuformulieren hatte, war sich von Anbeginn an darin einig, daß „der Schutz der Menschenwürde [...] eines unserer wichtigsten Anliegen" war. Mit einer entsprechenden Regelung wollte man nicht nur „den Gegensatz gegen die zwölf Jahre Willkürherrschaft deutlich herausstellen", sie sollte zudem „die ethische Grundlage des neuen [Staats-]Gebildes" und dessen Verpflichtung auf die Menschenrechte begründen (zit. nach Pikart/Werner, 52, 63). Das Bekenntnis „zu unverletzlichen und unveräußerlichen Menschenrechten ist Ausdruck der Erkenntnis, daß ohne Anerkennung von menschlichen Freiheitsrechten echte Achtung vor der Menschenwürde undenkbar ist"; zwar gilt die Anerkennung von Menschenrechten nicht als „das einzige Mittel zur Sicherung der Menschenwürde [...] – es ist aber eines der wichtigsten und notwendigsten" (H. C. Nipperdey, zit. nach Eschenburg, 417). Dieser Ansatz bescherte der Bundesrepublik Deutschland deshalb eine Verfassung, in der die Menschenwürde und die aus ihr abgeleiteten Grundrechte in jeder Hinsicht den vordersten Platz einnehmen und in der jedes staatliche Handeln an ihre Einhaltung gebunden ist. „Im Bewußtsein seiner Verantwortung vor Gott und den Menschen", wie die Präambel beginnt und damit ein ethisches Fundament von unbegrenzter Tragfähigkeit begründet.

*

Dieses Verständnis sollte keinen „schwachen" Staat begründen, eher im Gegenteil: Die Erfahrungen aus der Weimarer Republik führten zur Konzeption einer wehrhaften Demokratie. Der neue Staat, mit seiner nicht nur in menschenrechtlicher Perspektive vorzüglichen Verfassung, wurde als etwas Schützens- und Verteidigungswertes verstanden, das nicht erneut von seinen Feinden sollte zerstört werden können. Gedacht war also an einen spezifisch starken Staat, der sich durch den größtmöglichen Schutz der Freiheitsrechte, der Menschenrechte auszeichnen sollte; konstitutiv für diesen Staat sollten nicht eine Obrigkeit sein, sondern seine Bürger. Doch die umfassenden Menschenrechtsgarantien des Grundgesetzes erweisen sich im politischen Alltag nur zu leicht als störend für staatliches Handeln, für das Handeln von Akteuren, die das deutsche staatliche Obrigkeitsdenken bis heute nicht abgelegt haben.

Vor allem fehlt es den politisch Verantwortlichen und den Organen der staatlichen Gewalt hierzulande an ausreichendem Verständnis für die Funktion der Grundrechte, daß – so das Bundesverfassungsgericht – „dem einzelnen Bürger eine Sphäre privater Lebensgestaltung verfassungskräftig vorbehalten ist, also ein letzter unantastbarer Bereich menschlicher Freiheit, der der Einwirkung der gesamten öffentlichen Gewalt entzogen ist"; die daraus resultierende „grundsätzliche Vermutung für die Freiheit" findet nicht genügend Beachtung (zit. nach Simon, 57f.). Dies mag sich vorderhand damit erklären lassen, daß in Deutschland die Tradition dessen, was man vornehm als Diskretion bezeichnen könnte, im Vergleich zu Großbritannien etwa generell eher schwach ausgeprägt ist. Nicht von ungefähr heißt es immer wieder, wer nichts zu verbergen habe, müsse bei Eingriffen in seine Privatsphäre ja auch nichts befürchten.

Entscheidender ist jedoch mit Blick auf den staatlichen Bereich, daß dort Herrschaftshilfe zu oft Vorrang vor der eigentlichen Aufgabe, dem Dienst am

Bürger, genießt, dessen Privatheit im Interesse politischer Vorgaben von oben immer wieder zurückstehen muß. Das beginnt bereits dort, wo sich verschiedene Behörden mit je eigenen Arbeitsfeldern, sei es zur Steigerung ihrer Effizienz oder zur Senkung von Verwaltungskosten, „kurzschließen" und personenbezogene Daten austauschen. Und es findet seine Fortsetzung beispielsweise in Nordrhein-Westfalen, wo der neu gewählte Ministerpräsident, Wolfgang Clement, das Innen- und das Justizministerium zusammengefaßt und damit „Hand an eine der Wurzeln des modernen Verfassungsstaates gelegt" hat (Süddeutsche Zeitung vom 16. Juni 1998). Gewiß: Die Gewaltenteilung wird derart im Grundsatz nicht aufgehoben, und die Unabhängigkeit des Richters bleibt prinzipiell gewahrt. Bedenken gegen die Zusammenlegung sind dennoch angebracht, da hier nach außen der gegenteilige Eindruck vermittelt werden könnte, mit erheblichen Rückwirkungen auf das Vertrauen der Bevölkerung in richterliche Entscheidungen. Zudem werden im Bereich der Exekutive Kompetenzen unter einem Dach zusammengefaßt und vermischt, deren effiziente und rechtsstaatliche Ausübung vor allem ein Resultat ihrer strikten Trennung ist: die Zuständigkeit für die verschiedenen Instanzen der Rechtsprechung, die über die Rechtmäßigkeit etwa ordnungsamtlichen und polizeilichen Handelns wachen und richten, und die Zuständigkeit für ebendiese Sicherheitsbehörden. Die Bedenken sind um so größer, als die Politik immer wieder der Versuchung erliegt, aus tagespolitischen Erwägungen heraus der Judikative Vorgaben zu machen – so etwa Bundesinnenminister Manfred Kanther, als er im März dieses Jahres die Strafjustiz als zu milde kritisierte und Defizite in der Strafzumessung ausmachte. Nicht von ungefähr war die Kritik an der Zusammenlegung des Innen- und Justizressorts im Land an Rhein und Ruhr heftig. Alle Präsidentinnen und Präsidenten sämtlicher ordentlicher Gerichte des Bundeslandes protestierten – einmalig in der Geschichte der Bundesrepublik – in einem offenen Brief am 26. Juni 1998 gegen diesen Beschluß der Landesregierung. Sie warnen vor „einem 'drohenden Vertrauensverlust', welcher der Justiz 'irreparablen Schaden' zufügen werde. [...] 'Die für uns alle beschämende Abhängigkeit der Rechtsprechung von politischer Opportunität liegt in unserem Lande nur wenige Jahrzehnte zurück'" (zit. nach Süddeutsche Zeitung vom 29. Juni 1998).

Natürlich sind die Absichten der Politik in vielen Fällen ehrbar, ihre Zielrichtung angesichts leerer Kassen der öffentlichen Hand auf den ersten Blick auch verständlich. Allein mit der ausschließlichen Ausrichtung behördlicher Tätigkeit am Maßstab der Wirtschaftlichkeit wird man der eigentlichen Funktion der Wahrnehmung öffentlicher Aufgaben, deren Blickrichtung auf den citoyen und der Verpflichtung auf die Grundrechte nicht gerecht. Und die Folgen für den Bürger sind bedenklich: „Wenn die Behörden ihre eigene Behördensolidarität entwickeln, dann sind die Bürgerfreiheiten dahin" (Dahrendorf, Entfesselungskünstler, 95).

Das damit für den Grundrechtsschutz verbundene Gefahrenpotential wird durch die zunehmende Tendenz, hoheitliche Aufgaben auch in den besonders sensiblen Bereichen der elektronischen Datenverarbeitung und der Sicherung der öffentlichen Ordnung an private Unternehmungen abzutreten, noch größer. Im Saarland etwa, wo seit Beginn dieses Jahres nicht-hoheitliche Steuerdaten durch eine Daimler-Tochter bearbeitet werden sollten, gingen der Privatfirma bei Testläufen auch geschützte Daten unverschlüsselt zu. Diese Panne macht nicht nur gravierende Sicherheitslücken zu Lasten des Bürgers deutlich; darüber hinaus können diese Unzulänglichkeiten das Vertrauen der Bevölkerung zum Staat in Frage stellen, was notgedrungen zu einem Legitimitätsverlust seines Handelns führt. Will man die Freiheitsrechte und die durch sie geschützte Privatsphäre angesichts dieser Entwicklung effektiv verteidigen, müssen zum einen der Auslagerung hoheitlicher Aufgaben an Private dort enge Grenzen gezogen werden, wo die Wahrnehmung dieser Aufgaben mit hoher Wahrscheinlichkeit Eingriffe in Freiheitsrechte mit sich bringt. Zum anderen müssen die Grundrechte vor diesem Hintergrund neu gedacht werden, ohne daß dadurch jedoch ihre Rolle als Abwehrrechte gegen staatliche Übergriffe grundsätzlich in Frage gestellt wäre: „Ein Verständnis von Privatheit, das nur den Staat im Auge hat", so der Verfassungsrichter Hassemer, „ist von gestern. Die Gefährdung von Freiheiten geht heute ebenso von gesellschaftlichen Mächten aus: von großen Datenverarbeitern, Wirtschaftsunternehmen, Vereinigungen" (zit. nach Der Spiegel, Nr. 1 vom 29. Dezember 1997).

In der Tat: Freiheit ist hierzulande auch am Ende des 20. Jahrhunderts keineswegs ein selbstverständlicher Zustand. Natürlich: Die Bundesrepublik ist ein freiheitlicher Staat. Aber Freiheit ist ein äußerst fragiles Gebilde, das auch zwischen Rhein und Oder täglich neu behauptet werden muß. Immer wieder geraten der Gesetzgeber und die Exekutoren staatlicher Gewalt, vorderhand gestützt auf scheinbar gute Gründe, in Versuchung, die in der Verfassung verbürgten Freiheitsrechte des Einzelnen oder Minderheitenrechte einzuschränken. Besonderer Popularität erfreut sich in diesem Kontext allem Anschein nach das Argument, daß solche Rechte ja nur Schlupfloch für Verbrecher seien; Verteidiger dieser Rechte begegnen leicht dem Verdacht, sie hätten etwas zu verbergen. So zum Beispiel in der Diskussion um den Großen Lauschangriff oder in der Debatte um die Einführung verdachtsunabhängiger Personenkontrollen in Bahnhöfen, Flughäfen und Zügen durch den Bundesgrenzschutz: „Es breche doch niemandem ein Zacken aus der Krone", beschied der Bundesinnenminister den Gegnern der Novelle des Grenzschutzgesetzes, „wenn er der Polizei sagen müsse, wie er heißt" (zit. nach Süddeutsche Zeitung vom 26. Juni 1998). Doch der Leser möge sich einen Moment besinnen: Möchte er tatsächlich in jedem Fall, ohne daß ihm ein Motiv dafür ersichtlich wird und mitgeteilt werden muß, Auskunft über seine Identität und den Inhalt seines Gepäcks geben? Und gibt es bei ihm wirklich nichts, von dem er nicht möchte, daß Staatsorgane und eventuell die Öffentlichkeit davon durch einen Lauschangriff Kenntnis erlangen? Beispielsweise eine Steuererklärung, sexuelle Vorlieben, familiales Konfliktverhalten, Tratsch über Kollegen? Wirklich nichts? Möchte nicht doch vielleicht jeder Mensch seine Privatsphäre als Freiraum vor Ein- und Übergriffen gesichert sehen? Schließlich gilt, wie Sir Zelman Cowen schon 1969 feststellte: „Ein Mensch ohne Privatsphäre ist ein Mensch ohne Würde" (zit. nach Dahrendorf, Entfesselungskünstler, 102). Doch genau darum geht es heute angesichts der Möglichkeiten, die „einem noch immer informationshungrigen Staat" (Hassemer, zit. nach Der Spiegel, Nr. 1 vom 29. Dezember 1997) durch technischen Fortschritt und elektronische Informationsverarbeitung zur Verfügung stehen, mehr denn je: daß staatliche Gewalt, gestützt auf – von wie auch immer gearteten politischen Mehrheiten zustande gebrachte – gesetzliche Bestimmungen partout kein Eingriffsrecht in diese Freiräume der Privatheit haben darf. Denn daß „Privates preisgegeben werden muß, schafft [...] das Gehäuse der Hörigkeit der bürokratisierten Welt" (Dahrendorf, Entfesselungskünstler, 99).

Der Große Lauschangriff und seine Entstehungsgeschichte liefern nur ein besonders beredtes Beispiel für eine Entwicklung, die den *Innenraum* mißachtet, der als Ausdruck der unantastbaren Menschenwürde – so das höchste deutsche Gericht – dem Einzelnen zur freien und selbstverantwortlichen Entfaltung seiner Persönlichkeit verbleiben muß, „in dem er 'sich selbst besitzt' und 'in den er sich zurückziehen kann, zu dem die Umwelt keinen Zutritt hat, in dem man in Ruhe gelassen wird und ein Recht auf Einsamkeit genießt'". Entgegen aller Versicherungen, daß doch nur das sogenannte organisierte Verbrechen – eine klare Definition dessen, was denn darunter eigentlich genau zu verstehen ist, fehlt bislang – von Abhörmaßnahmen in Wohnräumen und anderen nicht-öffentlichen Orten betroffen werden soll, kann eben jeder Bürger zum Opfer ungewollter Mithörer werden. Denn selbstverständlich wird sich – das ist in der alltäglichen Abhörpraxis unvermeidlich – der Lauschangriff „nicht nur gegen den 'Ganoven' richten [...]. Denn ob die Belauschten Täter sind oder gute Bürger, das weiß man erst hinterher, bestenfalls" (Burkhard Hirsch in: Grundrechte-Report, 134f.). Das ist auch ein entscheidender Grund, warum die kurz vor der Verabschiedung der Grundgesetzänderung durch den Bundesrat plötzlich entflammte Diskussion um den Kreis der zu Belauschenden und der darob im Vermittlungsausschuß erzielte diesbezügliche Kompromiß zwischen den beiden großen Parteien am Kern der Sache vorbeizielte. Natürlich wäre die Pressefreiheit durch die im letzten Moment doch noch für unzulässig erklärte Möglichkeit, Journalistenbüros abzuhören, aufgrund der daraus folgenden Aushöhlung des journalistischen Zeugnisverweigerungsrechts vor Gericht und wegen der Gefährdung von „Informanten" ganz erheblich betroffen gewesen. Doch so groß der Schaden für die freie Meinungsbildung durch eine freie Presse und damit für das Demokratieprinzip gewesen wäre, so wenig darf übersehen werden, daß die bloße „Möglichkeit der Wanze" – so der Staatsrechtler Erhard Denninger – nicht allein Journalisten und andere Zeugnisverweigerungsberechtigte, sondern *jeden* Bürger in seiner Privatheit betrifft, die den besonderen Schutz der Menschenwürdegarantie genießt (zit. nach Der Spiegel, Nr. 9 vom 23. Februar 1998). Es ist nicht auszuschließen, daß die Strafverfolgungsbehörden bei einer länger andauernden akustischen Überwachung, die eher die Regel als die Ausnahme sein dürfte, eine derart umfassende Einsichtnahme in die persönlichen Verhältnisse des Beobachteten erhalten, daß dessen Persönlichkeit in all ihren Facetten erfaßt und gespeichert wird. Er wird damit zur Sache.

Um es zu wiederholen: Die Privatsphäre eines Menschen ist Bestandteil seiner menschenwürdigen Existenz. „Wenn nun aber selbst das Privateste – vernehmlich und anschaulich für fremde Ohren und Augen gespeichert – nicht tabu ist, verliert der Einzelne die Personalität. Er wird Objekt heimlicher Beobachtung" (Bechthold, 17). Transformiert in den kriminalpolitischen Begründungskontext der Grundgesetzänderung, heißt das: Durch den Großen Lauschangriff wird der Strafverfolgung ein weiteres Mittel an die Hand gegeben, das „*das* zentrale Element unseres rechtsstaatlich-liberalen Strafprozesses" zur Disposition stellt, „daß nämlich die beschuldigte Person als Subjekt des Verfahrens im Mittelpunkt steht" (ebd.). Denn auch für den einer Straftat verdächtigen und vor Gericht stehenden Menschen gilt unbeschadet einer möglichen Verurteilung und der Schwere seines Vergehens, daß er nicht „zum bloßen Objekt im Staat" werden darf: Die Würde des Menschen, egal ob unbescholten, verdächtigt oder straffällig, ist unantastbar.

Gewiß: Grundrechtseinschränkungen wie die des Rechts auf die Unverletzlichkeit der Wohnung sind nicht per se ausgeschlossen. Allerdings ist ihre Zulässigkeit an besonders strenge Voraussetzungen gebunden. Doch gerade in dieser Hinsicht ergeben sich weitere verfassungsrechtliche Bedenken gegen den Großen Lauschangriff in der jetzt verabschiedeten Form. Die bloße „doppelte Vermutung" – sowohl hinsichtlich des Aufenthaltsortes eines potentiellen Straftäters als auch mit Blick auf einen wenig konkreten, nicht näher qualifizierten Verdachtsbegriff –, die ausreicht, um Abhörmaßnahmen einzuleiten, ist eine aus rechtsstaatlicher Sicht allzu niedrige Hürde für damit verbundene eklatante Eingriffe in elementare Freiheitsrechte der Verfassung. Dies gilt um so mehr, als die Wirksamkeit des Richtervorbehalts, der in vielen Fällen ein rasches Handeln der Ermittler und damit die Effizienz ihres Lauschens in Frage stellt, umstritten ist. Zudem bleibt unklar, wie in der Praxis die Zulässigkeit eines einmal eingeleiteten Lauschangriffs dauerhaft überprüft werden soll; eine unmittelbare Reaktion auf nicht mehr vorliegende Zulässigkeitsvoraussetzungen ist jedenfalls ausgeschlossen.

Darüber hinaus stellt sich jedoch sogar die Frage, ob die dem Großen Lauschangriff zugrunde liegende Änderung des Grundgesetzes aufgrund des beschriebenen massiven Eingriffs in die Privatsphäre nicht schon selbst verfassungswidrig ist. Dabei geht es nicht nur um einen Verstoß gegen die Menschenwürdegarantie und um das Problem, ob dem in Artikel 13 Absatz 1 der Verfassung besonders geschützten Bereich der privaten Lebensgestaltung noch ausreichend Rechnung getragen wird oder nicht die Unverletzlichkeit der Wohnung in ihrem Wesensgehalt tangiert ist. Zudem wird die in der Verfassung verbriefte Rechtsweggarantie verletzt, da die Betroffenen nicht von den Abhörmaßnahmen unterrichtet werden müssen und ein nachträgliches Beschwerderecht nur den unmittelbar überwachten Personen, aber nicht allen Lauschopfern zustehen soll. Schließlich wird der Verfassungsgrundsatz der Verhältnismäßigkeit gleich in zweifacher Hinsicht in Frage gestellt. Zum einen blieb der Gesetzgeber im Vorfeld der Grundgesetznovellierung den Nachweis dafür schuldig, welche Wirkungen die in den letzten Jahren von ihm im Kampf gegen die „organisierte Kriminalität" betriebenen Gesetzesverschärfungen, angefangen von den nach § 9 II/III Bundesverfassungsschutzgesetz und § 100c Strafprozeßordnung bereits zulässigen Lausch- und Spähangriffen über die Erweiterung der Telefonüberwachung bis hin zu Raster- und Netzfahndungen, die Kronzeugenregelung und den Einsatz verdeckter Ermittler, gezeitigt haben. Ohne diese Rechtstatsachenforschung ist jedoch die bei schweren Grundrechtseingriffen zwingend gebotene Prognose des Gesetzgebers über die Nützlichkeit der von ihm verabschiedeten Regelungen gar nicht möglich. Und Zweifel an der Effizienz des Großen Lauschangriffs sind angebracht, da Mafia-Bosse und andere „große Fische" der „organisierten Kriminalität" über die (finanziellen) Möglichkeiten verfügen, Gegenmaßnahmen zu ergreifen. Zum zweiten bestehen Bedenken an der Verhältnismäßigkeit des Großen Lauschangriffs, weil er es zwangsweise mit sich bringt, daß Staatsanwaltschaften und Polizei in ihrer Ermittlungsarbeit nicht zwischen Verdächtigen und Unverdächtigen differenzieren müssen. Verletzt wird damit das rechtsstaatliche Prinzip, wonach „nur gegen Verdächtige ermittelt werden darf. Gesetzestreue Bürger sollen sich die Polizei 'vom Hals halten' können. [...] Wer gesetzestreu lebt, sollte nicht mit gezielter elektronischer Überwachung rechnen müssen" (Bechthold, 17).

Doch das Gegenteil ist der Fall, und nicht erst seit Einführung des Großen Lauschangriffs. Per Gesetz legalisierte Einbrüche staatlicher Gewalt in die Privatheit der Bürger finden statt, seit mit Verabschiedung der Notstandsgesetze das Post- und Fernmeldegeheimnis eingeschränkt wurden und das sogenannte G-10-Gesetz das Abhören von Telefonaten und das Öffnen von Postsendungen unter bestimmten Voraussetzungen gestattet. Sechzehnmal wurde seither der Katalog der Straftaten erweitert, zu deren Verfolgung das Anzapfen von Telefonleitungen zulässig ist. Jährlich werden in der Bundesrepublik mehr Telefonate abgehört als in den weitaus bevölkerungsreicheren Vereinigten Staaten von Amerika, wohlgemerkt in absoluten Zahlen. Von 1990 bis 1996 stieg die Zahl der abgehörten Anschlüsse von 2 494 auf 6 428, wobei von einer Abhörmaßnahme auch mehrere Verdächtige betroffen sein können und die Zahl der belauschten Gespräche, auch mit Unverdächtigen, um ein Vielfaches höher – in einem Fall waren es bei einem einzigen Anschluß mehr als 120 000 Telefonate – liegt. Über die Ursachen für diesen massiven Zuwachs von knapp 158 Prozent bleibt der Staat eine Auskunft schuldig. Jährliche Abhörberichte an den Bundestag, wie sie der Bundesbeauftragte für den Datenschutz, Joachim Jacob, und einzelne Abgeordnete fordern, gibt es ebensowenig wie eine Notwendigkeits- und Erfolgsprüfung. Die Tatsache, daß 1996 Abhörgenehmigungen im Zuge von Ermittlungen wegen Anstiftung oder Beihilfe zur Fahnenflucht und wegen Verstößen gegen das Ausländer- bzw. Asylverfahrensgesetz erteilt wurden, legt die Vermutung nahe, daß hier allzu großzügig verfahren und die Grundrechtsbindung nicht ausreichend ernst genommen wird. Wie weit diese „Bagatellisierung der Grundrechte" geht, von der der Leipziger Strafrechtler Manfred Seebode spricht (zit. nach Süddeutsche Zeitung vom 26. Juni 1998), zeigt die Reaktion des innenpolitischen Sprechers der CDU-Landtagsfraktion in Mecklenburg-Vorpommern, Reinhardt Thomas, auf Bedenken gegen das neue Sicherheits- und Ordnungsgesetz im Nordosten der Republik: Jemand, „der nur die Sicht des Grundgesetzes vertritt, kann schon zu anderen Auffassungen kommen" als der Gesetzgeber im Schweriner Schloß, der nicht nur den unkontrollierten Datenaustausch zwischen Staatsanwaltschaft, Polizei, Ordnungsämtern und sogar ausländischen Sicherheitsbehörden, sondern auch das Verwanzen von Beichtstühlen, Anwaltskanzleien, Arztpraxen und Redaktionsbüros im Polizeigesetz für rechtens erklären will (zit. nach Frankfurter Rundschau vom 1. Oktober 1997). Kaum deutlicher kann man zum Ausdruck bringen, „mit welcher Gleichgültigkeit unsere Verfassung den Zufälligkeiten des jeweiligen politischen Kalküls geopfert wird. Wer aus der Verfassung ein beliebiges politisches Instrument macht, verändert die Republik. Stück um Stück gehen unsere Freiheitsrechte verloren" (Zuck, 10).

Das Fatale an dieser Entwicklung besteht in der ihr zugrunde liegenden Methode, Freiheit und Sicherheit gegeneinander auszuspielen, so als ob beides zusammen nicht in ausreichendem Maße zu erlangen und zu garantieren wäre. „Wir können doch nicht darüber hinwegsehen, daß die Grundrechte heute durch die Organisierte Kriminalität bedroht sind", begründet Otto Schily die Notwendigkeit des Großen Lauschangriffs (zit. nach Der Spiegel, Nr. 4 vom 19. Januar 1998). Diese Argumentation ist ebenso absurd wie hilflos: Einschränkungen der elementaren Freiheitsrechte der Verfassung durch den Staat seien hinzunehmen, damit ebendiese gegen Beeinträchtigungen durch die „organisierte Kriminalität" geschützt werden könnten. Gewiß: Niemand wird leugnen, daß neue Erscheinungsformen von Kriminalität und steigende Verbrechensraten Herausforderungen für jeden Staat sind und bekämpft werden müssen. Allerdings hat sich staatliche Gewalt in ihren Reaktionen an rechtsstaatlichen Grundsätzen messen zu lassen. Daß ihr daher

„Waffengleichheit" mit dem Gegner versagt ist, mag erklären, warum die Politik trotz seit fünf Jahren leicht sinkender Zahlen registrierter Straftaten – organisiert begangene Autodiebstähle etwa sind seit 1992 rückläufig und machen heute nur ungefähr die Hälfte der 1981 gezählten Fälle aus – vielstimmig Gefahren für die innere Sicherheit beschwört, entsprechende Bedrohungsszenarien entwirft und die Verbrechensbekämpfung zu einem vordringlichen Problem der politischen Tagesordnung macht. „Kriminalitätsangst wird vor allem herbeigeredet. [...] Es wird in bestimmte Angstbilder investiert, die deshalb so attraktiv sind, weil sie mit der Realität so gut wie nichts zu tun haben" (Kersten, 242f.).

Tatsächlich ist es neben konkreten Situationen, in denen Bürger das Wegbrechen alltäglicher Sicherheiten und sozialer Normen erfahren, insbesondere diesem *Agendasetting* der letzten Jahre geschuldet, daß in der Bevölkerung diffuse Ängste und entsprechende Erwartungen an den Staat entstanden sind. „Die Menschen verlangen vom Staat Sicherheit in einem Umfang", stellte Bundesverfassungsrichter Hassemer fest, „wie ich ihn [...] vorher nicht erlebt habe. Der Staat wird in diesen Erwartungen zum Vater. [...] ich finde das zuviel verlangt. Der Staat kann die Versprechen, auf die er sich einläßt, nicht einlösen. Doch er nutzt die Erwartungen, um sich neue Befugnisse zu verschaffen" (zit. nach Der Spiegel, Nr. 1 vom 29. Dezember 1997), und schreibt derart eine Tendenz fort, die in der bundesdeutschen Geschichte häufiger sichtbar wird. Auf als sicherheitsbedrohend empfundene Phänomene – von der gegen die Verfassung gerichteten Politik der KPD in den fünfziger Jahren über den Terrorismus der siebziger und achtziger Jahre bis hin zur „organisierten Kriminalität" – wurde mit einer oftmals hektischen Verschärfung des Strafrechts und immer wieder auch einer Einschränkung der Grundrechte reagiert. Gesetzt wird gestern wie heute auf den vermeintlich starken Staat, der seine angebliche Stärke über die möglichst große Akkumulation von Kompetenzen und Verfügungsrechten über seine Bürger bezieht, damit in Wahrheit aber offenbart, wie gering sein Vertrauen in Rechtsstaat und Bürgerfreiheiten ist, wie sehr diese im Gegenteil als Hindernisse für ein Mehr an Sicherheit empfunden werden. Datenschutz dürfe nicht zum „Täterschutz" verkommen, um noch einmal den mecklenburgischen Innenpolitiker Thomas zu zitieren; dabei ist bundesweit kein Fall bekannt, wie der Datenschutzbeauftragte in Schwerin, Werner Kessel, entgegenhält, in dem „der Datenschutz [...] in irgendeiner Weise den Erfolg polizeilicher Arbeit vereitelt habe" (zit. nach Frankfurter Rundschau vom 1. Oktober 1997).

Umgekehrt sind gerade die von den Denkern und Protagonisten einer autoritären Rechts- und Kriminalpolitik versprochenen Erfolge ausgeblieben. Weder wurde die Gewalt des RAF-Terrors seinerzeit zurückgedrängt, noch zeigen sich diejenigen, die sich selbst zum Bereich der „organisierten Kriminalität" zählen, gewillt, ihre kriminelle Energie zurückzufahren. „Um es noch einmal zu sagen: ein harter Staat bleibt entweder wirkungslos, ja mehr, er wird zum Gespött, oder er wird totalitär [...]" (Dahrendorf, Anmerkungen, 124). Ein Umdenken hat jedoch nicht stattgefunden. Im Gegenteil: Kaum ist der Große Lauschangriff verabschiedet, werden schon Stimmen laut, die zusätzlich eine Videoüberwachung fordern; und mit der Telekommunikationsüberwachungsverordnung, die Unternehmen mit mehr als zwanzig Telefonanschlüssen vorschreibt, ihre Kommunikationsleitungen auf eigene Kosten „überwachbar" zu machen, geht der Grundrechtsabbau – dieses Mal zudem noch ohne gesetzliche Grundlage – bereits weiter.

*

Eine menschenwürdige Existenz wird nicht nur durch eine weitgehend vor staatlichen Eingriffen geschützte Privatsphäre begründet. Sie ist überhaupt Ausdruck eines allgemeinen, umfassenden Selbstbestimmungsrechts, zu dem auch die Freiheit gehört, eine eigene Meinung zu besitzen und diese zu äußern, unabhängig davon, wie diese Meinung von anderen, auch von gesellschaftlichen Mehrheiten, bewertet wird. Ebenso ist der intellektuelle Gehalt einer Meinungsäußerung nicht von Belang, um ihrer Freiheit Grenzen ziehen zu können. Der Satz „Soldaten sind [potentielle] Mörder" etwa kann in seiner Pauschalität sicher ebenso richtig wie falsch sein, je nach seinem Bezug. Unabhängig davon jedoch stellt er einfach ein Werturteil dar, dem man sich anschließen mag oder das man verwerfen kann. Nach Lage der Dinge teilt eine große Mehrheit der bundesdeutschen Bevölkerung diese Ansicht nicht. Ist nun aber dieses Zitat von Kurt Tucholsky, eines überzeugten Demokraten und Pazifisten, aus den Jahren der Weimarer Republik, das heute vor allem in Form von Aufklebern begrenzte Verbreitung in dieser Republik findet, ein Fall für den Staatsanwalt? Muß die Staatsgewalt auf diese Meinungsäußerung tatsächlich mit dem Strafrecht antworten? Verträgt die Ehre von Angehörigen der Bundeswehr wirklich keine kritische oder konträre, zu Widerspruch reizende, auch aggressive Meinung? Es sah eine Zeitlang ganz so aus, als ob die politisch Verantwortlichen zwischen Rhein und Oder – anders als das Bundesverfassungsgericht – dazu neigten, all diese Fragen zu bejahen. Kaum anders läßt sich das von einer Mehrheit im Deutschen Bundestag vor zwei Jahren auf den Weg gebrachte Projekt eines eigenen „Ehrenschutzgesetzes" für Soldaten erklären. Allerdings war es wohl kaum ein Zufall, daß dieser Tucholsky-Satz genau zu dem Zeitpunkt strafrechtliche Relevanz erhalten sollte, zu dem das Aufgabenfeld der Bundeswehr grundlegend neu definiert und über den reinen Verteidigungsauftrag des Grundgesetzes auch auf Einsätze *out of area* – zunächst nur „friedenserhaltende", aber wohl bald auch „friedensschaffende" – ausgedehnt wurde, die das Töten von Menschen durch Soldaten der Bundeswehr wahrscheinlicher machen.

Obschon das Vorhaben eines „Ehrenschutzgesetzes" inzwischen wieder in der Schublade verschwunden ist, ist es ein bedenkliches Zeichen für die politische Kultur und den Stellenwert der Menschenrechtsidee in diesem Lande, daß ein solcher Gesetzentwurf überhaupt formuliert werden und in zwei Lesungen des Bundestages eine Mehrheit finden konnte. Dies gilt um so mehr, als der Autor der „Soldaten sind Mörder"-Sentenz, Kurt Tucholsky, und sein Herausgeber, der spätere Friedensnobelpreisträger Carl von Ossietzky, die nach der Gesetzesvorlage in der Bundesrepublik mit einer Haftstrafe von bis zu drei Jahren für die Publikation dieses Satzes hätten rechnen müssen, in der wenig gefestigten, kaum geliebten und nur halbherzig verteidigten Republik der Zwischenkriegsjahre ohne Strafe geblieben sind. Die Gesetzeslage ließ damals auch in der Interpretation der alles andere als republiktreuen und bürgerrechtsbewußten Jurisprudenz nichts anderes als einen Freispruch zu. Mit der Gesetzesinitiative im Bundestag wurde jedoch die Mahnung aus den Gründerjahren der Bundesrepublik „Bonn ist nicht Weimar" geradezu in ihr Gegenteil verkehrt: „Was selbst 1932 straflos war, soll jetzt bestraft werden. Das also ist die Liberalität der Bonn-Berliner-Republik. Es ist oft vom 'starken Staat' die Rede. Ein Staat freilich, der es nötig hat, die Ehre seiner Soldaten mit drei Jahren Gefängnis zu verteidigen, ist in Wahrheit ein sehr schwacher Staat" (Prantl, 12).

Der Verdacht liegt wahrlich nahe, hier sollte die Auseinandersetzung mit einer als politisch inopportun, ja störend empfundenen Haltung mit Hilfe des Strafrechts ausgetragen werden. Er liegt um so näher, als auch in anderen Bereichen versucht wird, Ehrenschutz gegen die qua Verfassung verbürgte Meinungsfreiheit auszuspielen und insbesondere das Institut der freien Presse einzuschränken. Erinnert sei in diesem Kontext nur an das Pressegesetz des Saarlandes. Zu seiner Entstehungsgeschichte gehört das Bemühen um einen besonderen Schutz von Politikerinnen und Politikern vor ehrverletzenden Medienberichten, so als ob entsprechende Fälle nicht bereits durch das bestehende Strafrecht verfolgt und geahndet werden könnten. Für die Pressefreiheit wiegt hier allerdings schwerer, daß das saarländische Pressegesetz als eines der ersten in Deutschland es den Justizbehörden wesentlich vereinfachte, Redaktionen und Wohnungen von Journalisten zu durchsuchen, um an Material zu gelangen, das diese aufgrund ihres Zeugnisverweigerungsrechts und zum Schutz ihrer Informanten zurückhalten.

*

Ehrenschutz über das Maß hinaus, das das Strafgesetzbuch bereits ohnehin vorsieht, ist folglich stets gleichbedeutend mit einem Verlust an Meinungsfreiheit. Daß dieser Einwand in der Diskussion um das „Ehrenschutzgesetz" für Militärs hierzulande zunächst kaum Beachtung fand, hat – neben tagespolitischen Opportunitätserwägungen – auch mit einer in großen Teilen der politischen Klasse überaus ausgeprägten Sensibilität gegenüber jeglicher Kritik am Soldatenberuf zu tun. Und diese wird nicht nur offenkundig, wenn der „Staatsbürger in Uniform", der Idealtyp des Bundeswehrsoldaten in der rechtsstaatlich-demokratischen Ordnung der Bundesrepublik, betroffen ist, sondern auch wenn es um die Rolle des Militärs in der NS-Diktatur und seine Verstrickung in den Regimeterror geht. Wie schwer sich Teile der bundesdeutschen Öffentlichkeit noch heute damit tun, zeigten die heftigen Auseinandersetzungen im letzten Jahr um eine Wanderausstellung, die die Beteiligung von Angehörigen der Wehrmacht an nationalsozialistischen Greueltaten in Serbien und in der Sowjetunion zwischen 1941 und 1944 thematisiert. Da war – so das CSU-Parteiorgan „Bayernkurier" unter der Überschrift „Wie Deutsche diffamiert werden" – von einem „moralischen Vernichtungsfeldzug gegen das deutsche Volk" die Rede (zit. nach Frankfurter Rundschau vom 22. Februar 1997); der Feuilletonchef der Frankfurter Allgemeinen, Ulrich Raulff, unterstellte der Ausstellung eine „polemische Absicht" und einen „terroristischen Beigeschmack" (zit. nach Frankfurter Allgemeine vom 9. April 1997); und die Bundestagsabgeordnete Erika Steinbach polemisierte gegen den „Finanzier dieser Scheuklappenausstellung, den Millionär Reemtsma", er solle „in Einsicht seiner Fehlleistung dem Volksbund Deutsche Kriegsgräberfürsorge zehn Millionen Mark zur Pflege der Kriegsgräber unserer gefallenen Soldaten [...] spenden und damit ein Zeichen des Mitleids [...] setzen" (zit. nach Frankfurter Rundschau vom 12. März 1997).

Gewiß: Das sind Extrempositionen. Nur werden sie nicht von bekennenden Extremisten, sondern aus dem demokratischen Spektrum heraus vertreten. Und das stimmt bedenklich. Es läßt sich nur bedingt mit Unkenntnis entschuldigen, kann aber in keinem Fall darauf zurückgeführt werden, daß die Untersuchung der Verbrechen von Wehrmachtseinheiten im Zweiten Weltkrieg – im Gegensatz etwa zum vergleichsweise weit erforschten Unrechtssystem der Wehrmachtsjustiz und ihrer Rolle im verbrecherischen NS-Regime – noch weitgehend am Anfang steht. Denn strittig ist nicht die Beteiligung der Wehrmacht an Greueltaten, sondern allein Umfang und Gewichtung. Der Versuch, diese Verstrickung zu dokumentieren, „verunglimpft weder pauschal die Soldaten des Zweiten Weltkriegs, noch begründet er eine Kollektivschuld des Militärs" (Limbach, Kollektivschuld, 8). Spätestens mit dem „Kommissarbefehl" beim Überfall der Wehrmacht auf die Sowjetunion im Juni 1941, der die sofortige Erschießung der politischen Kommissare der Roten Armee anordnete, war die Wehrmacht über das militärisch Notwendige hinaus in Verbrechen involviert: „Massenerschießungen – auch durch Wehrmachtseinheiten – wurden von Frontstäben [...] kaum noch kritisch reflektiert, richteten sie sich doch gegen die 'bolschewistische Gefahr'" (Drobisch, 101). Auch aus den Überlieferungen derjenigen Widerständler der *Weißen Rose*, die an der Ostfront als Sanitätssoldaten eingesetzt waren, ist einiges über das verbrecherische Verhalten von Wehrmachtsteilen zu erfahren, das den Widerstandswillen der jungen Männer nachhaltig beförderte. Nicht umsonst wurde schon in den frühen sechziger Jahren der Begriff „Vernichtungskrieg“ für den Feldzug Hitlers gegen die Sowjetunion geprägt – ein Begriff, der damals für weit weniger Emotionen und Polemiken sorgte als heutzutage die Ausstellung, die ihn in seiner ganzen Bandbreite durch authentische Fotografien erst plastisch macht.

Nichts davon scheint jedoch zur Kenntnis der Ausstellungsgegner gelangt zu sein. Dabei wurde schon kurz nach dem Krieg die Beteiligung der Wehrmacht an Kriegsverbrechen thematisiert, etwa in dem 1945 gedrehten Film „Die Mörder sind unter uns“ von Wolfgang Staudte, der mittlerweile mehrfach im Fernsehen gezeigt wurde. Weder damals noch heute wird ernsthaft behauptet, daß jeder deutsche Soldat im Zweiten Weltkrieg ein Verbrecher gewesen sei. Dies darf jedoch nicht umgekehrt zu dem Fehlschluß verleiten, die deutsche Wehrmacht wäre „sauber“ geblieben. Daß die Armeeführung in vielen ihrer Befehle die geltenden Gesetze der Kriegsführung bewußt mißachtete und damit dazu anhielt, Kriegsverbrechen zu begehen, sie mindestens billigend in Kauf zu nehmen, ist eine unumstößliche Tatsache. Sie wurde nicht nur bei vielen Beteiligten durch „Deckerinnerungen“ an Grausamkeiten der Roten Armee nach dem Einmarsch in Deutschland, an Flucht und Vertreibung aus den deutschen Gebieten jenseits von Oder und Neiße sowie der Tschechoslowakei, an die als politisches Faustpfand in der Sowjetunion lange Jahre zurückgehaltenen deutschen Kriegsgefangenen überlagert und schließlich verdrängt. Der Vergleich begangener Untaten mit erlittenen führte fast zwangsläufig in einer Art psychischer Abwehrreaktion zu einer Relativierung eigener Verantwortlichkeiten. Mit zunehmender zeitlicher Distanz wurde so in der Erinnerung der meisten Zeitgenossen, wie der Historiker Wolfgang Benz feststellt, „aus dem Überfall auf die Sowjetunion ein Krieg, den man als schicksalhaft oder notwendig empfand, [...] und mit dieser Empfindung waren die eigene Mitwirkung und das eigene Verhalten ohne weitere Reflexion zu rechtfertigen“ (zit. nach Frankfurter Rundschau vom 12. April 1997). Auf diesem Humus wuchs die Legende von der „weißen Weste“ des deutschen Soldaten und dem „unbefleckten Schild“ der Wehrmacht.

Kräftig genährt wurde sie im Nachkriegsdeutschland zusätzlich durch eine von einem breiten gesellschaftlichen und politischen Konsens getragene „Vergangenheitspolitik“, die verstanden werden kann als „Prozeß der Amnestierung und Integration der vormaligen Anhänger des ‘Dritten Reiches’ und der normativen Abgrenzung vom Nationalsozialismus“ (Frei, Vergangenheitspolitik, 397). Es war vor dem Hintergrund der sich zuspitzenden Blockkonfrontation Anfang der fünfziger Jahre nicht nur dem Bemühen um einen – von den USA und Großbritannien gewünschten – westdeutschen Verteidigungsbeitrag geschuldet, daß die Notwendigkeit einer „Wiederherstellung der Ehre des deutschen Soldaten“ auf der politischen Agenda der jungen Bundesrepublik weit nach oben rutschte. Darüber hinaus waren es vor allem ein beträchtlicher innergesellschaftlicher Druck und eine wachsende Solidarität mit den inhaftierten Kriegsverbrechern, die die Politik unter Zugzwang setzten. „Männer wie Manstein, wie Kesselring und andere ...", gab der damalige Staatssekretär, Hans-Joachim von Merkatz, die Stimmung in der Bevölkerung wieder, „diese Männer und wir, wir sind doch eines. Wir haben doch das mitzutragen, was man ihnen, stellvertretend für uns, auferlegt" (zit. nach Frei, Das ganz normale Grauen, 66). In der Folge bemühte sich die Bundesregierung, weitgehend unterstützt von der SPD-Opposition, in den Grenzen, die die Abhängigkeit von den Westalliierten der politischen Gestaltungsfreiheit der bundesdeutschen Politik setzte, immer wieder um eine Freilassung inhaftierter Militärs, und zwar nicht ohne Erfolg. Die Zahl der Einsitzenden reduzierte sich recht schnell auf eine zahlenmäßig so kleine Gruppe, daß damit, wie Bundeskanzler Adenauer Anfang der fünfziger Jahre im Bundestag erklärte, „der Ehre der früheren deutschen Wehrmacht kein Abruch geschieht" (zit. nach ebd., 67).

Die derart begünstigte Legendenbildung, gepaart mit einer zügig durchgepaukten weitgehenden Amnestierung von NS-Straftätern im Rahmen des ersten und zweiten Straffreiheitsgesetzes, motivierte die selbst durch ihre eigene NS-Vergangenheit belastete Justiz nicht gerade zu besonderem Engagement bei der Verfolgung von Kriegsverbrechern. Im Fall des früheren SS-Offiziers Erich Priebke etwa, der im Krieg an Geiselerschießungen in Italien beteiligt war und deswegen 1996 in Rom vor Gericht stand, waren die Ermittlungen der bundesdeutschen Strafverfolgungsbehörden 1971 eingestellt worden, weil man versäumt hatte, ein in Italien gegen seinen Vorgesetzten ergangenes Urteil mit belastendem Material gegen ihn übersetzen zu lassen. „Nach allem entsprach die Haltung der beiden deutschen Staaten zur Verfolgung der Kriegs- und NS-Verbrechen, begangen durch Angehörige der ehemaligen Wehrmacht", so das Fazit des langjährigen Leiters der Zentralen Stelle der Landesjustizverwaltungen in Ludwigsburg, Alfred Streim, „nicht dem Rechtsbewußtsein, das sich aus dem innerstaatlichen Recht und dem Völkerrecht ergibt. Die Verfahren der Besatzungsmächte in Deutschland und die der Alliierten in ihren Ländern hätten für die Deutschen ein Anstoß sein müssen, die strafrechtliche Aufklärung systematisch weiter zu betreiben. Dieses ist aber aus vielen, insbesondere politischen Gründen unterblieben. Ein Staat, der die Verfolgung solcher Verbrechen versäumt, verletzt seine Rechtspflicht, die für das Rechtsbewußtsein seines Volkes in der Völkergemeinschaft unerträgliche Folgen haben kann" (Streim, 593f.).

Die Nachwirkungen dieser Politik reichen tiefer. Sie betreffen nicht allein das Rechtsbewußtsein hierzulande, sondern haben gleichermaßen Einfluß auf den Grad der Bereitschaft, sich der eigenen Geschichte zu stellen, sich auch mit ihren dunkelsten Kapiteln auseinanderzusetzen und sie gerade im Bewußtsein um diese düsteren Seiten anzunehmen. Das gilt auch für die Bundeswehr, die in ihrer Entstehungsphase ganz unmittelbar von den Folgen der „Vergangenheitspolitik", besonders im Personalbereich, betroffen war.

Begünstigt durch die Tatsache, daß „Offiziere, die nachweislich vor 1945 gegen den Nationalsozialismus Stellung genommen haben“ – so im September 1967 der spätere Verteidigungsminister, Helmut Schmidt, in einem Brief an Max van der Stoel – „[...] in der Bundeswehr selten [sind]“, wurde in vielen Bereichen der Streitkräfte über lange Jahre hinweg eine eher zweifelhafte Tradition gepflegt. Die Mehrheit im Bundestag hat mit ihrer langjährigen Weigerung, die über 130 000 Urteile der NS-Militärjustiz gegen Wehrmachtsdeserteure, Kriegsdienstverweigerer und „Wehrkraftzersetzer“ aufzuheben oder der Umbenennung nach Kriegsverbrechern und glühenden Anhängern des NS-Regimes benannter Kasernen zuzustimmen, das Ihre dazu beigetragen. Dem wichtigsten Auftrag der Inneren Führung im Bereich der politischen Bildung, Soldaten die Grundwerte der freiheitlich-demokratischen Verfassungsordnung näher zu bringen, wurde damit nicht gedient. Der Zusammenhang zu den im vergangenen Jahr bekannt gewordenen, erschrekkend häufigen rechtsradikalen Vorfällen in den Reihen der Bundeswehr drängt sich geradezu auf, obgleich er allein sicherlich die Vorkommnisse nicht hinreichend erklären kann.

Mit der 52 Jahre nach Kriegsende erstmals von einem Bundesverteidigungsminister öffentlich in dieser Deutlichkeit vertretenen Erkenntnis, daß die Wehrmacht „als Organisation des Dritten Reiches“ – so Volker Rühe – aufgrund ihrer Beteiligung an Verbrechen des Nationalsozialismus „als Institution [...] keine Tradition begründen [kann]“ (zit. nach Frankfurter Rundschau vom 13. März 1997), ist sicher ein erster Schritt getan, der diesem Zusammenhang Rechnung trägt und bemüht ist, ihn aufzulösen. Allerdings entsteht angesichts der Beharrlichkeit, mit der die Spitze der Hardthöhe die rechtsradikalen Vorfälle als „Einzelfälle“ tituliert und gleichzeitig eine sozialwissenschaftliche Untersuchung des möglichen rechtsradikalen Potentials in der Bundeswehr ablehnt, der Eindruck, es gehe ihr mehr um das Ansehen der Truppe als um echte Ursachenforschung und -bekämpfung. Und der propagierte Lösungsvorschlag, längerdienende Soldaten sollten sich einer Art „Gesinnungs-TÜV“ unterziehen, vermittelt Hilflosigkeit, vor allem aber ein mangelndes Bewußtsein für die demokratisch-rechtsstaatlichen Grundwerte der Verfassung: „Vor der Ernennung zum Feldwebel beziehungsweise zum Leutnant und bei der Übernahme in das Dienstverhältnis eines Berufssoldaten sollen die Soldaten nach Darstellung der Hardthöhe einen Fragebogen ausfüllen, in dem sie sich zur freiheitlich-demokratischen Grundordnung im Sinne des Grundgesetzes bekennen und sich bereit erklären, aktiv für sie einzutreten“ (Süddeutsche Zeitung vom 18. Februar 1998). Das ist praktisch der Wortlaut des Soldateneides bzw. -gelöbnisses, das sowieso von jedem Soldaten abgelegt werden muß. Doch geht es hier nicht darum, sich über die Idee lustig zu machen, die gelobte Verfassungstreue mittels eines Fragebogens zu überprüfen, sondern um den dahinter stehenden Grundgedanken, eine – zweifellos ekelhafte – *Gesinnung*, nicht eine strafbare *Tat* aufdecken und ahnden zu wollen. Kernanliegen des Fragebogens ist es daher auch, die Mitgliedschaft des Auskunftleistenden in einer „durch den Innenminister als verfassungsfeindlich bezeichneten Partei oder Organisation“ zu ermitteln (ebd.). Diese Einstufungen des Innenministers sind mit Blick auf Parteien zwar politisch relevant, doch ohne rechtliche Konsequenz, denn die Verfassungsfeindlichkeit einer Partei kann auf Antrag allein das Bundesverfassungsgericht feststellen. Solange eine Partei – und sei sie jedem Demokraten noch so widerlich – nicht verboten ist, darf eine bloße Mitgliedschaft auch nicht verfolgt werden. Der Europäische Gerichtshof für Menschenrechte hat dies in einem Urteil – übrigens in einem Verfahren gegen die Bundesrepublik – erst vor kurzem klargestellt. Zu recht stellte der ehemalige stellvertretende NATO-Oberbefehlshaber in Europa, Gerd Schmückle, fest: „Wir brauchen in der Bundeswehr und in dieser Gesellschaft nichts, was an McCarthy erinnert“ (zit. nach Drittes Fernsehprogramm des Hessischen Rundfunks vom 26. Februar 1998). Und um strafrechtlich relevante Handlungen und Äußerungen ahnden zu können, bedarf es wirklich keines Fragebogens. Dieser wird im übrigen genausowenig verhindern können, daß hochrangige Offiziere in geradezu staatsbürgerlicher Ignoranz altbekannte, einschlägig vorbestrafte Neonazis wie Manfred Roeder zum Vortrag bitten oder junge Rekruten den Hitlergruß zeigen. Extremistischen Ungeist, fehlendes Geschichtsbewußtsein und mangelndes Wissen bekommt man derart nicht in den Griff – in der Bundeswehr ebensowenig wie in der Gesellschaft insgesamt.

*

In der Tat vermittelt auch der Umgang mit der nationalen Geschichte ein Bild von der Zivilität einer Gesellschaft. Schließlich spielt er bei der „ethisch-politischen Selbstverständigung unter Bürgern“, im Streit über die „Formen des erwünschten politischen Zusammenlebens, auch über die Werte, die im politischen Gemeinwesen Vorrang haben sollen“, sowie bei der Beantwortung der Frage, „in welchen Hinsichten wir uns als Bürger dieser Republik gegenseitig achten können – und als wer wir von anderen anerkannt werden möchten“, eine wichtige Rolle (Habermas, 409).

Für den hier im Mittelpunkt der Betrachtung stehenden Zusammenhang zwischen Bürgergesellschaft, Menschenrechten und demokratischen Prinzipien interessiert besonders die heutige Auseinandersetzung mit jenen Kapiteln deutscher Geschichte, in denen die fundamentalen Freiheitsrechte wenig galten und Menschenrechtsverstöße zum Alltag gehörten. Diese Aufarbeitung von Menschenrechtsverletzungen ist dabei zunächst vor allem „retrospektive Zurechnung von Verbrechen“ (ebd.) – im juristischen Sinne ebenso wie mit Blick auf Inhalte und Formen des Gedenkens der Gegenwartsgesellschaft an Täter und Opfer. Dies ist nicht nur entscheidend für die wahrhaftige Rekonstruktion der eigenen historischen Wurzeln, sondern auch

Voraussetzung für Gerechtigkeit, Versöhnung und jeden Versuch, aus der Geschichte lernen zu wollen. Mehr noch: Die Art und Weise des Umgangs mit der eigenen Menschenrechtsgeschichte vermag auch, Auskunft über den Stellenwert zu geben, den die Menschenrechtsidee gegenwärtig genießt; sie hat Auswirkungen auf das Verhalten gegenüber denjenigen, die heute, egal wo in der Welt, Opfer von Menschenrechtsverletzungen werden oder für diese die Verantwortung tragen.

Auch hier stimmt vieles – zumal vor dem Hintergrund der diesbezüglichen intensiven und gründlichen Forschungen der deutschen Historiographie – eher nachdenklich. Das in seiner Endlosigkeit unsägliche Hin und Her um das geplante Mahnmal für die ermordeten europäischen Juden in Berlin, die nach wie vor offenen Ansprüche von Zwangsarbeitern, die in der nationalsozialistischen Kriegswirtschaft Sklavenarbeit leisteten, die immer noch ungeklärten Entschädigungsfragen auch anderer NS-Opfergruppen machen – in Anbetracht einer zügig betriebenen, relativ reibungslosen und zum Teil auch materiell abgesicherten Reintegration belasteter Nationalsozialisten und verurteilter NS-Verbrecher in die deutsche Gesellschaft – ziviles Bürgergedenken nahezu unmöglich. Die genannten Beispiele stehen vielmehr für eine politische Kultur, in der es, wie der Bürgerrechtler Wolfgang Templin auch mit Blick auf die Aufarbeitung der Geschichte der zweiten deutschen Diktatur in der DDR anmerkt, „mehr Solidarität mit den Tätern als mit den Opfern gebe“ (zit. nach Süddeutsche Zeitung vom 8. Juni 1998).

Die Achtung der Menschenwürde – sie leidet auch darunter, daß die historischen Erfahrungen erlittenen Unrechts, auf die sich die „Idee durch den Politikprozeß nicht antastbarer Rechtsgarantien stützt“, an vielen Stellen verschüttet wurden durch eine Haltung, die die Verantwortlichkeiten reduzierte auf eine kleine Führungsclique, ansonsten auf pauschale Entlastung setzte und derart zu verhindern suchte, daß Entwicklungslinien vom Damals zum Heute gezogen wurden; doch „ohne Rekurs auf diese Erfahrungen wird sich kaum ein Gefühl emotioneller Nähe zu jenen herstellen, die ähnliche Erfahrungen zu machen heute gezwungen sind – und ohne dieses emotionelle, meinethalben sentimentale, Moment vermag eine Kampagne für Menschenrechte wenig“ (Reemtsma, 17). Und es sind in der Tat in erster Linie Flüchtlinge und Asylsuchende, denen hierzulande nicht nur mit verbreitetem Unverständnis für ihre Situation, sondern zunehmend auch mit unmenschlicher Härte begegnet wird.

*

Beim Blick auf die Entwicklung der bundesdeutschen Asyl- und Ausländerpolitik vor allem der letzten zwei Jahrzehnte sowie auf ihre Umsetzung in der alltäglichen Praxis der zuständigen Verwaltungsstellen kann man sich nur schwerlich dem Eindruck entziehen, daß Legislative und Exekutive sich hier in unzureichendem Maß von der Vernunft der Verfassung leiten lassen und dem „Ethos des Rechtsstaats" kaum Beachtung schenken. Gerechtfertigt wird diese – trotz rückläufiger Asylbewerberzahlen – durch kontinuierliche Verschärfungen des Ausländer- und Asylrechts gekennzeichnete Politik mit dem immer wieder bemühten Bild des „Asylbetrügers" und des „illegalen Flüchtlings", deren widerrechtlichen Bezug von staatlichen Leistungen es zu unterbinden gelte. So auch bei der vom Bundesrat im Frühjahr 1998 eingebrachten Initiative zur Änderung des Asylbewerberleistungsgesetzes, die eine weitere Kürzung der bereits 20 Prozent unter den Regelsätzen der Sozialhilfe liegenden Zuwendungen vorsah. Ginge es wirklich darum, „lediglich den Schlepperbanden den finanziellen Anreiz [zu] nehmen, um diesen ihr wirklich menschenverachtendes und schmutziges Geschäft kaputtzumachen", wie der Abgeordnete Wolfgang Lohmann in der 224. Sitzung des Bundestags am 26. März 1998 die Novelle begründete, wäre wenig dagegen einzuwenden. Tatsächlich wären allerdings von der Gesetzesänderung bis zu 300 000 Menschen betroffen worden – darunter viele, denen eine Rückkehr in ihre Heimat nicht zugemutet werden kann und aufgrund der Genfer Flüchtlingskonvention auch nicht zugemutet werden darf: z. B. Frauen, die Opfer geschlechtsspezifischer Verfolgung geworden sind – sie gilt bei uns anders als etwa in den USA jedoch nicht als Asylgrund –, Bürgerkriegsflüchtlinge etwa aus dem ehemaligen Jugoslawien oder Afghanistan und diejenigen, die vor Repressionen nicht-staatlicher Akteure in Deutschland Schutz gesucht haben. Tatsächlich spielt aber die Schutzbedürftigkeit der Betroffenen bei der Konzipierung und beim Vollzug der entsprechenden Rechtsvorschriften kaum eine Rolle; eindeutigen Vorrang genießt die Staatsräson, die unter dem Zwang geforderter Einsparungen die Zahl der Migranten partout drücken will und dabei den Menschen und seine Würde hintanstellt. Allein die nach geltendem Recht bereits zulässige Beschränkung der medizinischen Versorgung für Flüchtlinge auf *akute* Erkrankungen und Schmerzzustände ist mit der Menschenwürdegarantie und dem Sozialstaatsgebot des Grundgesetzes kaum vereinbar. Der Verdacht liegt nahe, daß hierzulande lebende Flüchtlinge zur Ausreise gedrängt werden sollen – „nicht mit polizeilichen Maßnahmen", wie der Präsident des Berliner Roten Kreuzes, Klaus Schütz, kritisierte, „sondern indem man sie aushungert" (zit. nach taz vom 26. März 1998). „Ein Staat, der so ein Gesetz macht", so Bundestagsvizepräsident Burkhard Hirsch, „ist ein inhumaner Staat" (zit. nach Süddeutsche Zeitung vom 22. Juni 1998).

Die Gesetzesänderung wurde infolge vehementen Widerstandes vor allem der Kirchen und karitativer Organisationen zwar nicht in ihrer ursprünglichen Form verabschiedet. Ein fader Nachgeschmack bleibt dennoch. Nicht zuletzt auch deswegen, weil dieser Rückzieher nichts an der grundsätzlichen Tendenz geändert hat, die im Grundgesetz verbürgten Menschenrechte für die Gruppe der Flüchtlinge geringzuachten. Dies belegt insbesondere die alltägliche bundesdeutsche Abschiebepraxis. „Die Abschiebeankündigungen werden ohne erkennbare Kriterien und ohne Rücksicht auf Familienverhältnisse verschickt. Abschiebebescheide bekommen Flüchtlinge, die im Krankenhaus liegen, ebenso wie Frauen, die nach drei Schlaganfällen im Rollstuhl sitzen. Unbescholtene Flüchtlinge werden zwischen drei Uhr und sechs Uhr morgens verhaftet. Oft erlaubt man ihnen zum Zusammensuchen ihrer Habseligkeiten nur 10 bis 25 Minuten" (Geißler, 261f.).

Besonders dramatisch stellt sich die Situation für diejenigen Familien aus Bosnien-Herzegowina dar, die sich nicht eindeutig ethnisch zuordnen lassen, weil sie von sogenannten Mischehen begründet worden sind, die Partner also unterschiedlichen Volksgruppen entstammen. Egal, wie diese Familien sich bei ihrer Rückkehr ethnisch definieren werden, ob als bosnisch, kroatisch oder serbisch, die Chancen auf ihren Fortbestand sind angesichts der nach wie vor spannungsgeladenen Situation in ihrer Heimat äußerst gering zu veranschlagen. Nicht von ungefähr hat der ehemalige EU-Administrator in Mostar, Hans Koschnick, die politisch Verantwortlichen zwischen Rhein und Oder auf die besondere Lage dieser Familien hingewiesen: „Deshalb habe ich auch die Innenminister der deutschen Bundesländer vor ihrer Entscheidung über die Rückführung der Flüchtlinge angeschrieben und versucht, ihnen die Problematik vor Augen zu führen. Alle diejenigen, die sich auf Rechtstitel aus dem Daytoner Vertrag berufen und nicht dafür sorgen, daß vor Ort konkrete Lösungen möglich werden, sind entweder Gutgläubige oder solche, die lieber die Augen verschließen, um nicht zu erfahren, was genau passiert. Denn Unkenntnis ist manchmal hilfreich bei der Entscheidungsfindung" (Koschnick, 178). Eine Sonderregelung für diese Familien jedoch wurde nicht geschaffen – trotz des besonderen Schutzes, den Familien laut Grundgesetz genießen und zu dem der Staat laut Artikel 6 unserer Verfassung verpflichtet ist.

Und die Beispiele beschränken sich nicht allein auf die Gruppe der Bürgerkriegsflüchtlinge aus dem einstigen Jugoslawien. Da ist etwa die junge Kurdin, der zusammen mit ihren Kindern die Abschiebung droht, weil aus Sicht der Behörden die fortgesetzte Mißhandlung, Freiheitsberaubung und der Nahrungsmittelentzug durch den Ehemann nicht das Kriterium der in § 19 des Ausländergesetzes für ein Bleiberecht geforderten „außergewöhnlichen Härte" begründen; diese wird erst, um ein Beispiel zu nennen, beim „Verlust eines wichtigen Körpergliedes" anerkannt. Da ist der libanesische Asylbewerber, der zehn Tage nach einer Transplantation abgeschoben werden sollte, obgleich er seine freiwillige Ausreise nach Ende der medizinisch notwendigen Nachsorgezeit zugesagt hatte. Da ist der siebzigjährige, herzkranke Flüchtling aus dem Kosovo, der zweieinhalb Monate nach seiner Abschiebung aus Bayern von der serbischen Polizei umgebracht wurde, ohne daß dies von den politisch Verantwortlichen in München zum Anlaß genommen worden wäre, über einen Abschiebestopp für Kosovo-Albaner nachzudenken, den allein die Eskalation der Gewalt im Amselfeld geboten hätte.

Diese Exempel verdeutlichen, wie rigide das Ausländerrecht vollzogen wird, wie wenig durchaus existierende Ermessensspielräume dort genutzt werden, wo es gälte, unnötige Härten zu vermeiden, Mitmenschlichkeit und Achtung vor der Würde der Betroffenen zu zeigen. Gewiß: Die einfachgesetzlichen Bestimmungen mögen in jedem Fall eingehalten werden; doch Verstöße gegen Grundrechte, Prinzipien und den Geist der Verfassung werden immer wieder genauso in Kauf genommen wie eine Mißachtung der Genfer Flüchtlingskonvention oder der UN-Kinderrechtskonvention. Den Mitarbeitern der Ausländerbehörden und den an Abschiebeaktionen beteiligten Vollzugsbeamten mag man das kaum vorwerfen angesichts eines Bundesinnenministers, der zu Beginn dieses Jahres die italienische Regierung ultimativ dazu aufforderte, bestehendes Völkerrecht zu verletzen und an der Adria gestrandete kurdische Flüchtlinge ohne Prüfung ihrer Fluchtmotive wieder in die Türkei zurückzuverfrachten. Abgesehen davon, daß es absurd ist, dem Staat am Bosporus seine Aufnahme in die Europäische Union (EU) unter anderem wegen der Unterdrückung der kurdischen Minderheit zu verweigern, den Unterdrückten aber gleichzeitig Schutz und Zuflucht zu versagen, liegt das Fatale an dieser Entwicklung darin, daß sich hinter den Zurückweisungen, „den willkürlichen Ausweisungen und den damit verbundenen menschenrechtswidrigen Modalitäten ein System versteckt" (Geißler, 260). Potentielle Flüchtlinge sollen abgeschreckt und davon abgehalten werden, überhaupt erst den Weg nach Deutschland zu suchen; denjenigen, die dennoch in die Bundesrepublik gelangten und hier Aufnahme fanden, soll es erst gar nicht gelingen, Fuß zu fassen, sich zu integrieren und sich womöglich dauerhaft niederzulassen. Im Gegenteil: Sie sollen „in der Furcht leben, möglicherweise am nächsten Morgen verhaftet und abgeschoben zu werden, unabhängig davon, ob sie überhaupt in ihre Heimat zurückkehren können" (ebd., 261f.).

In diesen Zusammenhang paßt es, daß der Bundesinnenminister eine Sonderregelung bei der Erteilung der Aufenthaltsgenehmigung für die Überlebenden des Brandanschlages auf eine Lübecker Flüchtlingsunterkunft, bei dem mehrere Menschen den Tod fanden, mit der Begründung verweigert hat, er wolle keinen Präzedenzfall schaffen. Dabei wäre genau dies, obschon die Tat und ihre Hintergründe bislang nicht aufgeklärt werden konnten, ein Signal der Bundesregierung sowohl für ihren unbedingten Willen zur Integration ausländischer Mitbürger als auch für ihre Bereitschaft, dem grassierenden Rechtsextremismus energisch zu begegnen: Wie könnte man staatlicherseits die Ablehnung rechter Gewalttaten besser kundtun als durch die eindeutige Aussage: „Die, die ihr anzünden wollt, dürfen auf jeden Fall hier bleiben!" Leider ist vielfach die genau entgegengesetzte Haltung anzutreffen. Die kontinuierliche Verschärfung des Ausländer- und Asylrechts, das Arbeitsverbot für Flüchtlinge sowie die Debatte über eine angeblich überdurchschnittliche Ausländerkriminalität tragen zu einer Politisierung der Fremdenfurcht bei.

Nolens volens sind sie Wasser auf den Mühlen derjenigen politischen Kräfte am äußersten rechten Rand, deren Programm es ist, gegen alles Fremde Stimmung zu machen. „Der Rechtsradikalismus ist am meisten dadurch gefördert worden, daß die beiden großen Volksparteien, die Union und die SPD, sich drei Jahre lang in der Öffentlichkeit um das Asylthema gestritten haben" (ebd., 123). Konsequenzen werden nicht daraus gezogen. Im Gegenteil: Auch nach dem Wahlerfolg der rechtsextremen DVU in Sachsen-Anhalt wurde noch nachgelegt. Behörden – so die Forderung des stellvertretenden CSU-Generalsekretärs – sollten im Umgang mit Ausländern zukünftig zwischen „hochwillkommen oder unerwünscht" unterscheiden (zit. nach Der Tagesspiegel vom 7. Juli 1998); und Asylsuchende, verlautete wenig später aus Bonn, sollten erst einmal ihre politische Gesinnung offenlegen, bevor man ihnen die Einreise erlaube. Natürlich: Es ist Wahlkampf, und da wird auch an den Rändern des politischen Spektrums nach Stimmen gefischt. Nur darf nicht übersehen werden, warnt der Kriminologe Bernd Wagner, daß solche Äußerungen im rechtsextremen Lager „geradezu als wichtiger Meilenstein auf dem Weg zur Umwertung der Politik goutiert [werden]. Politiker, die diesen Ton anschlagen, werden als Wahlverwandte angesehen – ganz gleich, ob die jeweiligen Politiker das so haben wollen oder nicht. Das allein sollte ihnen Anlaß genug sein, sich zu hinterfragen" (zit. nach Frankfurter Rundschau vom 19. März 1997). Dies gilt um so mehr, als politische Extrempositionen trotz der großen Integrationsleistung der demokratischen Parteien und der vergleichsweise schnellen Stabilisierung des deutschen Parteiensystems in den Nachkriegsjahren ganz offenkundig nicht obsolet geworden sind.

Doch nicht allein beim Thema Asyl sind Hemmschwellen gefallen. Im März 1997 etwa wurde aus der CDU/CSU-Bundestagsfraktion heraus der Vorschlag laut, die Ausländerbeschäftigung könne durch eine Beschränkung des Zuzugs in ihrer osteuropäischen Heimat diskriminierter Juden nach Deutschland zurückgedrängt werden; die Höchstgrenze solle der Zentralrat der Juden in Deutschland gemeinsam mit der Bundesregierung festlegen. Und der sozialdemokratische Ministerpräsident Brandenburgs, Manfred Stolpe, verteidigte die Bewohner der Gemeinde Gollwitz, die sich im vergangenen Herbst aus kaum rational begründbarer Furcht um ihre Sicherheit gegen die Unterbringung von sechzig jüdischen Emigranten aus der ehemaligen Sowjetunion in ihrem Dorf zur Wehr gesetzt hatten, mit dem pauschalen Hinweis, die Weigerung der Gollwitzer habe nichts mit Antisemitismus oder Fremdenfeindlichkeit zu tun. Sein Amtskollege aus Mecklenburg-Vorpommern Bernd Seite fand ebensowenig dabei, sich gegen die Aufnahme der Türkei in die EU mit der Begründung auszusprechen, sie wäre islamisch und – so könnte man seinen folgenden Zusatz interpretieren – antichristlich: „Wenn ich in Istanbul eine Kirche bauen wollte, ich habe noch keinen dritten

Stein auf die ersten zwei gesetzt, da hauen die mir das doch zusammen“ (zit. nach Der Tagesspiegel vom 15. Februar 1998).

Hier kommt ebenso wie bei der Feststellung des Berliner Innensenators Jörg Schönbohm in der Hauptstadt der Bundesrepublik gebe es „heute schon Quartiere, die so sind, daß man sagen kann: Dort befindet man sich nicht in Deutschland“ (zit. nach BZ vom 2. Juni 1998), eine Einstellung zum Ausdruck, die Integration – sei es in die Europäische Union, sei es in die deutsche Gesellschaft – mit Anpassung verwechselt. Einfacher ausgedrückt: Wer zu uns gehören will, muß so sein wie wir. Dieser Haltung liegt – die in diesem Zusammenhang immer wieder zu hörende Aussage, Deutschland sei kein Einwanderungsland, unterstreicht dies – zum einen die Weigerung zugrunde, die soziale Realität, nämlich „eine Gesellschaft, die unterschiedliche Kulturen und Ethnien umfaßt“ (Cohn-Bendit, 1), zu akzeptieren; daraus resultiert zum zweiten die Sehnsucht nach einer einfachen, überschaubaren, möglichst homogenen Welt, die ihrerseits den Anpassungsdruck auf alle „Nicht-Dazugehörigen“ noch weiter steigen läßt. „Wer es nicht ertragen kann, daß es ‘andere Leute’ gibt, andere Sitten, andere Verhaltensweisen, andere Formen, anderes Aussehen, andere Sprachen, die sich nicht einfügen, nicht anpassen, die sich nicht ‘auf Linie’ bringen lassen mit dem, was einmal als ‘zugehörig’ definiert wurde, der findet leicht zum Vorurteil; es wartet schon auf ihn“ (Schoeps/Schlör, 11f.) – mehr noch: der erweist sich als politikunfähig. Denn das, was aus seiner Warte als mangelnde Konformität wahrgenommen wird, führt schnell auch zur einseitigen Verortung der Verantwortlichkeiten für die unzureichende Eingliederung von Zuwanderern und damit zum Rückgriff auf nicht probate Rezepte.

*

Gewiß: Jede Gesellschaft hat „ihren Konformismus, damit ihre Zugehörigen und ihre Fremden [...]. Nicht der Konformismus, sondern seine besondere Klammheit und Enge kennzeichnen das Verhalten vieler Deutscher zu anderen Menschen. Man möchte das andere, das Abnorme möglichst abschütteln, davon nicht belästigt werden. Der menschliche Defaitismus, der im Verzicht auf den Versuch liegt, schuldlos Benachteiligten zu helfen, wird alsbald zur Indifferenz“ (Dahrendorf, Gesellschaft und Demokratie, 377f.). Es mag auch an dieser fehlenden Solidarität liegen, daß sich wenig Widerspruch regt, wenn die Grundrechte für „Randgruppen“ ohne große eigene Lobby beschnitten werden, seien es die zu belauschenden „Verbrecher“, Flüchtlinge oder Mitbürger ohne deutschen Paß, Behinderte, Kinder oder sozial Schwache. „Sie alle sind Fremde, mit denen man sich möglichst nicht belasten möchte [...]“ (ebd., 377).

Dabei ist, wenn Grundrechte zur Disposition gestellt werden, die Zivilität der Gesellschaft insgesamt gefährdet. Einsatz für die fundamentalen Freiheitsrechte ist nicht Einsatz für Minderheiten. Denn „jeder von uns kann morgen ein Jude sein, ein Ausländer, ein Behinderter, ein Linker, ein Andersdenkender, ein Unbequemer, ein Arbeitsloser, ein Störenfried – jeder von uns. [...] Wir engagieren uns *füreinander*, weil wir Menschen sind und weil wir aufeinander angewiesen sind. Wir engagieren uns füreinander, weil wir an die *Freiheit* glauben und weil wir wissen, daß Freiheit unteilbar ist [...]" (Friedman, 297).

Denn gerade die deutsche Erfahrung des 20. Jahrhunderts sollte doch zu der Erkenntnis verholfen haben, daß Freiheit nicht von heute auf morgen zu Ende geht, sondern daß es sich dabei um einen Erosionsprozeß handelt: Die Freiheit stirbt zentimeterweise. Das aber bedeutet auch, daß ein Absterben von Freiheit mit einem Gewöhnungsprozeß einher geht. Dagegen ist das Engagement jedes Einzelnen gefordert, ein Aufbegehren, ein Sich-nicht-gewöhnen-wollen. Auch am Vorabend der Jahrtausendwende ist die Freiheit, auch in einer parlamentarischen Demokratie, noch keine Selbstverständlichkeit. „Es gibt in diesem ganzen Europa keinen Menschen von über 60 Jahren, der ein ganzes Leben in Freiheit gelebt hat. Und wir können auch noch nicht wissen, ob wir unser ganzes Leben in Freiheit werden leben können, wenn wir uns nicht selbst darum kümmern. Also kümmern wir uns darum" (Friedman, 304).

*

Der vorliegende Sammelband fühlt sich diesem Appell verpflichtet. Er will darüber hinaus auch einen Beitrag zur aktuellen Diskussion der Inhalte des Menschenrechtsbegriffs leisten. Die Herausgeber räumen gerne ein, daß sie sich – wie schon das Inhaltsverzeichnis des Bandes zeigt – zu einem weit gefaßten Menschenrechtsbegriff bekennen. Denn die Menschenwürde umfaßt erheblich mehr als nur das Recht auf Leben und körperliche Unversehrtheit. Die Tatsache, daß in vielen Teilen der Welt gefoltert wird, Menschen aufgrund ihrer politischen oder religiösen Anschauungen, wegen ihrer ethnischen Zugehörigkeit, ihrer Hautfarbe oder Sprache inhaftiert, verschleppt oder umgebracht werden, darf nicht dazu verleiten, die Augen vor vergleichsweise kleinen Verstößen gegen die Menschenrechte im eigenen Land zu verschließen. „Wer heute über Menschenrechte spricht, der sollte zunächst einmal bei sich selbst, in seiner näheren Umgebung, in seinem eigenen Lande anfangen. [...] Ich bin gegen die Selbstgerechtigkeit, um die es sich allzuoft und allzuleicht handelt, wenn fremde und ferne Länder kritisch unter die Lupe genommen werden. ‚Charity begins at home' – auch mit den Menschenrechten fängt es zu Hause an" (Brandt, Menschenrassen, 6). Dem liegt auch die Erkenntnis zugrunde, daß mit der Duldung „kleiner" Verletzungen der Menschenwürde und der aus ihr ableitbaren Grundrechte eine Art Desensibilisierungsprozeß einsetzt, in dessen Verlauf auch größere Mißachtungen der Bürgerrechte rasch kleiner erscheinen. Öffentliche Einmischung ist also geboten.

Wie steht es also um die Menschenrechte in Deutschland kurz vor der Jahrtausendwende? Autorinnen und Autoren aus Wissenschaft, Medien und Politik gehen dieser Frage nach. Sie vergleichen Wirklichkeit und Ansprüche, benennen Erfolge und Defizite, machen auf Klärungsbedarf aufmerksam. Untersucht wird dabei, wie es um die elementaren Rechte von Minderheiten und solcher gesellschaftlicher Gruppen am Ende des 20. Jahrhunderts steht, deren spezifischer Situation lange Zeit wenig Beachtung geschenkt worden ist, wie neuen Herausforderungen im Zeichen von Digitalisierung, wachsender ökologischer Probleme und „neuer Armut" auf menschenrechtlichem Gebiet begegnet wird und wie ausgewählte Akteure hierzulande mit Menschenrechten umgehen.

Das Plädoyer der Herausgeber zielt dabei auf einen primär *politischen*, nicht einen moralischen Menschenrechtsbegriff. Der zentrale Adressat ist der Staat: Menschenrechte sind „Rechte gegen und an den Staat" (Brieskorn, 109); der Staat ist der erste und hauptsächliche Verletzer von Menschenrechten, er ist aber gleichzeitig auch deren zentraler Garant. Es besteht überhaupt kein Grund, die staatlichen Akteure aus ihrer Verantwortung für die Einhaltung der Menschenrechte zu entlassen. Das gilt auch im Zeichen einer immer rascher fortschreitenden Globalisierung.

Natürlich ist es erfreulich, wenn Individuen eine menschenrechtliche Ethik in ihre Gesellschaften einbringen. Es hilft jedoch nicht viel, „an ewige Werte zu appellieren, über die gerade jene, die für solche Untaten anfällig sind, nur die Achseln zucken würden", stellte Theodor W. Adorno mit Blick auf die Mörder in den deutschen Konzentrations- und Vernichtungslagern fest, sondern man „muß die Mechanismen erkennen, die die Menschen so machen, daß sie solcher Taten fähig werden" (Adorno, 89f.). Vielfach wird das Fehlen moralischer Bindungen beklagt und für Menschenrechtsverstöße verantwortlich gemacht. Zwar scheine es plausibel, „durch ein nachdrückliches ‚Du sollst nicht'" solchem Tun Einhalt gebieten zu wollen, doch es sei „eine Illusion, daß die Berufung auf Bindungen oder gar die Forderung, man solle wieder Bindungen eingehen, damit es besser in der Welt und in den Menschen ausschaue, im Ernst frommt" (ebd., 92). Notwendig sind nicht Diskussionen über Moral, sondern vielmehr Debatten über politische und gesellschaftliche Wirklichkeiten, und deshalb müsse jeder politische Unterricht „über das gesellschaftliche Kräftespiel belehren, das hinter der Oberfläche der politischen Formen seinen Ort hat. Kritisch zu behandeln wäre, um nur ein Modell zu geben, ein so respektabler Begriff wie der der Staatsraison: indem man das Recht des Staates über das seiner Angehörigen stellt, ist das Grauen potentiell schon gesetzt" (ebd., 104). Und wie bereits gezeigt worden ist, besteht hierzulande zunehmend die Neigung, aus Gründen der Staatsraison Nützlichkeitserwägungen gegen Menschenrechte zu stellen. Dabei müßte versucht werden, auch in wirtschaftlich schwierigen Zeiten beides in Einklang zu bringen, will man nicht, daß Politik als „Durchsetzung wirtschaftlicher Zwecke mit Hilfe der Gesetzgebung“ definiert wird (Tucholsky, 137). Um es noch einmal zu betonen: Staatliche Gewalt „kann sich nicht einfach den Grundrechten entziehen, die unseren Staat ausmachen, mit dem Argument: So wird es billiger“ (Wolfgang Huber, zit. nach Süddeutsche Zeitung vom 22. Juni 1998).

Auch deshalb ist klar: Der Adressat von *Menschen*rechten ist der Staat. Das bedeutet folglich, daß nicht jeder Rechtsverstoß zu einer Menschenrechtsverletzung hochstilisiert werden kann. Hier handelt es sich um zwei Ebenen, die gar nicht scharf genug voneinander getrennt werden können. Unterbleibt dies, sind Begriffsverwirrungen unausweichlich. Moralisch betrachtet, mag das mitunter große Probleme aufwerfen; betroffen sind aber grundsätzliche Prämissen, an denen nicht zu rütteln ist: Auch im Hinblick auf Täter sind Menschenrechte unteilbar. Die Forderung an jeden Staat kann konsequenterweise nur lauten, immer und in jedem Fall auf die Einhaltung der Menschenrechte zu achten. „Menschenrechte sind eben nicht mit den Opfern gegen die Peiniger verbündet, sondern ausschließlich mit dem Menschen“ (Brieskorn, 136).

Hier wie auch sonst bei jedem Versuch, den Menschenrechtsbegriff moralisch statt politisch ausgestalten zu wollen, gilt jedoch: „Wer im anderen Menschen die Hauptquelle der Gefährdung erblickt, kann sich verleiten lassen, den Staat zu unterschätzen“ (ebd., 113). Dazu besteht jedoch nach aller historischer Erfahrung keinerlei Anlaß.

*

Wenn dieser Band nach dem Zusammenhang von Menschenrechten und Bürgergesellschaft in Deutschland fragt, untersucht er weniger Art und Maß der Partizipation ihrer freien und engagierten Bürger oder die Voraussetzungen dafür. Im Mittelpunkt stehen vielmehr die Rechte und Freiheiten dieser Bürger. Damit soll die Bundesrepublik Deutschland keineswegs auf die „Anklagebank“ gesetzt oder das Schreckgespenst eines „Polizeistaats“ an die Wand gemalt werden. Im Gegenteil ist es Ziel des Bandes, das Bewußtsein für Probleme und für Lösungsmöglichkeiten in der aktuellen Realität zwischen Rhein und Oder zu schärfen und somit auch einen Beitrag zur politischen Bildung zu leisten.

Freilich stößt es leicht auf Unverständnis, wo nicht gar auf Ablehnung, die Frage nach dem Stand der Menschenrechtsverwirklichung im eigenen Land zu stellen. Leicht gerät ein solches Vorhaben in den Ruch der Nestbeschmutzung. Dieser Vorwurf ist zumindest den Herausgebern mitunter begegnet. Es sei in wohl kaum einem anderen Land derart gut um die Verwirklichung der Menschenrechte bestellt – ein Urteil, dem die Herausgeber gerne zustimmen; doch kann die Tatsache, daß es in anderen Ländern weit schlimmer aussieht, nicht von notwendiger Kritik an den Defiziten im eigenen Land abhalten. Hier manifestiert sich eine Selbstzufriedenheit, die wir nicht teilen können. Im Gegenteil fordert das Konzept der Bürgergesellschaft ja gerade die notwendige Kritik bestehender Defizite in der – vielleicht naiven – Hoffnung, damit dem postulierten Anspruch des Grundgesetzes und völkerrechtlicher Verpflichtungen näher zu kommen. Auch soziale Probleme, die als Argument gegen weitere Fortschritte bei der Verwirklichung der Menschenrechte gerne ins Feld geführt werden, beruhen zum Großteil auf genau deren mangelhafter Durchsetzung. Zwar kennt das Grundgesetz kein Recht auf Arbeit, doch ist dies im Pakt über wirtschaftliche, soziale und kulturelle Rechte verankert, der für die Bundesrepublik geltendes Völkerrecht darstellt.

Noch einmal: Insgesamt betrachtet steht es mit der Verwirklichung der Menschenrechte in Deutschland und in anderen westlichen Staaten weitaus besser als im größten Teil dieser Erde. Dies ist für die hier lebenden Menschen insgesamt betrachtet ein Glücksfall, für den in Westdeutschland – im Unterschied zu den neuen Bundesländern – die Mehrzahl der Bürger zuerst einmal gar nichts konnte; inzwischen hat vielfältiges bürgerschaftliches Engagement in Parteien, Verbänden und Initiativen zur Festigung und zum Ausbau der Demokratie und damit der menschlichen Freiheit in Deutschland viel beigetragen. „Wir können auf das Erreichte stolz sein, aber wir wollen dennoch erkennen, daß der demokratische und soziale Bundesstaat, von dem unser Grundgesetz spricht, eine permanente Aufgabe bleibt. Anders gesagt: Wir müssen zunehmend Ernst machen mit dem Grundgesetz, das sich diese Republik gegeben hat, Ernst machen mit den Grundrechten, die darin definiert sind" (Brandt, Menschenrassen, 9). Und dies gilt in ganz besonderem Maße für die Unantastbarkeit der Menschenwürde. Denn ihr „kommt [...] das volle Gewicht einer normativen Grundlegung dieses geschichtlich-konkreten Gemeinwesens zu, dessen Legitimität nach einer Zeit der Unmenschlichkeit und im Zeichen gegenwärtig-latenter Gefährdung der 'Würde des Menschen' in der Achtung und im Schutz der Menschlichkeit liegt" (Hesse, 47). Über ihre Einhaltung ständig und frühzeitig zu wachen, entspricht dem Ethos der Verfassung. Das ist – wenn man so will – „der Preis der Freiheit und einer zivilen Gesellschaft" (Limbach, Die Opposition gegen das Nazi-Regime, 15).

*

Eröffnet werden sollte der Band mit einem Aufsatz zum aktuellen Stand der Diskussion um die Inhalte des Menschenrechtsbegriffs. Er war den Herausgebern fest zugesagt, wurde aber bedauerlicherweise nicht geliefert.

In ihrem Abriß der Entwicklung der Frauenrechte hierzulande konstatiert *Ute Frevert* einen Rückgang aktiver Gleichberechtigungspolitik angesichts des Problemdrucks der neunziger Jahre. Demgegenüber betont sie die Notwendigkeit, weiterhin bestehende Ungleichheiten abzubauen und nach Wegen für eine wirkliche Gleichberechtigung beider Geschlechter zu suchen, die über die bisher nur auf Frauen fixierte kompensatorische Frauenpolitik hinausgeht und auch Männer in die zu leistende Familienarbeit miteinbezieht. *Christian Salazar-Volkmann* fordert in seinen Anmerkungen zur Kinderrechtsdebatte die Aufnahme des Kindes als Rechtssubjekt in die Verfassung und plädiert nachdrücklich für eine gewaltfreie Erziehung. Seelische, körperliche und sexuelle Gewalt seien neben der zunehmenden Kinderarmut nach wie vor tagesaktuelle Hauptaufgaben einer menschenrechtsorientierten Kinderpolitik.

Den äußerst fragwürdigen „Asylkompromiß" behandelt *Claus Leggewie*, wobei er besonders hervorhebt, daß alle damit verbundenen Absichten einer Europäisierung des Asyl- und Flüchtlingsrechts sowie eine Neuregelung des Staatsbürgerschaftsrechts bisher gescheitert sind. Doch da sich Deutschland weiterhin als ein „Nicht-Einwanderungsland" begreife, stoßen Menschen mit einem ausländischen Paß auf massive Vorurteile und eine wachsende Diskriminierung, wie *Barbara John* unterstreicht. Auch das Leben von Immigranten und ihren Familien in Deutschland sollte in einem eigenen Beitrag thematisiert werden; doch der versprochene Text wurde den Herausgebern leider nicht geliefert.

Die Beiträge von *Jan Philipp Reemtsma* und *Theresia Degener* nehmen ebenso den Umgang mit gesellschaftlichen Gruppen und Minoritäten in den Blick. Ersterer analysiert die historische Dynamik des Antisemitismus in Deutschland, aus der sich viel auch für den aktuellen Rassismus in dieser Gesellschaft lernen läßt. Der Text von Theresia Degener widmet sich dem Alltag behinderter Menschen, der durch die Weigerung des Deutschen Bundestages, endlich ein entsprechendes Diskriminierungsverbot zu formulieren, weiter erschwert wird.

Wie es im Computerzeitalter um das Recht auf informationelle Selbstbestimmung steht, schildert *Bettina Sokol*, die nachdrücklich für eine verbesserte Datenschutzgesetzgebung plädiert. *Hans Norbert Janowski* thematisiert die Pressefreiheit in den neunziger Jahren, die durch eine zunehmende Medienkonzentration bedroht wird. Inwieweit der Schutz der natürlichen Lebensgrundlagen als Menschenrecht zu betrachten ist, untersucht *Monika Griefahn*. Der Diskussion um Menschenrechte und Menschenpflichten vor dem Hintergrund der sozialen Menschenrechte ist der Beitrag von *Margret Mönig-Raane* gewidmet.

Kerstin Müller schildert Entwicklungslinien der Politischen Justiz in Deutschland, die sich immer wieder mit dem Vorwurf konfrontiert sieht, auf dem „rechten Auge" ein wenig schlechter zu sehen. Die wachsende Verquikkung polizeilicher und nachrichtendienstlicher Aufgaben analysiert *Martin Klingst*; er gelangt zu dem Schluß, daß sie der Absicht der Verfassungsmütter und -väter zuwiderlaufe, für immer Strukturen zu verhindern, die eine Geheime Staatspolizei in Deutschland möglich machten. *Otto Diederichs* hinterfragt das menschenrechtliche Selbstverständnis einer Polizei, die in den letzten Jahren wegen Verfehlungen einzelner ihrer Angehörigen mehr als einmal in der Kritik stand. Die Glaubwürdigkeit bundesdeutscher Menschenrechtspolitik bei der Gestaltung ihrer auswärtigen Beziehungen untersucht *Volkmar Deile*.

Der abschließende Beitrag von *Roderich Reifenrath* öffnet den Blick auf das zusammenwachsende Europa und fragt nach dessen menschenrechtlichen Perspektiven.

Die Herausgeber danken den Autorinnen und Autoren für ihre Beiträge und die gute Zusammenarbeit; insbesondere danken wir für die große Geduld, die die Pünktlichsten unter ihnen bis zum endlichen Erscheinen dieses Bandes beweisen mußten. Für die Möglichkeit, diesen Band zu publizieren und damit eine Öffentlichkeit für die hier behandelten Anliegen herzustellen, danken wir dem Verlag Leske + Budrich, insbesondere seinem Leiter, Edmund Budrich.

Über Möglichkeiten, wie man sich für die Einhaltung der Menschenrechte weltweit einsetzen kann, informiert *amnesty international*, Postfach, 53108 Bonn, gegen die Einsendung von 5 DM (in Briefmarken).

Literaturhinweise:

Th. W. Adorno: Erziehung nach Auschwitz, in: ders.: Erziehung zur Mündigkeit. Vorträge und Gespräche mit Hellmut Becker 1959-1969. Hg. v. G. Kadelbach, Frankfurt a. M. 1970;

amnesty international: Neue Fälle – altes Muster. Polizeiliche Mißhandlungen in der Bundesrepublik Deutschland, London (Juli) 1997;

I. Bechthold: Ein schwarzer Tag für Bürger und kein unglücklicher für Ganoven, in: Frankfurter Rundschau vom 17. September 1997, S. 17;

Bericht der Beauftragten der Bundesregierung für Ausländerfragen über die Lage der Ausländer in der Bundesrepublik Deutschland. Deutscher Bundestag 13. Wahlperiode, Drucksache 13/9484, Bonn (11. Dezember) 1997;

K. v. Beyme: Systemwechsel in Osteuropa, Frankfurt a. M. 1994;

E.-W. Böckenförde: Das Unwahrscheinliche wollen. Demokratie, notwendige Forderung der Menschenrechte?, in: Frankfurter Allgemeine vom 2. Mai 1996;

W. Brandt: Menschenrassen – Menschenrechte. Ansprache des Bundeskanzlers Willy Brandt zur Woche der Brüderlichkeit 1971 (= Schriftenreihe der Kölnischen Gesellschaft für Christlich-Jüdische Zusammenarbeit, H. 15), o. O. u. J. [Köln 1971];

W. Brandt: Über den Tag hinaus. Eine Zwischenbilanz, Hamburg 1974;

N. Brieskorn: Menschenrechte. Eine historisch-philosophische Grundlegung (= Kon-Texte, Bd. 3), Stuttgart/Berlin/Köln 1987;

D. Cohn-Bendit: Der deutsche Volkskörper, in: Die Zeit vom 19. Juni 1998, S. 1;

R. Dahrendorf: Anmerkungen zum Gesellschaftsvertrag, Artikel 1, Absatz 1 und 2, in: ders.: Reise nach innen und außen. Aspekte der Zeit, München 1986, S. 115-128;

R. Dahrendorf: Die gefährdete *Civil Society*, in: Kr. Michalski (Hg.): Europa und die Civil Society. Castelgandolfo-Gespräche 1989, Stuttgart 1991, S. 247-263;

R. Dahrendorf: Entfesselungskünstler, in: ders.: Reise nach innen und außen. Aspekte der Zeit, München 1986, S. 94-102;

R. Dahrendorf: Gesellschaft und Demokratie in Deutschland, München 1965;

K. Dicke: Menschenrechte als Kulturimperialismus?, in: ders./M. Edinger/O. Lembke mit B. Hamm (Hg.): Menschenrechte und Entwicklung, Berlin 1997, S. 57-76;

K. Drobisch: Nationalsozialistische Verbrechen und widerständige Reaktionen, in: P. Steinbach/J. Tuchel (Hg.): Widerstand gegen den Nationalsozialismus, Berlin 1994, S. 97-106;

Th. Eschenburg: Staat und Gesellschaft in Deutschland, Stuttgart [4]1960;

I. Fetscher: Rousseaus politische Philosophie. Zur Geschichte des demokratischen Freiheitsbegriffs, 3., überarb. Aufl., Frankfurt a. M. [6]1990;

Th. Fleiner: Was sind Menschenrechte, Zürich 1996;

N. Frei: Das ganz normale Grauen, in: Der Spiegel, Nr. 16 vom 14. April 1997, S. 64-67;

N. Frei: Vergangenheitspolitik. Die Anfänge der Bundesrepublik und die NS-Vergangenheit, München 1996;

M. Friedman: Antisemitismus in Deutschland. Ein Plädoyer für Respekt, in: Hutter/Tessmer, S. 288-304;

H. Geißler: Das nicht gehaltene Versprechen. Politik im Namen Gottes, Köln 1997;

Grundrechte-Report. Zur Lage der Bürger- und Menschenrechte in Deutschland. Hg. von T. Müller-Heidelberg/U. Finckh/W.-D. Narr/M. Pelzer, Reinbek 1997;

J. Habermas: Über den öffentlichen Gebrauch der Historie. Warum ein „Demokratiepreis" für Daniel Goldhagen?, in: Blätter für deutsche und internationale Politik 42 (1997) 4, S. 408-416;

H. Heine: Religion und Philosophie in Deutschland, Hamburg 1887;

K. Hesse: Grundzüge des Verfassungsrechts der Bundesrepublik Deutschland, 15., erg. Aufl., Heidelberg 1985;

F.-J. Hutter/C. Tessmer (Hg.): Die Menschenrechte in Deutschland. Geschichte und Gegenwart, München 1997;

F.-J. Hutter/H. Speer/C. Tessmer (Hg.): Das gemeinsame Haus Europa: Menschenrechte zwischen Atlantik und Ural, Baden-Baden 1998;

J. Kersten: Die neue Unerbittlichkeit. Law and Order und gesellschaftliche Vergeltungsbedürfnisse, in: H.-M. Lohmann (Hg.): Extremismus der Mitte. Vom rechten Verständnis deutscher Nation, Frankfurt a. M. 1994, S. 232-246;

H. Koschnick: „Ethnisch gesäubert?!" Bosnien-Herzegowina, Kroatien und Serbien nach dem Daytoner Abkommen, in: Hutter/Speer/Tessmer, S. 167-180;

J. Limbach: Abschied vom Rechtsstaatsprinzip?, in: Frankfurter Rundschau vom 23. März 1996, S. 9;

J. Limbach: Es geht nicht um eine Kollektivschuld, in: Die Zeit vom 31. Januar 1997, S. 8;

J. Limbach: Die Opposition gegen das Nazi-Regime war keine Sache von Eliten, in: Frankfurter Rundschau vom 19. Juli 1997, S. 15;

J. Locke: Zwei Abhandlungen über die Regierung. Hg. v. W. Euchner, Frankfurt a. M. 1977;

W. Merkel/H.-J. Lauth: Systemwechsel und Zivilgesellschaft: Welche Zivilgesellschaft braucht die Demokratie?, in: APuZ (1998) 6-7, S. 3-12;

M. Messerschmidt/F. Wüllner: Die Wehrmachtsjustiz im Dienste des Nationalsozialismus. Zerstörung einer Legende, Baden-Baden 1987;

J. St. Mill: Über Freiheit, Frankfurt a. M. 1987;

Ch. Montesquieu: Vom Geist der Gesetze, Stuttgart 1965;

E. Pikart/W. Werner (Bearb.): Der Parlamentarische Rat 1948-1949. Akten und Protokolle. Hg. vom Deutschen Bundestag und vom Bundesarchiv. Bd. 5: Ausschuß für Grundsatzfragen, Boppard 1993;

K. R. Popper: Die offene Gesellschaft und ihre Feinde. Bd. II: Falsche Propheten. Hegel, Marx und die Folgen, München [6]1980;

H. Prantl: Wer bei der Umwandlung nicht funktioniert, ist ein Mißbraucher, in: Frankfurter Rundschau vom 27. September 1996, S. 12;

J. Ph. Reemtsma: Die Institutionalisierbarkeit von Menschenrechten, in: Mittelweg 36 (1998) 1, S. 4-18;

K.-H. Rosen: Afrika – Kontinent in Unruhe, in: ders. (Hg.): Jahrbuch der Deutschen Stiftung für UNO-Flüchtlingshilfe 1997/98. Flucht. Afrika – Kontinent in Unruhe, Bad Honnef 1997, S. 7-14;

J. J. Rousseau: Vom Gesellschaftsvertrag oder Grundsätze des Staatsrechts, Stuttgart 1977;

C. Schmid: Erinnerungen, München [2]1985;

F. Schiller: Gesammelte Werke in fünf Bänden. Bd. 2, München 1981;

J. H. Schoeps/J. Schlör: Einleitung, in: dies. (Hg.): Antisemitismus. Vorurteile und Mythen, Frankfurt a. M. o. J. [1997], S. 7-15;

H. Simon: Zur universellen Geltung und Durchsetzung der Menschenrechte, in: Jahrbuch Menschenrechte 1999. Hg. von G. v. Arnim/V. Deile/F.-J. Hutter/S. Kurtenbach/C. Tessmer, Frankfurt a. M. 1998, S. 57-62;

A. Streim: Saubere Wehrmacht? Die Verfolgung von Kriegs- und NS-Verbrechen in der Bundesrepublik und in der DDR, in: H. Heer/K. Naumann (Hg.): Vernichtungskrieg. Verbrechen der Wehrmacht 1941 bis 1944, Frankfurt a. M. [8]1997, S. 569-597;

Chr. Streit: Keine Kameraden. Die Wehrmacht und die sowjetischen Kriegsgefangenen 1941-1945, Neuausgabe, Bonn 1997;

Ch. Taylor: Die Beschwörung der *Civil Society*, in: Kr. Michalski (Hg.): Europa und die Civil Society. Castelgandolfo-Gespräche 1989, Stuttgart 1991, S. 52-81;

A. de Tocqueville: Über die Demokratie in Amerika, Stuttgart 1985;

K. Tucholsky: Schnipsel. Hg. v. M. Gerold-Tucholsky/F. J. Raddatz, Reinbek 1973;

R. v. Weizsäcker: Mitverantwortung aller Deutschen für die Wahrung der Menschenwürde, in: Bulletin. Hg. vom Presse- und Informationsamt der Bundesregierung, Nr. 122 vom 12. November 1992, S. 1121-1123;

R. v. Weizsäcker: Vier Zeiten. Erinnerungen, Berlin 1997;

R. Zuck: Wohnungseinbrecher mit Dienstausweis, in: Süddeutsche Zeitung vom 2. März 1998, S. 10.

II. Gruppenrechte

Ute Frevert

Frauenpolitik als Menschenrechtspolitik. Entwicklung, Stand und Perspektiven der Gleichberechtigung in Deutschland

Der Obertitel dieses Beitrags mag als irritierend empfunden werden. Ist es tatsächlich angemessen, in einer Wohlstandsgesellschaft und einem Rechtsstaat wie der Bundesrepublik Deutschland Frauenpolitik als Menschenrechtspolitik zu deklarieren? Muß man bei der appellativen Gleichsetzung von Frauen- und Menschenrechten nicht vielmehr an jene politisch und ökonomisch „unterentwickelten" Länder und Weltregionen denken, in denen Frauen, wie die Pekinger Weltfrauenkonferenz 1995 überdeutlich gezeigt hat, nach wie vor grundlegende Rechte vorenthalten werden? Sind nicht die auf dieser Konferenz aufgestellten Forderungen nach körperlich-sexueller Selbstbestimmung oder nach dem Recht, die ökonomischen Subsistenzmittel zu kontrollieren, vor allem, wenn nicht gar ausschließlich an die Adresse der Dritten und Vierten Welt gerichtet? Ist es wirklich sinnvoll, die im Vergleich dazu beneidenswert sichere und gesicherte Situation von Frauen in der Bundesrepublik Deutschland als Menschenrechtsfrage abzuhandeln?

In der Tat läßt der Vergleich mit Ländern wie China oder Indien die rechtliche, politische und ökonomische Lage von Frauen in Deutschland als geradezu rosig erscheinen. Dennoch ist dies nicht der einzige Maßstab, den man anlegen könnte und sollte. Wie es um die Lebenschancen und -risiken von Frauen bestellt ist, bemißt sich nicht zuletzt auch an der Differenz zu Männern. Schließlich gehört es seit der Französischen Revolution zu den zentralen Topoi des politischen Diskurses, die Menschenrechte – vor allem persönliche Freiheit, Rechtsgleichheit, Besitzsicherheit – auf beide Geschlechter gleichermaßen anzuwenden. Seit Olympe de Gouges 1791 in ihrer „Erklärung der Rechte der Frau und Bürgerin" die Gleichberechtigung der Geschlechter explizit in den Menschenrechtskatalog aufgenommen hatte, ist der jeweils erreichte Grad männlich-weiblicher Gleichberechtigung zugleich ein Indikator für die Durchsetzung der Menschenrechte.

In diesem Sinne geht es im folgenden darum, den Stand der Gleichberechtigung in Deutschland kritisch zu überprüfen. Dies mag um so notwendiger sein, als sich die Anzeichen mehren, daß eine aktive Gleichberechtigungspolitik, wie sie vor allem in den siebziger und achtziger Jahren betrieben wurde, in den neunziger Jahren allmählich zum Stillstand kommt. Angesichts knapper Finanzmittel und eines erhöhten innen- und weltpolitischen Problemdrucks erscheint jene Politik vielen (männlichen) Zeitgenossen als bestenfalls überflüssiger, schlimmstenfalls schädlicher Luxus.

Demgegenüber vertritt dieser Beitrag die These, daß eine aktive Frauen- bzw. Gleichberechtigungspolitik, die dem Grundrechtskatalog der bundesrepublikanischen Verfassung entspricht, nicht nur in Phasen wirtschaftlicher Prosperität betrieben werden darf. Statt dessen ist ihr ein konjunktur- und zeitgeistunabhängiger Status einzuräumen. Eine zukunftsorientierte Gesellschaftspolitik, so das Argument, muß der Frauen- und Geschlechterpolitik *mehr anstatt weniger* Gewicht und Ressourcen zuweisen; sie muß sie an einer *zentraleren* Stelle politischer Konstruktionen und Visionen plazieren als bisher. Entscheidend ist dabei, daß diese Politik grundlegende Probleme unserer Gesellschaft aufgreift und zukunftsweisende Problemlösungen erfindet – Lösungen, die den Handlungsspielraum von Menschen, genauer: von Frauen und Männern, vergrößern, anstatt ihn einzuschränken. Das wiederum hängt davon ab, daß Politik Probleme in ihrer Bedeutung und Konflikthaftigkeit zutreffend wahrnimmt, definiert und bearbeitet.

Problem-Wahrnehmung oder: Wer erfindet die „Frauenfrage"?

Ob ein Problem überhaupt als solches wahrgenommen wird, ist abhängig von vielerlei Faktoren: von der Wahrnehmungsbereitschaft der Akteure, von der Sichtbarkeit des Problems, von der Artikulationsfähigkeit der „Betroffenen", von der Militanz, mit der es zur Sprache gebracht wird. Ein Problem ist erst dann eines, wenn es zu einem gemacht wird, wenn es Menschen gibt, die es als merk- und fragwürdig empfinden und benennen. An der Geschichte der sogenannten Frauenfrage läßt sich dies gut illustrieren.

Die Stellung der Frauen in der modernen Gesellschaft wurde erst in dem Moment zu einem öffentlich diskutierten Thema, als Frauen daran Kritik übten. Ihr Protest gegen Diskriminierung und Unterdrückung, in Deutschland seit den sechziger Jahren des vergangenen Jahrhunderts in Vereinen und Zeitschriften organisiert, machte auf etwas aufmerksam, das bis dahin mehr oder weniger erfolgreich verdrängt worden war: die prinzipiell ungleichen Lebenschancen von Frauen und Männern in der bürgerlichen Gesellschaft des 19. Jahrhunderts. Daß Frauen nicht an politischen Wahlen teilnehmen durften, daß sie keine staatsbürgerlichen Rechte besaßen, daß ihre Erwerbsarbeit schlechter entlohnt wurde als die von Männern, daß sie viele Berufe nicht ergreifen, viele Schulen nicht besuchen konnten und zu Universitätsstudien nicht zugelassen waren – all das galt so lange als selbstverständlich, wie sich niemand daran störte.

Die vereinzelten Stimmen, die bereits seit dem Ende des 18. Jahrhunderts Widerspruch gegen die bürgerliche Geschlechterordnung anmeldeten, stellten keine ernsthafte Störung des gesellschaftlichen Friedens dar. Allenfalls bewogen sie die Verteidiger des Status quo dazu, ihn argumentativ zu rechtfertigen. Ein Wandel trat erst dann ein, als, um im Bild zu bleiben, die Einzelstimmen sich zu einem Chor zusammenfanden und ihr Anliegen vielstimmiger und lautstärker in die Öffentlichkeit trugen. In fast jeder Stadt gab es alsbald (mindestens) einen Verein, der sich die Förderung von Fraueninteressen ins Programm schrieb. Eigene Zeitungen und Kongresse sorgten für überregionalen Zusammenhalt und Kommunikation. Aber man schmorte nicht nur im eigenen Saft. Petitionen an Kommunalvertretungen, Länderparlamente und den Reichstag verhalfen der Bewegung zu allgemeiner Publizität: Man sprach über sie, diskutierte ihre Ziele und Methoden, setzte sich mit ihr auseinander, formulierte Zustimmung oder Ablehnung.

Damit war das Problem als solches benannt und akzeptiert. Hätte die Öffentlichkeit *nicht* reagiert, wäre die Frauenbewegung gescheitert. Hätten die Zeitungen sie dauerhaft ignoriert, die Parlamente die Petitionen zu den Akten gelegt, die Parteien weggeschaut, wäre ihr Elan vermutlich rasch verpufft. Ohne die Bereitschaft maßgeblicher Teile der Gesellschaft, das Problem wahrzunehmen, wäre die „Frauenfrage" nicht in Konversationslexika, auf sozialpolitischen Konferenzen, Kirchen- und Parteitagen behandelt worden. Daß eine solche Bereitschaft vorhanden war bzw. geweckt werden konnte, lag im wesentlichen an der sozialen Nähe zwischen denen, die das Problem „erfanden", und jenen, die es als solches akzeptierten. Die Frauen, die sich in der Frauenbewegung engagierten, waren Ehefrauen, Töchter, Schwestern, Cousinen von Männern, die in der einen oder anderen Weise zum Establishment gehörten, die bürgerliche Öffentlichkeit herstellten und repräsentierten. Selbst wenn diese Männer die feministischen Forderungen überzogen fanden oder sie sogar für gänzlich abwegig hielten, kamen sie doch nicht umhin, sich damit zu befassen und die Existenz einer „Frauenfrage" – ob positiv oder negativ – zur Kenntnis zu nehmen. Das Problem hatte sich behauptet, es war allgegenwärtig und sollte nicht sobald wieder von der politischen Tagesordnung verschwinden.

Allerdings verlor es nach dem Ende des Kaiserreichs erheblich an Mobilisierungskraft. Obwohl die Frauenbewegung den Systemwechsel überlebte und ihre Aktivitäten auf hohem organisatorischen Niveau fortsetzte, fiel es ihr zunehmend schwer, die „Frauenfrage" als politisches Thema präsent zu halten. Nachdem die gröbsten Diskriminierungen im politischen Vereins- und Wahlrecht, im Zugang zu Bildungsinstitutionen, Universitäten und akademischen Berufen beseitigt worden waren, betrachteten viele Zeitgenossen das Problem als gelöst. Gerade jüngere Frauen empfanden den Feminismus im Zeichen formaler, in der Weimarer Verfassung fixierter Gleichberechtigung als Anachronismus. Die männliche Öffentlichkeit sah gleichfalls keinen Grund, hier Aufmerksamkeit zu investieren, zumal es die Frauenbewegung selber an zündenden Ideen und Initiativen fehlen ließ.

Letztere traten erst in den siebziger Jahren wieder auf den Plan, nach einer langen Zeit des Schweigens und Verschwiegen-Werdens. Hatte der Nationalsozialismus die Frauenbewegung mundtot gemacht, wagte sie sich auch nach 1945 nicht aus ihrem seit den zwanziger Jahren gepflegten Schattendasein heraus. Zwar gelang es immer wieder, Frauen zu kollektivem Protest zu mobilisieren – beispielsweise anläßlich der Beratungen über das bundesrepublikanische Grundgesetz und den umstrittenen zweiten Absatz des Artikels 3 („Männer und Frauen sind gleichberechtigt") oder beim Kampf um die Aufhebung sogenannter Frauenlohngruppen in Tarifverträgen. Solche Mobilisierungserfolge blieben jedoch punktuell und vermochten nicht, sich zu einer dauerhaften Bewegung zu formieren.

Obwohl Ende der sechziger Jahre zehn Millionen Frauen – als Gewerkschafterinnen, Parteimitglieder, Vereins- und Kirchenfrauen – im Deutschen Frauenrat organisiert waren, bildeten sie keinen politischen Machtfaktor. Das „Thema Frau" schien endgültig von der politischen Bühne verdrängt worden zu sein, aufgespalten zwischen einer Vielzahl von Interessengruppen, die sich nicht zu einer gemeinsamen Sprache, einer gemeinsamen Problemsicht durchringen konnten. Gewerkschafterinnen beschäftigten andere Probleme als Akademikerinnen, Hausfrauen setzten andere Akzente als Berufsfrauen, Kirchenfrauen hegten andere frauenpolitische Vorstellungen als Sozialdemokratinnen. Gemeinsam war ihnen allenfalls die Überzeugung, daß die „Frauenfrage" kein zentrales strukturpolitisches Problem mehr darstellte, daß sie durch die in der Verfassung festgeschriebene Gleichberechtigungsnorm im wesentlichen gelöst sei und daß sich Frauenpolitik lediglich auf nachholende Verbesserungen und Kurskorrekturen zu konzentrieren habe.

Diesen defensiven Konsens kündigte der neue Feminismus der siebziger Jahre auf. Er radikalisierte die „Frauenfrage" und verschaffte ihr eine unerwartet hohe politisch-publizistische Resonanz, die ihr bis heute erhalten geblieben ist. Am Anfang dieser äußerst erfolgreichen Politisierung standen spektakuläre Aktionen: Tomaten gegen SDS-Männer, Störung von Miss-Wahlen, Proteste gegen den Muttertag, Go-Ins in Kirchen und Ärztekonferenzen, § 218-Tribunale. Sie stellten Öffentlichkeit her, zogen die Aufmerksamkeit der Medien auf sich. Sie brachten neue Themen in die Diskussion: Gewalt gegen Frauen, sexuelle Selbstbestimmung, politische Autonomie, patriarchale Strukturen in Familie und Gesellschaft.

Ausgehend von den Universitäten, griff die neue Frauenbewegung bald auch auf andere, breitere soziale Milieus über. Ihre Slogans „Das Private ist politisch" und „Frauen gemeinsam sind stark" erwiesen sich als ausgesprochen zugkräftig und werbewirksam. Binnen kurzem gelang es, ein dichtes

Netz lokaler Frauengruppen und -zentren aufzubauen, die mit feministischen Selbsterfahrungs- und Therapieformen experimentierten, aber auch soziale Beratungsdienste und Hilfsangebote (Frauenhäuser, Notrufe für vergewaltigte Frauen etc.) organisierten. Von den traditionellen Frauenverbänden politischer, sozialer und kirchlicher Couleur zunächst mißtrauisch-spöttisch auf Distanz gehalten, konnten sich diese autonomen Gruppierungen für eine gewisse Zeit als selbständiger politischer Machtfaktor etablieren. Nicht nur die von ihnen „erfundenen" Themen, sondern auch ihre Aktions- und Kommunikationsformen bewiesen eine enorme Ausstrahlungskraft.

Dazu trug nicht zuletzt die reformfreudige Atmosphäre der frühen siebziger Jahre bei, die den Wahlspruch „Keine Experimente" durch den Appell „Mehr Demokratie wagen" ersetzte. Die seit 1969 amtierende sozial-liberale Regierung weckte Erwartungen an eine gründliche Entrümpelung der westdeutschen Politik, Gesellschaft und Kultur; vor allem die SPD bot sich als generations- und geschlechterübergreifender Hoffnungsträger an. Sie entdeckte die Jugend – und hier besonders die Frauen – als ergiebiges Wählerreservoir und suchte es für sich zu mobilisieren. Zu diesem Zweck mußte sich die Partei zwangsläufig ein Stück weit auf den neuen Feminismus und seine lebensweltlichen Impulse einlassen. Dies wiederum stärkte mittel- und langfristig die in der SPD selber organisierten Frauen. Auch sie profitierten mithin vom feministischen Aufbruch, vom wiedererwachten Interesse an der altehrwürdigen „Frauenfrage".

Als sich die autonome Frauenbewegung in den achtziger Jahren inhaltlich wie organisatorisch zunehmend zersplitterte und aufzulösen begann, wurde sie zu einem gewichtigen Teil von den *Grünen* beerbt, die Frauen- bzw. Geschlechterpolitik zu einem Eckpfeiler ihres Programms machten. Damit erwuchs der SPD, die ihr Image als *Frauenpartei* bislang konkurrenzlos hatte pflegen können, eine nicht ungefährliche Mitbewerberin um die Wählerinnengunst. Der Konkurrenzdruck verschärfte sich in dem Maße, in dem sich auch die CDU eine Frauenpolitik zulegte und mit zugkräftigen Namen dafür warb. Spätestens seit Mitte der achtziger Jahre reagieren alle politischen Parteien, wenngleich in unterschiedlicher Form und mit unterschiedlicher Intensität, auf das „Problem Frau". Der äußere Anstoß, der feministische Impuls ist im politischen System „angekommen" und hat sich hier erfolgreich behaupten und ausbreiten können.

Problem-Definition oder: Ist die „Frauenfrage“ eine Männerfrage?

Damit ist allerdings noch nichts darüber gesagt, wie dieses Problem aufgefaßt, beschrieben, definiert wurde und wird. Daß ein Problem als solches wahrgenommen wird, legt keine einheitliche Problemsicht nahe. Vielmehr bestehen in der Regel mehrere Sehweisen und Definitionen nebeneinander, ohne sich wechselseitig auszuschließen. Nur in seltenen Ausnahmefällen können soziale Gruppen, die auf einen Mißstand aufmerksam machen, ihre Wahrnehmungsperspektive universalisieren und als allgemeinverbindlich durchsetzen.

Auch in der sogenannten Frauenfrage und ihren historischen Metamorphosen ist eine solche Parallelität von Wahrnehmungsmustern und Problemdeutungen festzustellen. Eine systematische Ordnung läßt (mindestens) drei Interpretationsmodelle erkennen:

Gleichberechtigung als Menschen- und Bürgerrecht

Es ist mittlerweile allgemein bekannt, daß die französische Menschen- und Bürgerrechtserklärung von 1789 nur den männlichen Menschen und Bürger im Blick hatte. Frauen, die die Leerstelle monierten und gleiche Rechte auch für ihr Geschlecht einklagten, endeten unter der Guillotine. Trotz dieses blutigen Anfangs blieb die Erinnerung an das Freiheits- und Gleichheitsversprechen der Französischen Revolution im 19. Jahrhundert lebendig. Immer wieder wiesen Frauen (und manchmal auch Männer) darauf hin, daß es, wenn überhaupt, nur für den männlichen Teil der Bevölkerung eingelöst worden sei. Frauen, hieß es, sollten ebenso wie Männer als Staatsbürger anerkannt sein, sollten wählen dürfen und selber gewählt werden. Sie sollten über die gleichen Bildungs- und Erwerbsmöglichkeiten verfügen und weder zivilnoch strafrechtlich anders behandelt werden als Männer.

In Deutschland wurden solche Forderungen verstärkt seit den sechziger Jahren des 19. Jahrhunderts laut, als sich eine bürgerliche Frauenbewegung mit einer zunächst stark ausgeprägten egalitären Programmatik zu entwickeln begann. In dem Maße, in dem diese Programmatik durch eine andere (siehe unten) ersetzt wurde, konnte sich die Sozialdemokratie als ihr Erbe profilieren. Als erste politische Partei nahm sie 1891 in ihr Erfurter Programm die Forderung nach dem allgemeinen Stimmrecht „ohne Unterschied des Geschlechts“ auf. Darüber hinaus verlangte sie die „Abschaffung aller Gesetze, welche die Frau in öffentlich- und privatrechtlicher Beziehung gegenüber dem Manne benachteiligen“. In diesem Sinne hatte sich 1879 bereits August Bebel in seinem berühmten, weite Verbreitung findenden Buch „Die Frau und der Sozialismus" geäußert. Seit Mitte der neunziger Jahre des letzten Jahrhunderts setzte sich die SPD dann auch im Reichstag für die staatsbürgerliche und privatrechtliche Gleichberechtigung ein – „im Namen der Rechtsgleichheit der Geschlechter" und aus „Fortschrittsgründen". 1918 schließlich hob die sozialistische Revolutionsregierung alle sozialen und geschlechterbezogenen Einschränkungen politischer Rechte mit einem Federstrich auf.

Die Sozialdemokratie handelte somit gleichsam als Vollstreckerin der Französischen Revolution, als Geschäftsführerin der modernen bürgerlichen Gesellschaft, die das Individuum nach seinen Leistungen und Fähigkeiten, ohne Rücksicht auf soziale Herkunft, Geschlecht, Ethnizität oder Konfession zu beurteilen vorgab. Die Gleichberechtigung von Frauen und Männern galt der SPD als logische Konsequenz des bürgerlichen Rechtsgleichheits-Prinzips, als eine unhintergehbare Forderung sozialer Gerechtigkeit. Die Partei der „Neuen Zeit" gerierte sich hier gewissermaßen „bürgerlicher" als ihre bürgerlichen Konkurrenten, die sich lange und erfolgreich gegen die politische „Emanzipation" der Frauen wehrten.

Allerdings war auch die Emanzipationslust der Sozialdemokratie alles andere als grenzenlos. Viele Parteimitglieder meldeten Widerspruch an, und im politischen Tagesgeschäft spielte Frauenpolitik ohnehin nur eine randständige Rolle. In der Alltagspraxis war Gleichberechtigung nicht mehr als ein hehres Prinzip, ein vollmundiger Programmsatz, der eine abstrakte Fortschrittlichkeit verkörperte und dem Selbstverständnis der Arbeiterbewegung als zukunftsorientierte, dynamische, gesellschaftsverändernde Kraft gut anstand. In die Verwirklichung dieses Prinzips jedoch investierte man nur minimale Energie; andere Ziele besaßen Vorrang.

Eine solche Prioritätensetzung entsprach nicht nur den theoretischen Leitlinien der Partei, für die der Klassenkampf weit vor dem Geschlechterkampf rangierte (Hauptwiderspruch versus Nebenwiderspruch). Sie entsprach darüber hinaus nüchternem realpolitischen Kalkül. Was schließlich konnte die Sozialdemokratie gewinnen, wenn sie sich für die Gleichberechtigung der Geschlechter stark machte? Ihre Attraktivität unter dem männlichen Wahlvolk profitierte davon ebensowenig wie ihr Ansehen in bürgerlichen Sozialmilieus; für die Frauenbewegung blieb die Sozialdemokratie das rote Tuch, dessen Berührung man ängstlich vermied. Hoffnungen, von zukünftigen weiblichen Wählern für frauenpolitisches Engagement belohnt zu werden, hegte man keine – und tat recht daran, wie sich nach 1918 zeigen sollte.

Angesichts dieser Sachlage ist es um so erstaunlicher, daß die Sozialdemokratie sich so frühzeitig für Frauenrechte einsetzte. Erklärungsbedürftig sind weniger die parteiinternen Widerstände und Hemmnisse als die programmatische Selbstverpflichtung. Sie erscheint nur dann als plausibel, wenn die ausgeprägte Zukunftsorientierung der Partei, ihre Neigung zu Langzeitplanungen und utopischen Entwürfen als eigener Faktor diesseits und jenseits pragmatischer Machtkalküle anerkannt wird. Die Forderung nach der Gleichberechtigung von Frauen und Männern gehörte unzweifelhaft zu solchen utopischen Visionen, deren Realitätsbezug im 19. und frühen 20. Jahrhundert äußerst schwach war.

Daß er sich nicht völlig auflöste, war im wesentlichen das Verdienst jener Frauen, die sich der Sozialdemokratie anschlossen und sowohl nach innen als auch nach außen für die Gleichstellung der Geschlechter eintraten. Nur ihrer beharrlichen Kärrnerarbeit ist es zu verdanken, daß die SPD durch die Wirren des 20. Jahrhunderts hindurch ihrem Bekenntnis zur Gleichberechtigung treu blieb. Ohne die SPD-Frauen wäre die Partei wohl mehr als einmal hinter ihre politischen Prinzipien zurückgefallen – 1948 im Parlamentarischen Rat, als es um die Definition der Grundrechte ging, nicht anders als 1988, als die parteiinterne Repräsentation der Geschlechter durch einen Quotierungsbeschluß neu geordnet werden sollte.

Gleichberechtigung: Ein Problem der Frauen oder der Männer?

Bis heute gehören Sozialdemokratinnen zu den leidenschaftlichsten Verfechtern des Gleichberechtigungs-Grundsatzes – wobei sich allerdings das, was Gleichberechtigung bedeutet, im Verlauf der letzten hundert Jahre erheblich gewandelt hat. Als August Bebel 1879 von seinem sozialistischen Zukunftsstaat träumte, stellte er sich Männer und Frauen zwar als gleichberechtigt, aber mitnichten als gleich vor. Daß Frauen die „Sorge für Heimat und Herd" oblag, Männern dagegen die „Verteidigung des Landes", stand für ihn außer Frage. Selbst wenn Frauen gleiche Rechte besäßen wie Männer, würden sie, davon ging nicht nur Bebel aus, diese Rechte anders nutzen.

Die Überzeugung von der *natürlichen* Ungleichheit der Geschlechter lebte auch im 20. Jahrhundert weiter fort. Sogar eine Frau wie Elisabeth Selbert, die 1948 kompromißlos für den Gleichberechtigungsartikel des Grundgesetzes kämpfte, bekannte sich ausdrücklich zur überkommenen Arbeitsteilung in Ehe und Familie. Daß Frauen in erster Linie für Mann und Kinder da waren und in der Familie ihren Hauptarbeitsplatz fanden, blieb bis in die siebziger Jahre hinein weithin unbestritten.

Erst die neue Frauenbewegung meldete lautstark Zweifel an diesem Konstrukt an, dessen überzeitliche Gültigkeit sie standhaft leugnete. Sie plädierte statt dessen für eine grundsätzliche Offenheit der Modelle und lehnte es ab, stereotype Geschlechterrollen festzulegen. Weder Frauen noch Männer sollten durch Vorabannahmen über ihr sogenanntes Wesen daran gehindert werden, Lebenspläne autonom zu entwerfen und zu verfolgen. Gleichberechtigung in diesem Sinne konnte nur heißen, Menschen unabhängig von ihrer Geschlechterzugehörigkeit alle Chancen zur Selbstverwirklichung einzuräumen, ihnen jedenfalls keine geschlechterspezifischen Barrieren in den Weg zu legen. Gleichberechtigung war damit kein politisches Endziel, sondern nur eine Art Vehikel, eine notwendige formale Vorbedingung für die grundlegende Umgestaltung des Geschlechterverhältnisses nach dem freien Wollen und Handeln der Individuen.

Keinesfalls war sie identisch mit dem, was juristische Kommentatoren des Grundgesetzes darunter verstanden, nämlich eine „Angleichung an die Mannsstellung". Hierüber ist gerade auch in der Frauenbewegung lange und heftig debattiert worden, und bis heute ist der Vorwurf nicht vom Tisch, Gleichberechtigung ziele auf die „Vermännlichung" von Frauen, auf die Anpassung der weiblichen an die männliche Normalbiographie ab. Dieser Vorwurf ist über hundert Jahre alt, ohne daß er an Weisheit und Überzeugungskraft gewonnen hätte. Statt dessen demonstriert er einen eklatanten Mangel an politischer Phantasie: Müßten doch, recht bedacht, infolge einer Politik der Gleichberechtigung, die auf die Verflüssigung geschlechterspezifischer Rollenmuster abhebt, die gesamte in einer Gesellschaft anfallende Arbeit sowie die damit verbundenen Status- und Machtpositionen neu verteilt werden. Gleichberechtigung in diesem Sinne bedeutete dann eben nicht nur, die Hälfte aller Erwerbsarbeitsplätze für Frauen zu reklamieren („Vermännlichung"), sondern auch die Hälfte der unbezahlten Schattenarbeitsplätze in der Familie für Männer zu reservieren („Verweiblichung").

Eine solche doppelgleisige, *beide* Geschlechter einbeziehende Definition von Gleichberechtigung ist relativ neuen Datums. Bis weit in die achtziger Jahre hinein war es üblich, Probleme des Geschlechterverhältnisses als „Frauenfrage" abzuhandeln. In konservativen Kreisen hat sich dieses Interpretationsmuster bis heute erhalten. Gleichberechtigung erschöpft sich hier in der Strategie, Frauen eine begrenzte „Angleichung an die Mannsstellung" zu ermöglichen: Ihre Teilhabe am Erwerbsleben und an politischer Macht wird solange gefördert, wie ihre Aufgaben in der Familie nicht darunter leiden. „Vereinbarkeit von Familie und Beruf" heißt das Losungswort, das Parteiprogramme und Sonntagsreden ziert. Selbstverständlich gilt es nur für Frauen, denen Doppelbelastung und systematische Karrieregrenzen zugemutet werden. Männer bleiben von solchen Zumutungen verschont; für sie gibt es das Problem der Vereinbarung unterschiedlicher Lebensbereiche nicht.

Zweifellos trägt diese Problemsicht den aktuellen Einstellungen und Vorlieben von Männern Rechnung. Trotz allen Mediengeraunes von „neuen Vätern" und „neuen Männern" sind Männer traditionellen Rollenvorgaben erstaunlich treu geblieben. Das wird sowohl in Meinungsumfragen deutlich als auch in konkreten Verhaltensmustern – von der Namenswahl bei einer Eheschließung bis zur innerfamilialen Arbeitsteilung. Zwar gestehen Männer Frauen heute weit mehr Handlungs- und Experimentierraum zu als noch vor zwanzig Jahren; ihr eigenes Rollenbild jedoch erweist sich als höchst unflexibel. Berufswelt und Erwerbsarbeit gelten ihnen nach wie vor als archimedische Punkte männlicher Identität und gesellschaftlicher Ordnung. Daß Frauen in erster Linie für Kinder und Familie zuständig sind, ist ein Glaubenssatz, dem von männlicher Seite so gut wie nie widersprochen wird. Obwohl seit 1986 auch Männer die Möglichkeit haben, sich nach der Geburt eines Kindes von der Erwerbsarbeit freistellen zu lassen und einen Erziehungsurlaub anzutreten, wird dieses Angebot kaum genutzt: Nur 1,4 Prozent aller Anträge auf Erziehungsurlaub stammen derzeit von Vätern.

Diese kollektive männliche Abwehrhaltung stellt heutzutage das größte Problem und Hindernis für eine erfolgreiche Gleichstellung der Geschlechter in allen Lebensbereichen dar. Nicht Frauen lassen es an der erforderlichen Flexibilität und Innovationsfreude im Umgang mit Geschlechterrollen fehlen, sondern Männer blockieren jede Art von frauen- und geschlechterpolitischem Fortschritt. Solange sie nicht kooperieren, wird sich an der strukturellen Ungleichheit des Geschlechtersystems nichts ändern. Erst wenn sie bereit sind (oder dazu gezwungen werden), nicht nur die Erwerbsarbeit, sondern auch die Familienarbeit mit Frauen zu teilen, ist Gleichberechtigung – im Sinne nicht geschlechterspezifisch vorgeprägter Lebenschancen und Verhaltensoptionen – erreicht.

So lautet das Fazit einer Gleichberechtigungspolitik, die sich seit hundert Jahren nur um Frauen kümmert und versucht, deren „Defizite" im Bereich von Bildung, Arbeitsmarkt und politischer Partizipation zu beheben. Erst in allerjüngster Zeit machen sich Ansätze bemerkbar, diese Perspektive zu revidieren und die „Frauenfrage" als „Männerfrage" neu zu definieren.

Differenz oder: Die sanfte Macht der Weiblichkeit

Daneben allerdings formiert sich eine neu-alte Gegenströmung, die besonders im konservativen Spektrum, aber auch bei „grünen" Frauen (und Männern) sowie in frauenbewegten Kreisen regen Zuspruch findet. Sie betont die fundamentale Differenz der Geschlechter, die kleinen und großen Unterschiede und setzt an der faktischen Ungleichheit männlich-weiblicher Lebensverläufe an. Biologische Ausstattung und gesellschaftliche Sozialisation, vor allem aber das real erfahrbare System geschlechterspezifischer Arbeitsteilung hätten, so das Argument, Frauen eine andere Identität verliehen als Männern. Frauen verfügten über andere Fähigkeiten und Talente, sie hegten signifikant andere Wünsche und Bedürfnisse, entwickelten andere Arbeits- und Kommunikationsweisen, setzten andere Prioritäten. Diese Andersartigkeiten gelte es zu bewahren, womöglich sogar zu entfalten, ohne sie gesellschaftlich abzuwerten oder zu bestrafen.

Eine solche Argumentation ist alles andere als neu. Man begegnet ihr, in leicht abgewandelter Form, bereits in der alten Frauenbewegung des 19. und frühen 20. Jahrhunderts. Damals entstand die Losung, Frauen seien Männern gegenüber zwar gleich*wertig*, aber nicht gleich*artig*. Sie verkörperten, hieß es, eine spezifisch „weibliche Kultur", die im wesentlichen mit Mütterlichkeit, mit selbstloser, aufbauender Fürsorge für ihre Umwelt gleichgesetzt wurde. Oberstes Ziel der Frauenbewegung war es, diese Kultur zu pflegen und ihr einen maßgeblichen Einfluß auf die Gesamtgesellschaft zu sichern. Frauen sollten mit weiblich-mütterlichen Wertideen die „einseitig männlichen Schöpfungen" der „großen Kultursysteme" vervollkommnen, destruktiven Fehlentwicklungen entgegenwirken und die „moderne Welt" in ihrer „schauerlichen Unpersönlichkeit" am weiblichen Wesen genesen lassen (Helene Lange).

Solche Welterrettungs-Phantasien haben eine lange Tradition. Wie ein roter Faden ziehen sie sich durch die Geschlechtergeschichte der bürgerlichen Moderne und werden nicht nur von Frauen, sondern auch und vor allem von Männern immer wieder zustimmend zitiert. Gerade Männer betonten und betonen bei jeder Gelegenheit, wie sehr sie, der Kälte und Mühsal des öffentlichen Lebens ausgesetzt, auf die wärmende Liebe, die Gefühlsharmonie von Frauen angewiesen seien. Schon Wilhelm von Humboldt rühmte an den Frauen, daß sie, frei von „äußeren Beschäftigungen", ganz der „Phantasie" und „Empfindung" leben könnten; für die von der Außenwelt beschädigten und ihrem wahren Selbst entfremdeten Männer seien sie unverzichtbare Jung- und Gesundbrunnen. Zweihundert Jahre später haben sich diese Erlösungsträume noch immer nicht verbraucht. Nicht nur Konservative wollen „die Frau vor den negativen Einflüssen des Zeitgeistes, der Mode, des Materialismus usw. möglichst bewahren", damit sie auch weiterhin „ausgleichend wirken und dem Lebendigen dienen" könne (Peter Scheurich 1992). Auch „linke" Männer warnen immer vernehmlicher vor dem gesellschaftlichen „Packeis" und beklagen den allerorts zu beobachtenden Verlust an Wärme, Liebe und Menschlichkeit, mit dem der neuerdings auch Frauen ergreifende Individualisierungsprozeß und ihre Einbeziehung in den Nexus entfremdeter Arbeit und Konkurrenz unweigerlich einhergingen.

Aber es sind heutzutage nicht nur Männer, die Frauen als Garanten echter Humanität auf ein Podest heben und vor den Gefahren der destruktiven, anonymisierenden Erwerbsgesellschaft schützen wollen. Auch viele Frauen neigen vermehrt dazu, sich in einer weiblichen (Sub-)Kultur einzuigeln und hier vermeintlich weibliche Werte zu kultivieren, die der sogenannten Männergesellschaft trotzig-trutzig entgegengehalten werden. Dazu trägt vornehmlich die verbreitete Enttäuschung über die Bilanz der Gleichberechtigungspolitik bei. Gewiß haben Frauen in den vergangenen dreißig, vierzig Jahren enorm „aufgeholt": im Bildungswesen vor allem, wo mittlerweile mehr als die Hälfte aller Gymnasiasten und über 40 Prozent der Auszubildenden weiblichen Geschlechts sind; im Erwerbssektor, wo die Erwerbsquote von Frauen (in den alten Bundesländern) zwischen 1960 und 1990 von 49 Prozent auf 58,5 Prozent stieg, während sich die Lohn- und Gehaltsdifferenzen zwischen den Geschlechtern im gleichen Zeitraum um 12 Prozentpunkte verringerten. Auch die politische Repräsentation von Frauen hat sich in den letzten Jahren deutlich verbessert; vor allem nach den Quotierungsbeschlüssen von SPD und Grünen erhöhte sich der Frauenanteil in Parteigremien, aber auch in Kommunal-, Länder- und Bundesparlamenten.

Das sind zweifellos Fortschritte. Im Gesamtspektrum politischer und gesellschaftlicher Machtverhältnisse jedoch nehmen sie sich nach wie vor bescheiden aus. Überall dort, wo es Macht auszuüben und zu verteilen gilt, haben Männer das Sagen: in den Spitzenpositionen von Wirtschaft, Wissenschaft und Kultur ebenso wie in den Entscheidungsgremien der Politik. Die wenigen Frauen, die es geschafft haben, zu diesem Olymp vorzudringen, „funktionieren" nicht anders als ihre männlichen Kollegen: Sie ordnen sich den Spielregeln mehr oder weniger widerspruchslos unter, meinen oft sogar, ihre Präsenz durch hyperangepaßtes Verhalten legitimieren zu müssen. In der Regel verzichten sie auf Kinder und konzentrieren ihre Energien auf ihre berufliche Karriere. Damit aber stellen sie für die Mehrzahl der Frauen kein nachahmenswertes Vorbild mehr dar.

Der wieder anschwellende Lobgesang auf die weibliche Differenz läßt sich unschwer als Reaktion auf diese enttäuschenden Erfahrungen interpretieren. Frauen reklamieren ihr Recht auf Andersartigkeit, ziehen sich in Nischen „neuer Mütterlichkeit" zurück, rechtfertigen ihre Karrierelosigkeit bzw. ihren Karriereverzicht als Akt des Widerstands gegen eine verdinglichte Männergesellschaft. Damit aber laufen sie – vor allem in Zeiten gebremsten Reformeifers und knapper öffentlicher Mittel – sehenden Auges in die Falle, die seit zwei Jahrhunderten mit schöner Regelmäßigkeit zuschnappt und Frauen stets dorthin befördert, wohin sie angeblich gehören: auf den Podest unentfremdeter Existenz, in die Familie als Ort reiner Menschlichkeit, kurz: in die Reparaturwerkstatt gesellschaftlicher Anomalien und Pathologien.

Das modische Beharren auf Differenz begünstigt jedoch nicht nur politische Rückschläge für das Gleichberechtigungsprogramm. Schlimmer noch: Es blockiert zugleich ein neues, nicht in althergebrachten Stereotypen und Dualismen befangenes Denken über die Geschlechter. Solange sogenannte weibliche Werte wie Empathie, Fürsorge, Flexibilität, Verantwortlichkeit als ausschließliches Eigentum von Frauen behandelt und beansprucht werden, während der Rest der Welt den Männern gehören soll, bleibt diese Welt so, wie sie ist. Eine nachhaltige Veränderung des Geschlechterverhältnisses und damit zwangsläufig auch der gesellschaftlichen Strukturen insgesamt wäre nur durch die Auflösung des dualistischen Codes erreichbar: Männer müßten „weiblicher", Frauen „männlicher" werden.

In anderen Worten: Erst dann, wenn das „Recht auf Differenz" nicht nur Frauen, sondern auch Männern eingeräumt würde, könnte es das „Recht auf Gleichheit" sinnvoll flankieren und abrunden. Dient es jedoch nur dazu, die kulturell, biologisch oder sonstwie legitimierte weibliche Andersartigkeit zu befestigen, bleibt es vorauseilender Gehorsam gegenüber unhaltbar gewordenen Machtverhältnissen. Insofern ist darauf zu beharren, daß Gleichheit als

Bedingung der Möglichkeit von Differenz gedacht werden und dieser vorausgehen muß – und zwar nicht nur gedanklich, sondern auch politisch-praktisch.

Problem-Bearbeitung oder: Von der Notwendigkeit einer neuen Geschlechter-Politik

Was folgt daraus für künftige Frauen- bzw. Geschlechterpolitik? Welche Weichen sollte sie stellen, welche Schwerpunkte setzen? Und wie fügt sich Frauenpolitik ein in eine zukunftsorientierte Gesellschaftspolitik, die nicht nur aktuelle Mängel verwaltet, sondern Gestaltungsfunktionen übernimmt?

An dieser Stelle ist an die anfangs benannte Streitfrage zu erinnern, ob Frauen- bzw. Gleichberechtigungspolitik überhaupt notwendig oder nur ein verzichtbarer Luxusartikel sei. Zugegeben: Bislang hat noch keine politische Partei öffentlich kundgetan, daß sie die interne und gesellschaftliche Förderung einer Gleichstellungspolitik beenden möchte. Eine solche Bekanntmachung, das weiß man in den Wahlkampfbüros, käme bei den Wählerinnen nicht gut an. Frauen sind kritischer und anspruchsvoller geworden; sie erwarten, daß das politische System, „der Staat", etwas für sie tut. Meinungsumfragen lassen erkennen, daß Frauen keineswegs zufrieden sind mit dem Stand der Gleichberechtigung in diesem Land. 66 Prozent der West-Frauen und 81 Prozent der Ost-Frauen gaben im März 1993 zu Protokoll, daß „noch einiges getan werden" müsse, „damit Mann und Frau bei uns gleichberechtigt sind". Dabei wenden sie sich vor allem an die Vertreter politischer Parteien, die in Parlamenten und Regierungen entsprechende Initiativen entfalten sollen.

Nichts deutet darauf hin, daß sich diese Anspruchshaltung in Zukunft abschwächen wird. Im Gegenteil: Gerade die zunehmende Bildungsbeteiligung von Frauen bürgt dafür, daß ihre Erwartungen an eine tatkräftige und erfolgreiche Gleichstellungspolitik wachsen. Mit dem Bildungsniveau, das zeigt die historische Erfahrung, steigt das individuelle Selbstbewußtsein; zugleich aber erhöht sich auch die Empfindlichkeit für strukturelle Diskriminierungen und Ungerechtigkeiten. Warum Männer im Beruf bevorzugt werden und es „im Leben leichter haben" als Frauen – dieser Meinung waren 1992 immerhin 60 Prozent aller weiblichen Befragten –, ist Frauen kaum noch verständlich zu machen.

Frauen, darauf muß sich Politik einstellen, fügen sich heutzutage nicht mehr in die Rollen, die man ihnen vielerorts zuweisen möchte. Sie wollen weder „Packesel des Sozialstaats" (Wolfgang Zeidler) sein noch stille Ersatzreserve für den Arbeitsmarkt. Sie betrachten ihre Erwerbstätigkeit nicht mehr, wie noch in den fünfziger Jahren, als familialen Zuverdienst, mit dem

Waschmaschinen oder Urlaube finanziert werden. Die übergroße Mehrzahl berufstätiger Frauen (86 Prozent in den alten, 90 Prozent in den neuen Bundesländern) empfindet Freude an ihrer Tätigkeit. Der Beruf bedeutet ihnen nicht nur Mittel zum Gelderwerb, sondern bringt ihnen auch soziale Anerkennung, Kontakte, Selbstbewußtsein ein. Er gehört ebenso sehr zu ihrem Leben wie die Beziehung zu Mann und Kindern.

Die vor allem in konservativen Kreisen periodisch wiederholte Empfehlung, Frauen möchten ins Reich der Familie zurückkehren, geht deshalb an den Wünschen und Bedürfnissen der weiblichen Bevölkerungshälfte vorbei. Das Lamento über die schwindende Sozialisationsfähigkeit der Familien, über die soziale und moralische Verwahrlosung von Kindern kann nicht darüber hinwegtäuschen, daß eine „heile" Familienwelt nach klassischem Muster endgültig der Vergangenheit angehört. Frauen sind heute nicht mehr bereit, immer und ausschließlich ein „Leben für andere" zu führen. Sie sind selbstbewußter geworden, ehrgeiziger, fordernder. Sie wollen Kinder, aber sie wollen sie nicht um jeden Preis – und immer häufiger scheint ihnen der Preis zu hoch.

Dies zu verkennen käme einem gefährlichen politischen Realitätsverlust gleich. Das politisch-administrative System hat solche veränderten Optionen in Rechnung zu stellen; es kann sie langfristig weder erfolgreich negieren noch bekämpfen. Statt dessen muß es sich damit abfinden, daß es – nicht immer freiwillig – eine Anspruchsspirale in Gang gesetzt hat, die so schnell nicht zu stoppen sein wird. Frauen möchten alles: Sie wollen Kinder *und* Beruf, privates Glück *und* öffentliche Akzeptanz. Sie wollen, kurz gesagt, nicht mehr und nicht weniger als das, was Männer seit jeher völlig selbstverständlich und ohne schlechtes Gewissen für sich reklamieren.

Diese neue, ganz und gar ungewohnte Unbescheidenheit mag Männer um den Fortbestand der Familie und das Wohl der Kinder fürchten lassen; mit rückwärtsgewandten Utopien jedoch ist ihr nicht beizukommen. Selbst wenn sich, wovon so manche träumen, viele gesellschaftliche Probleme (Arbeitslosigkeit, Pflege- und Rentenversicherung, Kinderbetreuung, jugendliche Devianz, Verlust sozialen Kapitals) durch einen Rückbau weiblicher „Emanzipation" lösen ließen, wäre ein solcher Rückbau für Frauen nicht mehr zustimmungsfähig. Obwohl „typisch weibliche" Werthaltungen und Opferphantasien nach wie vor und im Überfluß anzutreffen sind, gehen sie in der Regel nicht so weit, Frauen bedingungslos auf traditionelle Rollenstereotype einzuschwören. Allenfalls taugen sie dazu, ihnen den Konflikt zwischen Familien- und Berufsorientierung schärfer vor Augen zu führen.

Dieser Konflikt wird nun zunehmend nicht mehr „privat" bearbeitet und gelöst, sondern öffentlich-politisch. Dazu tragen nicht zuletzt die Medien, vor allem die Medien*frauen* bei, die sich des Themas annehmen und es, bunt und variantenreich verpackt, für ein Millionenpublikum aufbereiten. „Das Private ist politisch" – dieses feministische Motto der siebziger Jahre hat Wurzeln geschlagen. Wie Frauen mit ihren widerstreitenden Interessen umgehen, wie die Arbeitsteilung zwischen den Geschlechtern funktioniert (oder nicht funktioniert), wie und von wem Kinder versorgt und erzogen werden, wie und von wem Schwangerschaftsverhütung praktiziert wird – all das ist in den letzten Jahren öffentlich diskutiert und damit „politikfähig" geworden. Zugleich hat sich der Druck auf das politische System verstärkt, in angeblich private Verhältnisse einzugreifen und sie, dem Gleichberechtigungsgrundsatz der Verfassung entsprechend, umzugestalten.

Auf diesen Druck hat die Politik bislang eher defensiv-nachholend reagiert. Sie hat, mit viel öffentlichem Brimborium und organisatorischem Aufwand (Stichwort: Frauenministerien), kompensatorische Frauen-Politiken aufgelegt und propagiert – Frauen-Politiken, die die sogenannten Defizite von Frauen zu beheben trachten, die grundlegenden Strukturen des Machtungleichgewichts zwischen den Geschlechtern jedoch nicht antasten. Zu diesem kompensatorischen Arsenal gehören beispielsweise alle Maßnahmen, die Frauen die „Vereinbarung von Familie und Beruf" erleichtern sollen: Flexibilisierung der Arbeitszeit (Teilzeit), phasenweise Unterbrechungen der Erwerbstätigkeit, eine verbesserte Infrastruktur von Kinderkrippen und Kindergärten, Ganztagsschulen, Erziehungsurlaub. Kompensatorische Funktionen haben darüber hinaus sozialrechtliche Bestimmungen, etwa die Berücksichtigung von Kindererziehungszeiten bei der Rentenberechnung. Auch die vielfältigen rechtlichen und institutionellen Steuerungsinstrumente fallen unter diese Rubrik: kommunale und betriebliche Gleichstellungsstellen, Frauenförderungspläne im privaten und öffentlichen Sektor, Antidiskriminierungsgesetze.

Jene Maßnahmen verfolgen das Ziel, Benachteiligungen von Frauen auszugleichen und Startvorteile von Männern zu kompensieren. Sie setzen an der realen Ungleichheit männlich-weiblicher Lebenspläne an und versuchen, die Folgen dieser Ungleichheit abzumildern. Damit Frauen sich auch weiterhin primär in ihrer Familie engagieren, sollen sie beruflich unterstützt werden; diese Förderungspolitik balanciert dann idealiter die außerfamilialen Belastungen und Zurücksetzungen aus, die Frauen, anders als Männer, für ihre Familienarbeit bestrafen.

Eine solche kompensatorische Frauenpolitik zeichnet sich durch ihren dezidiert pragmatischen Gestus aus. Sie ist auch, darüber besteht kein Zweifel, notwendig und unverzichtbar. Überall dort, wo Frauen Männern gegenüber benachteiligt werden, muß der Staat aktiv werden: auf dem Arbeitsmarkt ebenso wie im Sozial- und Rentenrecht. So fordert etwa die Tatsache, daß Frauen sehr viel stärker als Männer von Arbeitslosigkeit betroffen sind, dazu heraus, sie intensiver und nachhaltiger in Fortbildungsprogramme und Arbeitsbeschaffungsmaßnahmen einzubinden. Auch die krasse Unterrepräsentanz von Frauen in Führungsgremien verlangt nach zügiger Abhilfe.

Eine solche Politik kann sich auf einen breiten gesellschaftlichen Konsens stützen, wie die jüngste Debatte um eine Erweiterung des Grundgesetzartikels 3 Absatz 2 beweist. Gleichberechtigung der Geschlechter ist nicht nur ein mittlerweile selbstverständliches Grundrecht, das von jeder Frau (und jedem Mann) eingeklagt werden kann. Sie umschreibt darüber hinaus auch einen Verfassungsauftrag, der den Staat bindet und ihn zu tatkräftigen Anstrengungen auf diesem Gebiet verpflichtet. Diese Anstrengungen dürfen sich nicht darin erschöpfen, daß der Staat seinen weiblichen Bürgern die berühmt-berüchtigte Wahlfreiheit zubilligt und sie selber entscheiden läßt, ob sie lieber ein Leben in der Familie oder im Beruf führen wollen. Er hat auch nicht nur – Fortschritt der achtziger Jahre – dafür zu sorgen, daß Frauen beides, Familie und Beruf miteinander verknüpfen können. Er hat – und hier liegen die Herausforderungen der kommenden Jahre – vor allem darauf zu achten, daß die Bedingungen einer wirklichen Gleichberechtigung für *beide* Geschlechter geschaffen werden.

Eine solche Zielperspektive aber weist über die bislang praktizierte kompensatorische Frauenpolitik weit hinaus. Diese Politik, so wichtig und hilfreich sie im einzelnen ist, bearbeitet stets nur die negativen Folgen einer Struktur, der sie nichts anhaben kann. Sie repariert an Problemen herum, ohne ihnen wirklich zu Leibe zu rücken. Zugleich stellt sie Frauen insgesamt in ein schiefes Licht, läßt sie als Mängelwesen erscheinen, denen mittels mehr oder weniger großzügiger Fördermaßnahmen auf die Beine geholfen werden muß – wobei das Ergebnis zwangsläufig immer hinter den Erwartungen zurückbleibt und bei allen Beteiligten automatisch Enttäuschungen produziert.

Eine Politik, die solche Enttäuschungen vermeiden und sich nicht nur im Kreise drehen möchte, muß die grundlegenden Strukturen selber ins Visier nehmen. Dazu zählt in erster Linie die klassische Arbeitsteilung zwischen Männern und Frauen. Solange Männer sich ganz und gar selbstverständlich als Berufsmenschen definieren und in der Familie nur eine Gastrolle spielen, wird sich an dem überall sichtbaren Machtungleichgewicht zwischen den Geschlechtern nicht viel ändern. Solange Frauen diese Strukturen akzeptieren und sich – ob mit (Ehe-)Mann oder ohne – in die Rolle alleinerziehender Mütter schicken, bleibt Gleichberechtigung eine leere Worthülse. Solange also die in der Gesamtgesellschaft anfallende Arbeit – die Erwerbs- ebenso wie die Familienarbeit – nicht von Grund auf neu verteilt wird, reduziert sich Gleichberechtigung auf die Besitzstandswahrung der Männer und eine, immer nur unvollkommene, Anpassung der Frauen an männliche Standards und Profile.

Hier muß der Staat, hier muß das politische System Initiativen entfalten, Wege zu einem neuen Vertrag zwischen den Geschlechtern bahnen und institutionelle ebenso wie mentale Barrieren beseitigen helfen. Zu solchen institutionellen Barrieren zählt beispielsweise das seit seiner Einführung immer wieder kritisierte, aber nie revidierte Ehegattensplitting, das ungleiche Erwerbsverhältnisse steuerlich begünstigt; dazu zählt aber auch und vor allem ein Berufssystem, das auf den männlichen Normalarbeiter mit ständiger, lebenslanger Verfügbarkeit ausgerichtet ist. Gestützt und verstärkt wird das institutionelle Gerüst durch zählebige mentale Dispositionen. Darunter leiden nicht nur Frauen, die in männliches Terrain eindringen. Darunter leiden auch jene (wenigen) Männer, die sich dem Normierungsdruck zu entziehen suchen. „Schlimmer" und „gefährlicher" als eine Frau, die eine männliche Karriere anstrebt, ist allemal der Mann, der aus der uniformen Phalanx seiner Geschlechtsgenossen ausschert und sich auf weibliches Terrain begibt. Er gilt als Verräter, als Fahnenflüchtiger und wird mit Ausgrenzung bestraft.

Wie ist das zu ändern? Entziehen sich nicht gerade mentale Dispositionen, Einstellungen, Vorurteile der gezielten staatlich-politischen Einwirkung? Nimmt die *freiheitlich-demokratische Grundordnung* unseres Gemeinwesens nicht Züge einer Erziehungsdiktatur an, wenn sie versucht, solche tiefverwurzelten Mentalitäten aufzusprengen? Schon ist die Rede von Zwangsmaßnahmen, mit denen Männer zu einem Verhaltenswechsel motiviert werden sollen. Gewerkschafterinnen etwa denken laut über einen Zwangserziehungsurlaub für Väter nach, da nur auf diese Weise die manifesten Nachteile, die Frauen durch jene familienpolitische Maßnahme gewärtigen, ausgeglichen und abgestellt werden könnten. Aber, der Einwand liegt nahe, läßt sich ein Umdenken, lassen sich Umorientierungen des oder der Einzelnen erzwingen?

Wohl kaum. Dennoch darf sich Politik hier nicht aus der Verantwortung stehlen und das Feld, wie es im neu-alten kommunitären Jargon heißt, den kleinen, privaten Gemeinschaften überlassen. Gerade Frauen als notorisch schwächere Mitglieder jener Gemeinschaften können durch einen solchen – sicherlich bequemen – Rückzug des Staates nur verlieren. Sie bleiben existentiell darauf angewiesen, daß das politische System geschlechterpolitische Signale setzt, Anreize für sozialen Wandel schafft, Innovationen anregt. Das kann keineswegs nur auf appellativem Wege geschehen. Öffentliche, breit gestreute Informations- und Werbekampagnen – etwa im Stil der noch von Rita Süssmuth lancierten Anzeigenserie, die Männer (Väter und Personalchefs) für den Erziehungsurlaub begeistern sollte – sind wichtig und sinnvoll, reichen aber nicht aus. Menschliches Verhalten (und männliches Verhalten im besonderen) richtet sich nur sehr bedingt an moralischen Prämissen aus; viel eher und lieber reagiert es auf materielle Köder.

Warum also denkt man nicht ernsthaft darüber nach, solche materiellen Impulse gezielt einzusetzen, um Handlungsoptionen zu beeinflussen? Warum bindet man berufliche Karrieren nicht an den Nachweis von Erziehungstestaten? Beruflicher Aufstieg und Beförderungen könnten davon abhängig gemacht werden, daß der Bewerber bzw. die Bewerberin (sofern sie Kinder haben) ihren Versorgungs- und Erziehungspflichten nachgekommen sind. Auf diese Weise lernten auch Männer die mit Kindern und in der Familie verbrachte Zeit nicht als Verlust und Vergeudung, sondern als Gewinn schätzen. Diesem Ziel könnte man sich auch dadurch nähern, daß Teilzeitarbeitsplätze, die derzeit vermehrt, aber faktisch nur für Frauen eingerichtet werden, „quotiert", d. h. zur Hälfte mit Männern besetzt werden. Auch die Bewilligung eines Erziehungsurlaubs wäre daran zu knüpfen, daß er zwischen Müttern und Vätern geteilt würde.

Ein solches – hier nur angedachtes – Modell, mit dem Arbeit umverteilt und Geschlechterverhältnisse austariert werden könnten, stieße zweifellos auf erhebliche Umsetzungsschwierigkeiten. Indem es die gesamte Arbeitsorganisation betrifft, stellt es Personalverwaltungen vor sehr viel kompliziertere Anforderungen, als es additive Maßnahmen kompensatorischer Frauenpolitik tun. Dafür verspricht es andererseits aber auch einen höheren Gewinn – einen Gewinn, der sich sowohl im betriebswirtschaftlichen Kalkül als auch in einer (noch zu erstellenden) volkswirtschaftlichen Gesamtrechnung niederschlagen wird. Reduzierte und flexibel gestaltete Arbeitszeiten, das bezeugen neuere empirische Untersuchungen, steigern Arbeitsfreude und Arbeitsintensität; warum sollten solche positiven Erfahrungen von Frauen monopolisiert bleiben? Das kontinuierliche Hinüberwechseln zwischen Familien- und Erwerbsarbeitsplatz erhöht zudem die Organisationsfähigkeit der Einzelnen, ihre Bereitschaft zur Mobilität und ihr Talent zur Improvisation – alles Eigenschaften, die in Stellenausschreibungen an der Spitze rangieren.

Aber auch für eine volkswirtschaftliche Gesamtrechnung, die alle Arten von Arbeit, Bedürfnissen und Kosten verzeichnete, würde sich ein geschlechterpolitisches Umverteilungsmodell auszahlen. Die Zukunft unserer Erwerbsgesellschaft hängt entscheidend davon ab, ob es gelingt, alle kreativen Potentiale zu mobilisieren und adäquat einzusetzen. Sie hängt aber auch davon ab, ob die Rentensysteme stabil gehalten werden können und ob sich die Gesellschaft in einer Weise regenerieren kann, die das Fortbestehen dieser Systeme garantiert. Weder die Stabilität der Renten noch die Regeneration der Bevölkerung scheinen derzeit gesichert. Auch hier könnte eine neue Frauen- und Geschlechterpolitik helfen. Wenn Männer sich mehr in der Familie engagieren müßten, um Frauen für berufliche Karrieren freizustellen, wenn damit die Familienarbeit aufgewertet und wenn darüber hinaus der Familienlastenausgleich verstärkt würde, wären Bedingungen geschaffen, die den Trend zur Ein-Kind-Familie umkehren könnten. Zugleich wäre das Erwerbssystem in der Lage, die sozialen und kognitiven Fähigkeiten von Frauen weit besser und kontinuierlicher als bisher zu nutzen. Die Renten wiederum würden sowohl von einer erhöhten Kinderzahl profitieren als auch von einer vermehrten Erwerbsbeteiligung (und damit Beitragszahlung) der Frauen.

Trotz dieses durchweg positiven Saldos ist nicht damit zu rechnen, daß der neue, staatlich sanktionierte Geschlechtervertrag überall auf sofortige Gegenliebe stoßen wird. Private Unternehmen werden die Reibungen scheuen, die eine Umverteilung der Arbeit nach dem hier vorgeschlagenen Muster anfangs mit sich bringen wird. Auch hier wäre deshalb staatliche Initiative gefragt: Der öffentliche Dienst bietet sich als Experimentierfeld an. Hier ließen sich die Modelle erproben, weiterentwickeln, perfektionieren. Profiteure gäbe es reichlich: Frauen, Männer, Kinder – und nicht zuletzt das politische System selber, das sich mit solchen Innovationen ein Stück Lebendigkeit zurückerobern und der allgegenwärtigen Gefahr der „Zukunftsvergessenheit" (Jens Reich) gegensteuern könnte.

Christian Salazar-Volkmann

Brauchen Kinder Rechte? Einige Anmerkungen zur Kinderrechtsdebatte in Deutschland

Kaum ein Politikfeld wird so von symbolischen Handlungen und Bekenntnisritualen geprägt wie die Kinder- und Jugendpolitik. Politiker streicheln über Kinderköpfe, nehmen mit Wangenkuß Blumensträuße entgegen und verweisen auf die an sich richtige Tatsache, daß Kinder die Zukunft der Gesellschaft verkörpern. Doch Kinder sind nicht nur die Zukunft der „Gesellschaft". Sie leben in der Gegenwart und müssen ihre Sorgen und Probleme auch in der Gegenwart meistern. Überall auf der Welt bekommen Kinder dabei nicht genügend politische Unterstützung. Dabei haben Kinder ein Recht darauf, daß die Staaten ihnen eine menschenwürdige Kindheit ermöglichen. Dieses Recht ist international in der *Konvention über die Rechte des Kindes* verbrieft und von 187 Staaten anerkannt worden. Doch bei politischen Entscheidungen und der Budgetierung öffentlicher Haushalte kommen die Rechte und Interessen der Kinder in der Regel zu kurz. Dies gilt auch für Deutschland.

Obwohl die Bundesregierung bei der Parlamentsdebatte um die Ratifizierung der Konvention über die Rechte des Kindes vor allem die schwierige Situation von Kindern in Entwicklungsländern im Auge hatte – „Wir hoffen vor allem, daß durch die Konvention in den Ländern der Dritten Welt die Rechtsstellung der Kinder entscheidend verbessert werden kann" (so der damalige Bundesjustizminister Klaus Kinkel auf der ersten parlamentarischen Beratung über das Ratifizierungsgesetz zur Konvention über die Rechte des Kindes am 21. Februar 1991) –, ist weithin bekannt: Die sozialen und zivilen Menschenrechte von Kindern und Jugendlichen werden auch in Deutschland in vielen gesellschaftlichen Bereichen nicht beachtet. „In Deutschland wird davon ausgegangen, daß jährlich 150 000 Kinder körperlich mißhandelt, über eine Millionen Kinder von ihren Eltern mit Gegenständen geschlagen und 108 000 sexuell mißbraucht werden. Das Ausmaß der Kindesvernachlässigung ist zahlenmäßig nicht nachweisbar, einige Autoren sprechen insoweit von 100 000 Kindern. [...] nach der Definition von Armut durch die EU (weniger als 50 Prozent des durchschnittlich verfügbaren Einkommens) müssen in den neuen Bundesländern 21,9 Prozent und in den alten Bundesländern 11,8 Prozent der Kinder als arm gelten. Insgesamt sind hiervon 2,2 Millionen Kinder betroffen, wobei eine Million Kinder von Sozialhilfe leben. Mit Stand von 1993 leben 500 000 Kinder in Obdachlosensiedlungen" (Stellungnahme der Koordinierungsgruppe der National Coalition zum Erstbericht der Bundesregierung zur UN-Kinderrechtskonvention, Nr. 2/1995).

Kinderrechte und politisches System

Menschenrechte für Kinder in Deutschland können nicht nur in Form von Jugendhilfe, Jugendschutz und Sozialleistungen verwirklicht werden. Dauerhaft wird sich ihre Lage nur verbessern, wenn die Belange der Kinder im politischen System stärkeres Gewicht bekommen. Über Einzelfallhilfe und Kinderberatung hinaus ist es deshalb wichtig, Kinderpolitik mitzugestalten. Denn bis heute spielen Kinder im politischen System eine untergeordnete Rolle. Ihnen wird Unreife und mangelnde Kompetenz in der Beurteilung sozialer und wirtschaftlicher Fragen unterstellt. Kurz: Kinder werden politisch nicht ernst genommen.

Kinderpolitik in Deutschland trifft im föderalen System auf strukturelle Probleme. Kinderpolitik ist eine Querschnittsaufgabe. Doch Regierung und Verwaltungen sind nach Fachgebieten strukturiert, die oftmals nur unzureichend miteinander kommunizieren. Hinzu kommt die Arbeits- und Kompetenzenteilung zwischen Bund, Ländern und Gemeinden in Fragen der Kinder- und Jugendpolitik. Dies alles führt dazu, daß Kinderinteressen bislang häufig durch das Raster der Ressorts fallen und ihre Meinungen im Widerstreit der politischen Interessen übersehen werden.

Kinderrechte in Deutschland: der Standpunkt der Bundesregierung

Die deutsche Regierung hat bereits vor 1989 an der Konvention über die Rechte des Kindes mitgearbeitet. Im Verlauf der Verhandlungen sind von deutscher Seite aus eine Reihe von Einwänden vorgebracht worden. Trotzdem zeichnete die Bundesregierung die Kinderkonvention am 26. Januar 1990 als einer der ersten Staaten der Welt. Das Abstimmungsprocedere zwischen Bund und Ländern, die Wiedervereinigung und die Bundestagswahlen verzögerten die Ratifizierung. 1992 verabschiedete der Bundestag die Kinderkonvention. Die Bundesregierung hat dabei allerdings fünf Vorbehalte formuliert.

Sie gehen unter anderem darauf zurück, daß die Konvention über die Rechte des Kindes Rechtsbereiche berührt, die in der Hoheit der Bundesländer liegen, beispielsweise durch die Artikel über Bildung (Artikel 28 und 29). Die Bundesregierung hätte gemäß der *Lindauer Absprache* von 1952 keine Ratifizierungsurkunde zur Kinderkonvention bei den Vereinten Nationen hinterlegen dürfen, wenn auch nur ein Bundesland dagegen gewesen wäre. Die Ratifizierung der Konvention war daher nicht alleine Bundessache, sondern erforderte die Zustimmung des Bundesrates. Vor allem die Länder Bayern und Baden-Württemberg haben ihre Zustimmung von Einschränkungen im Sorge- und Strafrecht abhängig gemacht.

Die fünf einschränkenden Erklärungen der Bundesrepublik Deutschland zur Kinderkonvention werden in der deutschen Fachöffentlichkeit heftig kritisiert. Es ist strittig, ob es sich bei den deutschen Vorbehalten um eine spezifische Auslegung einzelner Bestimmungen der Konvention handelt oder um echte Vorbehalte, die der Konvention grundsätzlich zuwider laufen und damit nicht zulässig sind. Während die Bundesregierung die erste Variante vertritt, sehen die Kinder- und Jugendverbände in den Einschränkungen unzulässige Vorbehalte, die zurückzunehmen sind. Jedenfalls läßt sich anhand ihrer sehr genau bestimmen, wo Deutschland die Konvention nicht erfüllt. Deshalb ist in den entsprechenden Ministerien heute die Erkenntnis gewachsen, daß die Formulierung von Vorbehalten zur Konvention politisch nicht sehr klug war. Da die politischen Auseinandersetzungen um die Verwirklichung der Kinderrechte in Deutschland zu einem großen Teil um die in den Vorbehalten angesprochenen Themen kreisen, möchte ich darauf näher eingehen.

Die deutschen Vorbehalte zur Kinderkonvention

Im einzelnen betreffen die Vorbehalte folgende Punkte:

1. Die „Generalklausel“

Die Bundesregierung erklärt, daß Deutschland die Kinderkonvention „nach näherer Bestimmung ihres mit dem Übereinkommen übereinstimmenden innerstaatlichen Rechts erfüllt.“ Aus Sicht der Bundesregierung vermeidet diese „Generalklausel“, daß die Vertreter der Bundesrepublik sich vor den entsprechenden Gremien der Vereinten Nationen mit Blick auf die Kinderkonvention für die deutsche Rechtsprechung bis hin zu einzelnen Urteilen rechtfertigen müssen. Außerdem beugt sie – angesichts der widersprüchlichen und juristisch teilweise unbrauchbaren Formulierungen in der Kinderkonvention – „fruchtlosen Auslegungsdiskussionen“ vor. Schließlich wird angeführt, daß es ein Gebot der Ehrlichkeit sei, die Ratifizierung einzuschränken. Ohne die Einschränkungen könnte Deutschland die Konvention nicht ratifizieren, weil Deutschland sonst von Beginn an vertragsbrüchig wäre.

Die Oppositionsparteien und die Wohlfahrtsverbände haben diesen ersten „Generalvorbehalt“ als „selbstgefällig“ kritisiert. Abgesehen von der Tatsache, daß auch in Deutschland noch viel für die Rechte der Kinder getan werden muß, wird in der Diskussion darauf hingewiesen, daß eine solche Klausel widersprüchlich ist. Denn: Wenn Deutschland die Kinderkonvention bereits erfüllt – wozu dann diese Interpretationserklärung? Die Kritik an diesem Vorbehalt führte dazu, daß die ursprünglich vorgelegte Version abgemildert wurde. Es wurde hinzugefügt, daß die Bundesregierung die Kinderkonvention begrüßt und zum Anlaß für eine Reform des Sorgerechts nehmen will.

2. Kindschaftsrecht

Der zweite Vorbehalt richtet sich vor allem gegen ein gemeinsames Sorgerecht als Regelfall und die Gleichstellung von nichtehelichen mit ehelichen Kindern in familien- und erbrechtlichen Fragen. In Zusammenhang mit der Reform des Kindschaftsrechts wird Deutschland jedoch vermutlich in der kommenden Legislaturperiode seine innerstaatlichen Regelungen den Vorgaben der Konvention anpassen. Dabei geht es vor allen Dingen darum, das gemeinsame elterliche Sorgerecht als Regelfall einzuführen und uneheliche Kinder erbrechtlich mit ehelichen gleichzustellen. Umstritten ist, ob das gemeinsame Sorgerecht als Regelfall sinnvoll ist. Das wichtigste Gegenargument knüpft an die Annahme an, daß es unrealistisch sei zu erwarten, daß sich Eltern über Fragen des Sorgerechts zum Wohle des Kindes verständigen könnten. Schließlich scheitern viele Ehen gerade deshalb, weil die Ehepartner nicht über Grundlegendes verhandeln und einig werden können. Für das gemeinsame Sorgerecht hingegen sprechen unter anderem Erfahrungen aus der Familientherapie. Demnach ist es für Kinder am besten, wenn sie die Eltern auch nach der Scheidung noch als Eltern erleben.

3. Strafrecht

Der dritte Vorbehalt schränkt die Rechte der Kinder auf einen Pflichtverteidiger und die Revision ein, wenn „Straftaten minderer Schwere“ verhandelt werden. Er geht zurück auf einen Vorstoß der Bundesländer, die dadurch Prozeßkosten senken und der Arbeitsbelastung der Gerichte entgegenwirken wollen. Demgegenüber kann betont werden: Gerade bei ersten Kontakten mit dem Rechtssystem dürfen Kinder nicht das Gefühl haben, sie werden nicht ernst genommen – ob es sich dabei um Straftaten minderer Schwere handelt, darf aus rechtlicher und pädagogischer Sicht kein Grund sein, Kinder rechtlich schlechter als Erwachsene zu stellen.

4. Asyl- und Ausländerrecht

Der vierte Vorbehalt macht deutlich, daß das deutsche Ausländer- und Asylrecht nicht durch die Konvention berührt werden soll. Problematisch ist in diesem Zusammenhang vor allem die Behandlung minderjähriger unbegleiteter Flüchtlinge. Dabei geht es unter anderem um folgende Punkte:

a) Flughafen- und Drittstaatenregelung lassen es nicht zu, daß die seelisch und körperlich erschöpften Flüchtlingskinder eine faire Chance haben, ihre Fluchtgründe plausibel darzustellen und einen Asylantrag zu stellen. Hier müßte das Prinzip des Kindeswohls stärker im Vordergrund stehen (Artikel 3). Dies bedeutet konkret, daß Flughafen- und Drittstaatenregelung nicht auf minderjährige unbegleitete Flüchtlinge angewendet werden dürfen. Vielmehr sollen diese ein befristetes Aufenthaltsrecht bekommen und durch Clearingstellen betreut werden.
b) Unbegleitete minderjährige Flüchtlinge zwischen 16 und 18 Jahren werden nach geltendem Recht im Asylverfahren wie Erwachsene behandelt. Dies bedeutet, daß sie im Asylverfahren keinen Vormund bekommen und zusammen mit Erwachsenen untergebracht werden. Nach den Vorgaben der Konvention müßten diese Jugendlichen jedoch wie Kinder und nicht wie Erwachsene behandelt werden.
c) Die betroffenen Kinder und Jugendlichen, die ohne Begleitung in ein ihnen fremdes Land kommen, brauchen im Asylverfahren psychologische Betreuung. Denn viele Kinder sind nicht in der Lage, im Anhörungsverfahren die erforderlichen widerspruchsfreien Angaben über ihre Flucht und ihre individuellen Verfolgungsgründe darzulegen. Auch hier müßte der Grundsatz des Kindeswohls und der kindgerechten Gestaltung von Verwaltungsverfahren Vorrang haben vor einem auf Effizienz angelegten Verwaltungshandeln.

5. Kindersoldaten

Hier handelt es sich um einen „positiven" Vorbehalt. Die Bundesrepublik Deutschland akzeptiert eine entscheidende Schwachstelle der Kinderkonvention nicht, nämlich die Möglichkeit der Teilnahme von Kindern an Kriegen ab dem 15. Lebensjahr. Die Bundesregierung arbeitet gemeinsam mit anderen Regierungen an einem Zusatzprotokoll zu Artikel 38 der Kinderkonvention, das die Teilnahme von Kindern am Krieg vor dem 18. Lebensjahr verbieten soll.

Was wird in Deutschland sonst noch debattiert?

Neben den angeführten Vorbehalten werden in Deutschland vier weitere Themenkomplexe im Zusammenhang mit den Kinderrechten diskutiert. Außer den sogenannten „ökologischen Kinderrechten" und der Frage der politischen Partizipation von Kindern geht es darum, *erstens* Menschenrechte für Kinder in der Verfassung zu verankern und *zweitens* gewaltfreie Erziehung zur Rechtsnorm zu machen.

Das Kind als Rechtssubjekt in der Verfassung

Im Grundgesetz werden Kindern zwar Schutzrechte gewährt, nicht jedoch ein eigenständiges Recht auf Förderung. Nach allgemeiner Auffassung ist die Förderung von Kindern eine Aufgabe der Eltern. In Artikel 6 des Grundgesetzes heißt es wörtlich: „Ehe und Familie stehen unter dem besonderen Schutz der staatlichen Ordnung. Pflege und Erziehung der Kinder sind das natürliche Recht der Eltern und die zuvörderst ihnen obliegende Pflicht. Über ihre Betätigung wacht die staatliche Gemeinschaft. Gegen den Willen der Erziehungsberechtigten dürfen Kinder nur auf Grund eines Gesetzes von den Familien getrennt werden, wenn die Erziehungsberechtigten versagen oder wenn die Kinder aus anderen Gründen zu verwahrlosen drohen. Jede Mutter hat Anspruch auf den Schutz und die Fürsorge der Gemeinschaft."

Jeder Versuch, diesen Artikel zu ändern und durch ein eigenständiges – nicht ein abgeleitetes – Kinderrecht zu ergänzen, trifft zuallererst auf den Widerstand einer fest verwurzelten, konservativen Familienideologie. Doch nicht nur das. Es wird auch von liberalen Verfassungstheoretikern gefragt, ob die Stärkung der Subjektstellung des Kindes wirklich wünschenswert ist. Schließlich liegt eine starke „Subjektorientierung" auch im allgemeinen, in Europa spätestens seit der Aufklärung wirksamen Trend zu einer zunehmend fragwürdigen „Individualisierung" der Gesellschaft. Rechtsphilosophisch gesehen, stehen sich damit ein „radikaler Subjektivismus" (Fichte) und eine eher an intersubjektiven Diskursformen orientierte Theorie des kommunikativen Handelns (Habermas, Appel) gegenüber. Diese Positionen implizieren zwei unterschiedliche rechtspolitische Annahmen: Im ersten Fall – einem uneingeschränkten Primat der Kinderrechte – gilt Elternrecht als ein sogenanntes „fremdnütziges Recht". Es ist Ausdruck der Verantwortung der Eltern gegenüber dem Kind. Elternverantwortung aber ist die Pflicht der Eltern, das Kindeswohl zur Maxime des eigenen Handelns zu machen. Insofern haben nach dieser Sichtweise Kinderrechte Vorrang vor Eltern- oder Frauenrechten. Gemäß der zweiten Position determiniert das Kindeswohl nicht automatisch das Elternrecht, sondern Eltern haben originäre Rechte, die gegenüber den Rechten der Kinder abgewogen bzw. in der Familie verhandelt werden müssen – was in der Praxis sehr schwer durchzuführen ist.

Gewaltfreie Erziehung

Ein zweiter Aspekt von grundlegender Bedeutung in der deutschen Kinderrechtsdiskussion betrifft den klassischen Kinderschutz. Der *Deutsche Kinderschutzbund* geht davon aus, daß jedes Jahr rund 1,5 Millionen Kinder und Jugendliche schweren körperlichen Strafen ausgesetzt sind. Das bedeutet: rund 10 Prozent aller Menschen unter 18 Jahren werden gelegentlich von ihren Eltern mit Gegenständen wie Stöcken oder Gürteln geschlagen. Das Prügeln von Kindern kann zwar nicht per Gesetz abgeschafft werden. Ärgerlich ist jedoch, daß der Gesetzgeber bislang keine eindeutige Position für die gewaltfreie Erziehung eingenommen hat. Im Bürgerlichen Gesetzbuch wird in § 1631 Absatz 2 zwar ein Mißhandlungsverbot festgeschrieben, aber zwischen zulässigen und unzulässigen Methoden unterschieden. Der Deutsche Kinderschutzbund, die Kinderkommission des Bundestages und die Jugend- und Wohlfahrtsverbände fordern hier die folgende Neuformulierung: „Kinder sind gewaltlos zu erziehen. Entwürdigende Erziehungsmaßnahmen, insbesondere körperlich und seelisch verletzende Strafen, sind unzulässig."

Die Empfehlungen des UN-Komitees für die Rechte des Kindes an die Bundesrepublik Deutschland

Die Bundesregierung hat im November 1995 vor dem UN-Kinderrechtskomitee in Genf berichtet, was seit der Ratifizierung im Jahre 1992 für die Umsetzung der Kinderkonvention getan wurde. Das Komitee ist eine unabhängige Sondergruppe der Menschenrechtskommission der Vereinten Nationen. Es hat nach einer zweitägigen Diskussion eine Reihe von Kommentaren und Empfehlungen an die Bundesregierung ausgesprochen. Die wichtigsten lassen sich in fünf Punkten zusammenfassen:

1. bedauert das Komitee über die Rechte des Kindes die deutschen Vorbehalte zur Konvention. Es begrüßt daher die angekündigte Bereitschaft der Bundesregierung, diese Vorbehalte zu überprüfen;
2. bemängelt das Komitee die Koordinationsprobleme von Bund, Ländern und Gemeinden und verweist auf die Notwendigkeit, hier nach neuen Wegen institutioneller Abstimmung und Interessenvertretung für Kinder zu suchen;
3. hält das Gremium die Öffentlichkeitsarbeit für die Konvention in Deutschland für unzureichend;
4. bedauern die Vertreter der Vereinten Nationen die Kluft der Lebensverhältnisse von Kindern im Osten und im Westen Deutschlands, und
5. äußern sie sich besorgt über die Widersprüche zwischen der Konvention und dem deutschen Ausländer- und Asylrecht. Sie regen daher eine Überprüfung der einschlägigen Vorschriften im Lichte der Kinderkonvention an.

Probleme und Konflikte

Das Engagement für Kinderrechte ist politisch kontrovers. Die Reaktionen von Politik, Verwaltung und Gesellschaft auf eine UNICEF-Pressekonferenz im Sommer 1996 zur schwierigen psychischen Situation von Flüchtlingskindern zeigen dies. So schrieb daraufhin beispielsweise jemand, der bislang UNICEF durch Spenden unterstützt hatte: „Bitte streichen Sie mich mit sofortiger Wirkung aus der Liste ihrer Spender. Grund: In den letzten Tagen hörte man im Radio und auch in den Zeitungen, daß UNICEF die Bundesrepublik Deutschland angeprangert habe, daß man in diesem sehr reichen Land nicht genug für die minderjährigen und unbegleiteten Flüchtlinge unternehme. [...] Merken Sie sich: Man soll die Hand, die einen füttert, nicht beißen." Und der Pressesprecher des Bundesministeriums für wirtschaftliche Zusammenarbeit teilte in einem offenen Brief mit: „Nach unserer Auffassung ist es die wichtigste Aufgabe von UNICEF, die Not der Kinder in ihren Heimatländern zu lindern und die Fluchtursachen, soziales Elend und Bürgerkriege verhindern zu helfen. Die deutsche Entwicklungspolitik stimmt mit dieser vorrangigen Zielsetzung von UNICEF überein. Indem Sie aber [Asyl-]Verfahrensfragen in einzelnen Aufnahmeländern in den Vordergrund stellen, entsteht der Eindruck, daß von den eigentlichen Ursachen der Flüchtlingsnot abgelenkt werden soll. Auch halte ich es für die in Deutschland hochgeschätzte Arbeit von UNICEF für kontraproduktiv, wenn die Organisation sich in kontroverse innenpolitische Debatten einmischt [...]. Wie Sie wissen, fördert das BMZ jährlich mit rund 4 Millionen DM UNICEF-Projekte [...]. An dieser Zusammenarbeit möchten wir grundsätzlich auch künftig gerne festhalten." Es bleibt allerdings festzuhalten, das dies Einzelreaktionen waren.

Menschenrechtsarbeit für Kinder in Deutschland: einige Kernaufgaben

Die Probleme von Kindern in Deutschland haben viel mit politischem Denken, Entscheidungen und dem rechtlichen Status von Kindern zu tun – weniger mit Know-how und finanziellen Ressourcen. Mit anderen Worten: Viele Probleme von Kindern in Industrienationen könnten gelöst werden, wenn deren Anliegen einen höheren Stellenwert im politischen Tagesgeschehen hätten und wenn der gesellschaftliche Status von Kindern besser wäre. Deshalb sind die wichtigsten Ziele der Menschenrechtsarbeit für Kinder, ihren Status in der Gesellschaft zu stärken, den Inhalt der Konvention über die Rechte des Kindes bekannt zu machen und Politiker an ihre Verantwortung gegenüber Kindern und Jugendlichen zu erinnern.

Zu den Kernbereichen der Kinderrechtsarbeit hierzulande gehören:

a) *Kommunikation und Mobilisierung der Öffentlichkeit* durch Information, über eine themenfokussierte Pressearbeit sowie lokale, öffentlichkeitswirksame Aktionen. Dies setzt die Schulung von Menschenrechtsaktivisten in der Konvention über die Rechte des Kindes voraus.

b) *Netzwerkarbeit:* Bildung von nationalen Koalitionen für die Umsetzung der Konvention über die Rechte des Kindes und Zusammenkünfte von Kinderrechtsexperten und Aktivisten, die häufig allein und isoliert in ihren eigenen Organisationen arbeiten. Eine wichtige Rolle spielt hier die *Kinderkoalition*, in der sich rund 80 Organisationen zusammengeschlossen haben. Sie engagieren sich gemeinsam für die Verwirklichung der Konvention über die Rechte des Kindes in Deutschland. Mit dabei sind u. a. das Rote Kreuz, UNICEF, terre des hommes, die Arbeiterwohlfahrt, die Falken, der Deutsche Kinderschutzbund, die Arbeitsgemeinschaft der Evangelischen Jugend, das Landesjugendamt Rheinland und der Kinderbeauftragte des Landes Nordrhein-Westfalen. Die Kinderkoalition wird von einer sechzehnköpfigen Koordinierungsgruppe geleitet und von einer hauptamtlichen Geschäftsstelle unterstützt. Außerdem sind in diesem Zusammenhang die Aktivitäten des Kinderschutzbunds, des Kinderhilfswerks, von terre des hommes und UNICEF im *„Aktionsbündnis Kinderrechte"* für die Einrichtung von Kinderbeauftragten auf allen Ebenen des politischen Systems bedeutsam.

c) *Politischer Dialog* soll die Diskussion über Kinderrechte und politische Konzepte für Kinder voranbringen.
d) *Internationale Perspektive:* Einbringen von internationalen Problemen und Perspektiven in die Kinderrechtsdebatte, um eine sich gegenseitig unterstützende, weltweite Solidarität für Kinder zu erzeugen. Hierzu zählen Themen wie Entwicklungspolitik, Kinderarbeit, Schulden, Landminen, Sextourismus, Umweltpolitik, Einwanderung und Asylpolitik. Außerdem gilt es in diesem Zusammenhang zu fragen, inwieweit die deutsche Entwicklungshilfe den Vorgaben der Kinderkonvention nach internationaler Zusammenarbeit in Artikel 4 (Verwirklichung der Rechte), Artikel 24.4 (Gesundheit), Artikel 28.3 (Bildung), Artikel 22 (Schutz im Krieg), Artikel 34 (Schutz vor sexueller Ausbeutung), Artikel 35 (Kinderhandel) und Artikel 23.4 (behinderte Kinder) nachkommt.

Ausblick

Die Herausgeber des vorliegenden Buches baten mich, angesichts der bevorstehenden Jahrtausendwende einen Ausblick zu wagen. Ein solches Unterfangen ist ein spekulatives Wagnis, das ich nur in Form von einigen wenigen Vermutungen unternehmen möchte.

Neben den schon heute rege diskutierten Problemen der Jugendarbeitslosigkeit, Jugendkriminalität, Schulreform oder ökologischen Kinderrechten wird vor dem Hintergrund der Bevölkerungsstruktur m. E. ein relativ neuer kinder- und jugendpolitischer Themenkreis große Bedeutung gewinnen: das Zusammenleben mit ausländischen Kindern und Jugendlichen bzw. Kindern aus Migrantenfamilien – und zwar sowohl aus dem außereuropäischen Ausland wie mit Blick auf Familien, die innerhalb der Europäischen Union (EU) ihren Lebensort nach Deutschland verlagern. Die Erweiterung der Europäischen Gemeinschaften, der gemeinsame Arbeitsmarkt, Niederlassungsfreiheit und eine wie auch immer geregelte europäische Sozial- und Familienpolitik wird in den kommenden Jahrzehnten vermutlich schwierige politische und rechtliche Fragen aufwerfen. Denn die Kinder-, Jugend- und Familienpolitik ist ein kulturell überaus sensibles Feld. Allein der Gedanke an eine Aufgabe einzelstaatlicher Souveränität in diesem Bereich nagt an der seit dem 19. Jahrhundert fest verwurzelten soziologischen Grundüberzeugung, daß die Familie das Fundament des Nationalstaates sei, und provoziert mithin Ängste vor einem Verlust nationaler Identität.

Die Interessen von Kindern und Jugendlichen werden vermutlich auch in den kommenden Jahren nur schwer im politischen System durchsetzbar sein. Demographisch gesehen nimmt der Anteil der Kinder und Jugendlichen an der deutschen Gesamtbevölkerung kontinuierlich ab. Im Jahre 2001 wird dieser Anteil wahrscheinlich bei 14,9 Prozent liegen; der niedrigste Wert in ganz Europa. Damit entwickeln sich Kinder immer mehr zu einer gesellschaftlichen Minderheit, deren Stimme noch dazu in unserer parlamentarischen Demokratie nichts wiegt. Es ist absehbar, daß Kinder und Jugendliche deshalb auf der Prioritätenliste immer weiter nach hinten rutschen – selbst wenn vermutlich in den kommenden Jahren das Wahlalter auf kommunaler wie nationaler Ebene auf 16 Jahre gesenkt werden wird.

Die Kraft der deutschen Kinderrechtsbewegung in den kommenden politischen Debatten hängt davon ab, inwieweit die Kinder- und Jugendverbände die Interessen und Bedürfnisse von Kindern und Jugendlichen als gesamtgesellschaftliches Thema plazieren können. Dies setzt Bündnispartner in anderen gesellschaftlichen Bereichen voraus. Argumentativ muß stärker herausgearbeitet werden, daß eine kinderfreundliche Gesellschaft gleichbedeutend mit menschenfreundlichen Lebensverhältnissen für die große Mehrheit der Bevölkerung ist. Das kann nur gelingen, wenn die Kinderrechtsbewegung ihre angestammten politischen Nischen verläßt; und wenn sie ihre intellektuellen und politischen Anstrengungen mit einer professionellen Presse- und Öffentlichkeitsarbeit verknüpft.

Claus Leggewie

„Deutschland ist ein weltoffenes, tolerantes Land, und das soll so bleiben."* Asylrecht zwischen unpopulärer Generosität und populistischer Staatsräson

Asyl in Deutschland – die Debatte ist nur scheinbar abgeschlossen. Wie schön wäre es also, wenn die daran beteiligten Personen und Gruppen etwas mehr Redlichkeit aufbrächten und stärker aufeinander eingingen. Beide Seiten spielen falsche Trümpfe aus: hier humanitäres Pathos, dort kruder Protektionismus – *tertium non datur*. Die darin enthaltenen „non-dits" und Halbwahrheiten werden der komplizierten Asylproblematik im späten 20. Jahrhundert nicht gerecht. Wer wollte noch ernsthaft bestreiten, daß ein Gesetz der Novellierung bedurfte, auf das sich vier Fünftel und mehr unter falschen Voraussetzungen beriefen und, wenigstens dem Buchstaben des Gesetzes nach, nicht anerkannt werden konnten? Verteidiger des deutschen Asylartikels 16 berufen sich auf „starke", elaborierte Menschenrechtsprinzipien, kümmern sich aber zu wenig um eine – gewiß manipulierte und aufgestachelte – öffentliche Meinung, die auf eine schiefgeratene Asylpraxis immer unwirscher und aggressiver reagierte. Sie wollten keine Zugeständnisse an grundsätzlich asyl(anten)feindliche Rechtsradikale machen. Das Asylrecht muß jedoch, wie jetzt weithin anerkannt wird, neuen Umständen und Entwicklungen, nämlich einer völlig veränderten Flüchtlingsproblematik im ausgehenden 20. Jahrhundert angepaßt werden. Das bedeutet nicht, daß die von der konservativ-liberalen Bundesregierung erwirkten Änderungen durch das Asylverfahrensgesetz vom 20. Juni 1992 und das Gesetz zur Neuregelung des Grundgesetzes (Artikel 16 und 18) aus dem darauffolgenden Jahr, 1996 weitgehend durch die Mehrheit des Zweiten Senats des Bundesverfassungsgerichts (BVerfG) bestätigt, in die richtige Richtung weisen. Denn wer wollte auf der anderen Seite bestreiten, daß mit dieser Revision das Asyl in Deutschland auf „kaltem Wege" in Frage gestellt, wenn nicht in seiner Substanz bedroht ist? Regierungsparteien und Exekutive kümmert das wenig, wie ihre unangemessen auftrumpfende „Erfolgsbilanz" (in Gestalt gesunkener Asylbewerberzahlen), nachzulesen etwa im Asyl-Erfahrungsbericht 1994 des Bundesministeriums des Innern, zeigt. Sie stellten Sicherheitsinteressen

---

* So die Parteienvereinbarung von CDU, CSU, FDP und SPD 1992, zitiert nach Frankfurter Allgemeine vom 8. Dezember 1992.

der Bundesrepublik Deutschland über humanitäre und menschenrechtliche Erwägungen, um ein „heißes Eisen" vom Tisch zu bekommen, wobei der angstvolle Seitenblick auf die extreme Rechte einen ziemlich laxen Umgang mit Rechtsstaatsprinzipien aufdeckte. Das könnte sich, jenseits der umstrittenen Materie Asyl, noch bitter rächen.

Der folgende Beitrag ist ein *Plädoyer für die Reform der Reform*, doch nicht für die Rückkehr zum Status quo ante, d. h. zu einer Asylpraxis, die immer unpopulärer wurde und kaum noch demokratische Legitimation besaß. Die Respektierung der Menschenrechte politisch Verfolgter ist ein hohes, aber nicht absolutes Gut. Gerade eine generöse Asylpraxis muß im demokratischen Prozeß der Mehrheit vermittelt werden. In einer pluralistischen Demokratie kann sie nur Bestand haben, wenn sie auch eine skeptische Mehrheit überzeugt, der finanzielle Opfer und schwierige Empathieleistungen abverlangt werden. Wer also die Belange von politischen Flüchtlingen und aus rassischen, religiösen und sozialen Gründen Verfolgten in den Mittelpunkt stellt, muß eine Art „paradoxe Intervention" üben, wie man sie aus mikrosozialen Konfliktsituationen kennt: den Standpunkt der Gegenpartei respektieren und ein Stück übernehmen, um diese zur stärkeren Berücksichtigung der eigenen Argumente zu veranlassen und so einen Konsens bzw. einen Kompromiß zwischen unvereinbar gewordenen Positionen und Prinzipien zu erzielen. Die deutsche „Asyldebatte" glich bisher einem Dialog der Taubstummen, der nur das eigene „Lager" zu überzeugen suchte. Der demokratische Souverän wird vom Menschenrechts- und Juristendiskurs kaum erreicht. Die wirkliche Asyldebatte muß also erst beginnen.

Zugleich muß man die deutsche Asyldiskussion entprovinzialisieren, d. h. in einen europäischen und internationalen Kontext stellen und in Richtung auf transnationale Rechtsregime reformulieren. Gerade bei der Regelung internationaler Migrationsströme erweist sich, wie anachronistisch nationalstaatliche Souveränität geworden ist. Überdies muß die Aufnahme von Asylbewerbern mit den Regelungen vermittelt sein, die ausländische Arbeitskräfte betreffen, darunter Defacto-Immigranten. Auch wenn diese Unterscheidung im Einzelfall fließend und problematisch sein mag, muß man weiter zwischen Flüchtlingen und Einwanderern unterscheiden. Der (ominöse) Terminus des „Wirtschaftsflüchtlings" hat gezeigt, wie sehr beide Migrationsmotive miteinander verquickt sind. Doch beziehen sich Asylrecht und Flüchtlingspolitik einzig auf transitorische Zwangslagen, während Einwanderungspolitik den freiwilligen Wunsch voraussetzt, sich auf Dauer in einem anderen Land anzusiedeln. Ökonomische Gefälle an sich begründen noch keinen Asylanspruch. Jedenfalls ist das Asylrecht der ungeeignete Ansatz, um skandalöse Härten einer ungerechten Weltwirtschaftsordnung und Mängel einer internationalen Friedensordnung zu kompensieren. Nationalstaaten sollten mithin bei politischen Flüchtlingen so weit wie möglich humanitäre Grundsätze und maximale Offenheit walten lassen, also von ethnozentrischen Sichtweisen und egoistischen Nutzenkalkülen absehen, die im Fall ökonomisch motivierter Einwanderung durchaus angebracht und berechtigt sind. Im deutschen Fall – einer liberalen Asylrechtspraxis bei restriktiver Einwanderungsgesetzgebung und exklusivem Staatsangehörigkeitsrecht – haben Personen und Gruppen, die als Einwanderer keine Chance zur Einreise nach und Ansiedlung in Deutschland besessen hätten, sich ersatzweise unter dem Titel Asylbewerber Zugang verschafft. Diese (subjektiv rationale und verständliche) Umettikettierung hat zur Aushöhlung und Infragestellung des Asylrechts erheblich beigetragen. Dieser Ansatz mag restriktiv wirken, ist aber eine Voraussetzung, um das Grundrecht auf Asyl zu retten und es zum Angelpunkt transnationaler Rechtsregime zu machen, welche zugleich die nach 1989 eskalierte Situation von Kriegs- und Bürgerkriegsflüchtlingen stärker berücksichtigen. Nur so kann man auf Herausforderungen reagieren, die bei Abfassung des deutschen Asylrechts noch kaum im Horizont von Gesetzgeber und Gesellschaft lagen.

Artikel 16 – ein massenhaft mißbrauchtes Recht?

Das Recht auf Asyl, wie es Artikel 16 des deutschen Grundgesetzes garantiert, ist als subjektiv-öffentliches Recht von Ausländern einzigartig, wenn auch mehr seiner zeit- und geschichtsbedingten „Philosophie“ nach als in seiner praktischen Bedeutung für die Flüchtlingspolitik westlicher Demokratien, die von der deutschen Praxis nicht so weit entfernt sind, wie hierzulande gern reklamiert wird. Bewertungskriterium ist immer die Rechtspraxis, konkret also das Asylverfahren. Artikel 16 besagt im Kern, daß politisch Verfolgte außerhalb des Hoheitsgebietes der Bundesrepublik Deutschland, also theoretisch an jedem Ort der Erde, hierzulande ein Grundrecht auf Asylgewährung genießen. Dies ist ein menschenrechtlich-universalistisches, „weltgesellschaftlich“ gültiges Recht par excellence, dem eine ganze Reihe internationaler Flüchtlings- und Menschenrechtskonventionen entsprechen. Aus der bitteren, zum Teil eigenen Erfahrung der politischen Verfolgung Nazi-Deutschlands und der restriktiven Aufnahme Verfolgter in anderen Staaten belehrt, haben die Autoren des Grundgesetzes einen Anspruch konstruiert, der nationale Souveränität – symbolisiert und exekutiert in der Fähigkeit, „Fremden“ den Zugang zum eigenen Territorium zu verweigern bzw. dafür bestimmte Konditionen zu setzen – humanitären und allgemeinen Menschenrechtsprinzipien unterordnet. Ursprünglich war dabei an eine Konstellation gedacht, in der Einzelne wegen ihrer Überzeugung oder aufgrund ihnen zugeschriebener Eigenschaften zum Ziel staatlicher Verfolgung geworden, zur Flucht gezwungen und deshalb schutzbedürftig waren. Das reflektierte das Leidensschicksal jener Emigranten, die Europa nach 1933 gegen ihren Willen verlassen mußten und sich andernorts eine neue physische, berufliche und politische Existenz aufzubauen gezwungen waren – unter meist äußerst widrigen Bedingungen. Denn fast alle westlichen Demokratien behandelten Verfolgte des NS-Regimes mit Argwohn und schlossen ihre Grenzen, in vorgeschobener oder tatsächlicher Furcht vor einer „Welle“ von Flüchtlingen.

Eine allgemein gültige Definition politischer Verfolgung gibt es nicht, d. h. ihr Vorliegen bleibt einem Prüfungsverfahren überlassen, in dem jeder Asylbewerber und gegebenenfalls eine Gruppe von Personen, der er angehört oder zugerechnet wird, auf spezifische Tatbestände hin zu untersuchen ist. In der Lehre von der staatlichen Verfolgungsmotivation erklärte das Bundesverwaltungsgericht (BVerwG) die politische Motivation des Verfolgerstaates, nicht die Verfolgungsfurcht des Asylbewerbers bzw. erkennbare generelle Menschenrechtsverstöße, zum ausschlaggebenden Kriterium der Asylgewährung. Das verleiht paradoxerweise dem Verfolgerstaat die Definitionsmacht über politische Verfolgung und führt in der Konsequenz zu solchen ans Absurde grenzenden Entscheidungen, daß „sich der Einsatz der srilankischen Sicherheitskräfte gegen die tamilischen Bürgerkriegsgegner und ihre separatistischen Bestrebungen richtet, nicht aber gegen die Tamilen aus rassischen Gründen“ bzw. Folter in der Türkei als „kriminaltechnische Besonderheit“ im Rahmen „normaler“ strafrechtlicher, also nicht politischer und von daher asylbegründender Verfolgung darstellte (Urteil des BVerwG vom 18. März 1986 bzw. des Hessischen Verwaltungsgerichtshofes vom 20. November 1981, zitiert nach Höfling-Semnar, 103).

Der Intention nach war das deutsche Asylrecht „großzügig“, wie es einer seiner Initiatoren, der Sozialdemokrat Carlo Schmid, während der Beratungen im Hauptausschuß des Parlamentarischen Rates am 4. Dezember 1948 zum Ausdruck gebracht hat: „Die Asylgewährung ist immer eine Frage der Generosität, und wenn man generös sein will, muß man riskieren, sich gegebenenfalls in der Person geirrt zu haben [...] und darin liegt vielleicht sogar die Würde eines solchen Aktes. Wenn man eine Einschränkung vornimmt, etwa so: Asylrecht ja, aber soweit der Mann uns politisch nahesteht oder sympathisch ist, so nimmt das zuviel weg“ (zitiert nach Kreuzberg, 39).

Großzügig war das deutsche Asylrecht auch insofern, als es die im Lande befindlichen Asylbewerber und Asylberechtigten sozial(politisch) einheimischen Bürgern zwar nicht vollkommen gleichstellte, sie aber mit beträchtlichen Leistungen aus öffentlicher Hand, d. h. Steuermitteln ausstattete. Diese sozialen Rechte für Bürgerkriegsflüchtlinge, Asylbewerber und „geduldete“ Ausländer werden im 1997 verhandelten Asylbewerberleistungsgesetz, das eine Kürzung von Sozialhilfen um 20 Prozent vorsieht, weiter vermindert. Daß Ausländer, deren Asylberechtigung (ob zu Recht oder zu Unrecht, sei zunächst dahingestellt) fragwürdig erschien, Leistungen der „Solidargemeinschaft“ erhielten, ohne vorab durch eigene Arbeits- und Versicherungsleistung dazu beigetragen zu haben, dürfte das Hauptmotiv des öffentlichen

Widerstands gegen die liberale Asylpraxis gewesen sein. Es war nämlich der Eindruck entstanden, das Motiv von Asylbewerbern sei weniger politische oder sonstige Verfolgung im Heimatland gewesen, sondern die Chance, in der Bundesrepublik einen höheren Lebensstandard zu gewinnen. Dazu haben Kritiker des Asylgrundrechts beigetragen, die pauschal von Wirtschaftsflüchtlingen (oder gar „Asylschmarotzern“) tönten, aber auch seine Befürworter, sofern sie den Tatbestand politischer Verfolgung in einem nebulösen Prozeß der „Armutsflucht“ aufgehen ließen. Bei anhaltender Massenarbeitslosigkeit, die Millionen Einheimische zu „Langzeit-Sozialhilfeempfängern“ machte, wirkt eine solche (in der Regenbogenpresse und von Politikern fahrlässig geschürte) Perzeption von Fluchtgründen als Verstoß gegen Gerechtigkeitsprinzipien, die angesichts knapper Ressourcen der „eigenen“ Gruppe den Vorrang gegenüber „Fremden“ einräumen und den Empfang sozialer Leistungen an – wie auch immer fiktive – Vorleistungen (in Gestalt von Arbeit, Steuer- und Versicherungszahlungen) binden. Man mag solche ethnozentrischen Kalküle als „Wohlstandschauvinismus“ abqualifizieren und im Sinne universalistischer Prinzipien als unzulässige Privilegierung der „Eigenen“ gegenüber „Fremden“ kritisieren. Allerdings prägt sie das Selbstverständnis *aller* modernen Nationen und auch das lebensweltliche Alltagsverständnis von Wohlfahrtsstaaten. Das müssen Befürworter einer humanitären und generösen Praxis in die Überzeugungsversuche der Gegenseite einbeziehen. „Wohlstandschauvinismus“ (und nicht Rechtsradikalismus, Neonazismus o. ä.) dürfte der wesentliche Grund für die parlamentarisch und außerparlamentarisch artikulierte Fremdenfeindlichkeit der achtziger und neunziger Jahre (nicht allein) in Deutschland gewesen sein. Daß damit fremdenfeindliche Gewalt nicht entschuldigt werden kann (und soll), versteht sich von selbst. Dabei wird ein Dilemma sichtbar: Asylbewerber unterlagen bis 1991, überwiegend gegen ihren eigenen Willen, einem Arbeitsverbot, d. h. sie waren zur Sicherung ihres Lebensunterhalts auf öffentliche Unterstützung angewiesen. Daß dieses Arbeitsverbot unterdessen gelockert wurde, trug nicht zur Entspannung bei; denn billige Arbeitskräfte werden in einem angespannten Arbeitsmarkt als potentielle „Jobkiller“ angesehen. Besonders empfindlich reagiert eine skeptische Öffentlichkeit auf Asylsuchende, die während ihres Aufenthaltes im Aufnahmeland straffällig geworden sind.

Gegner eines liberalen Asylrechts dürfen folglich nicht pauschal als „Rassisten“ und dergleichen abgekanzelt werden. Anhänger rechtsradikaler und fremdenfeindlicher Parteien stammen zum guten Teil aus sozialen Schichten, die Asylbewerber (und Einwanderer) als Konkurrenten begreifen. Um sie muß man argumentativ werben und sie nicht stigmatisieren, wie dies in der Rhetorik mittelständischer und im Wohlstand lebender Anwälte generöser Asylverfahren oft geschah. Den meisten Gegnern der als zu liberal empfundenen Asylpraxis der Bundesrepublik leuchtet die Grundlage des Asylgedankens durchaus ein, wonach Menschen, die echter Verfolgung ausgesetzt sind, Aufnahme in einem sicheren Land finden sollen. Diese Einsicht ist den meisten Menschen in Form eines simplen „moralischen Imperativs" präsent: Sie könnten selbst einmal in die Lage eines Flüchtlings geraten und würden dann ebenso Generosität erwarten. Nicht der Asylgedanke ist unpopulär, sondern der vermeintliche Mißbrauch.

Schaubild 1: Asylbewerber und Anerkennungsverfahren 1968 bis 1991

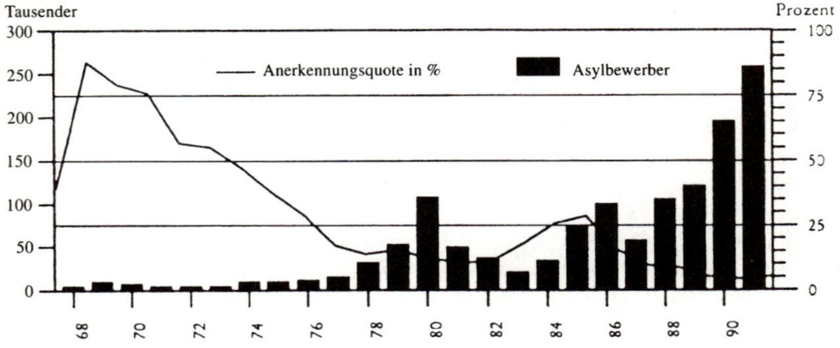

Der Eindruck eines verbreiteten Mißbrauchs war in den achtziger Jahren entstanden, als die Zahl der Asylbewerber sprunghaft angestiegen, aber die Anerkennungsquote drastisch gesunken war (Schaubild 1). Er wurde genährt durch spektakulär aufgemachte Presseberichte, die Einzelfälle fahrlässig aufbauschten und generalisierten, und durch eine politische Rhetorik (nicht nur rechtsradikaler Parteien), die den „Scheinasylanten" gewissermaßen zur Regel erklärte. Diese ins Auge springende Diskrepanz wurde von den Verteidigern des Asylrechts nur dilatorisch kommentiert. Die seit Ende der sechziger Jahre fast kontinuierlich von etwa 80 auf unter zehn Prozent gesunkene Anerkennungsquote, also der Anteil der innerhalb eines Jahres bearbeiteten Asylanträge, der positiv entschieden worden ist (Tabelle 1), beruhte allerdings weniger auf massenhaft gewachsenem Mißbrauch als auf der Veränderung der Flucht- und Migrationsgründe seit der ursprünglichen Einführung des Asylrechts Ende der vierziger Jahre. Seinerzeit waren Asylbewerber aus Ländern mit wirtschaftlich katastrophaler Lage, Krisen- und Bürgerkriegsgebieten kaum ins Kalkül gezogen worden, heute sind solche Verhältnisse das hauptsächliche Emigrations- bzw. Einreisemotiv geworden. Ebensowenig hatten die Autoren des Grundgesetzes ahnen können, welches quantitative Ausmaß Asylanträge in den folgenden Jahrzehnten nehmen würden. Sie hatten den sozusagen „noblen" Fall weniger politisch oder rassisch NS-Verfolgter im Auge, nicht aber die „gemeine" Wirklichkeit elender Flüchtlinge,

Tabelle 1: Asylbewerberzugänge und Entscheidungen

Jahr	Asyl-bewerber-zugang	Insgesamt	Anerken-nungen nach Art. 16 a GG	%	Abschiebe-schutz § 51(1) AuslG	%	Ab-lehnungen	%	Ein-stellungen / Rück-nahmen	%	unerledigte Verf. am Schluß des Jahres/ Monats
1979	51.493	41.262	6.573	15,93	*	*	29.308	71,03	5.382	13,04	keine Zählung
1980	107.818	106.757	12.783	11,97	*	*	82.659	77,43	11.315	10,60	keine Zählung
1981	49.391	110.717	8.531	7,71	*	*	78.945	71,30	23.241	20,99	keine Zählung
1982	37.423	45.130	5.019	11,12	*	*	26.606	58,95	13.505	29,92	keine Zählung
1983	19.737	36.702	5.032	13,71	*	*	22.624	61,64	9.046	24,65	17.854
1984	35.278	24.724	6.566	26,56	*	*	11.420	46,19	6.738	27,25	28.985
1985	73.832	38.504	11.224	29,15	*	*	17.013	44,19	10.267	26,66	65.006
1986	99.650	55.555	8.853	15,94	*	*	31.955	57,52	14.747	26,54	110.147
1987	57.379	87.539	8.231	9,40	*	*	62.000	70,83	17.308	19,77	81.725
1988	103.076	88.530	7.621	8,61	*	*	62.983	71,14	17.926	20,25	97.807
1989	121.381	120.610	5.991	4,97	*	*	89.866	74,51	24.753	20,52	101.634
1990	193.063	148.842	6.518	4,38	*	*	116.268	78,12	26.056	17,51	152.391
1991	256.112	168.023	11.597	6,90	*	*	128.820	76,67	27.606	16,43	247.187
1992	438.191	216.356	9.189	4,25	*	*	163.637	75,63	43.530	20,12	477.570
1993	322.599	513.561	16.396	3,19	*	*	347.991	67,76	149.174	29,05	296.300
1994	127.210	352.572	25.578	7,25	9.986	2,83	238.386	67,61	88.608	25,13	107.820
1995	127.937	200.188	18.100	9,04	5.368	2,68	117.939	58,91	58.781	29,36	82.642
1.Hj.1996	57.104	112.249	8.427	7,51	5.276	4,70	78.027	69,51	20.519	18,28	50.430

* Die Zahl dieser Personen wird erst seit April 1994 in der BAFL-Statistik erfaßt. In der Vergangenheit wurden die Fälle, in denen die Asylgewährung nach Art. 16a des Grundgesetzes abgelehnt wurde, aber die Voraussetzungen des § 51 (1) AuslG vorlagen, in der Rubrik „Ablehnungen" geführt.

Quelle: BMI 1996 (Stand: 1.Juli) nach Daten des Bundesamtes für die Anerkennung ausländischer Flüchtlinge (BAFL).

die sich einer Mafia, einer Soldateska oder auch einer ökologischen Katastrophe zu entziehen suchen. Diesen Wandel hatte Hannah Arendt übrigens bereits nach dem Zweiten Weltkrieg klarsichtig formuliert: „Die modernen Flüchtlinge sind nicht verfolgt, weil sie dies oder jenes getan oder gedacht hätten, sondern aufgrund dessen, was sie unabänderlich von Geburt sind – hineingeboren in die falsche Rasse oder die falsche Klasse oder von der falschen Regierung zu den Fahnen geholt... Der moderne Flüchtling ist das, was ein Flüchtling seinem Wesen nach nie sein darf: er ist unschuldig selbst im Sinne der ihn verfolgenden Mächte“ (Arendt, 459).

Nie waren die asylbezogenen Institutionen der Bundesrepublik auf Hunderttausende von Asylbewerbern eingestellt, die seit Anfang der achtziger Jahre um Einreise nach Deutschland anstanden. So riefen die oft jahrelangen Verfahrensprozeduren, in deren Folge auch Flüchtlinge, die keine Chance auf Anerkennung besaßen, in der Bundesrepublik geduldet wurden, zwangsläufig Irritation hervor und signalisierten einen „Reformbedarf“. Hinzu kam, daß die Bundesrepublik in der Zeit des Kalten Krieges nicht-anerkannte Asylbewerber aus kommunistischen Staaten stillschweigend geduldet hatte, während politische Verfolgung in Armutsgebieten der „europäischen Peripherie“ zunehmend als „Scheinasyl“ thematisiert wurde. Dieser (zweifellos auch rassistisch getönte) Widerstand gegen „farbige“ Einwanderer aus außereuropäischen Regionen ist übrigens auch in anderen reichen Gesellschaften anzutreffen; in den USA z. B. ist Masseneinwanderung und Zustrom von Flüchtlingen umstritten, seit sie ab Ende der sechziger Jahre vor allem aus Gebieten der Dritten Welt erfolgen.

Die reichen Gesellschaften des Nordens waren schlicht nicht auf die Veränderung der Migrationsströme eingerichtet. Das Asylrecht mußte diesem Wandel angepaßt und reformiert werden. Es fragt sich allerdings sehr, ob dies mit den „Reformen“ der achtziger und neunziger Jahre auf die richtige Weise geschehen ist.

Der Asylkompromiß – eine mißlungene Reform

Administrative und legislative Maßnahmen zur „Verhinderung des Asylmißbrauchs“ gab es in Deutschland schon seit den siebziger Jahren: Die Rechtswege wurden verkürzt, ein Visumzwang wurde eingeführt und die sozialen Leistungen an Asylbewerber wurden beschnitten. Doch stieg die Zahl der Asylanträge ebenso weiter an, wie das Asylrecht als Reizthema auf der politischen Tagesordnung nach oben rückte. So wurde – in der expliziten Absicht, eine „Entspannung der Zahlen“ zu erreichen, wie es ein Befürworter der Asylverfahrensänderung von 1993, der CSU-Bundestagsabgeordnete Wolfgang Zeitlmann, formulierte (zit. nach Knopp, 142) – eine Grundgesetzänderung angestrebt, die, wie der Entwurf des Landes Bayern von 1990 besagte, Asyl nur noch „nach Maßgabe der Gesetze gewährt“. Quintessenz dieses Vorstoßes war, die „Aufnahme politisch Verfolgter [...] zur Verhinderung schwerwiegender Beeinträchtigungen des Gemeinwohls nach Zahl und Herkunftsgebieten“ zu beschränken, also in etwa jenes Asylrecht einzuführen, das in der eingangs zitierten Begründung Carlo Schmids für Generosität abgelehnt worden war. Das Risiko, die „falschen“ aufzunehmen, wurde mit dem Effekt abgebaut, daß berechtigte Asylbewerber abgewiesen wurden. Eine Änderung des Grundgesetzes sollte das subjektive Grundrecht auf Asyl in eine institutionelle Garantie umwandeln, wonach sich die Bundesrepublik im Endeffekt aussuchen kann, wen sie ins Asylverfahren aufnimmt und wen nicht. Zwar ist im „Asylkompromiß“ zwischen den Regierungsparteien und der SPD-Opposition – diese Bezeichnung wäre eher gerechtfertigt, wenn die Sozialdemokraten zugleich eine substantielle Reform des veralteten Staatsangehörigkeitsrechts und eine langfristige Regelung der Einwanderung erreicht hätten – eine Abschaffung des Grundrechts auf Asyl vermieden worden. Doch läuft die (vom BVerfG weitgehend bestätigte) Grundgesetzänderung genau darauf hinaus. An die Stelle der von der Bevölkerungsmehrheit nicht mehr gewollten Generosität trat die blanke, populistisch inspirierte Staatsräson – in der vagen Hoffnung, durch einen mit heißer Nadel gestrickten legislativen Akt endlich „Härte“ und politische Handlungsfähigkeit unter Beweis zu stellen und die prekäre, zum Teil in Pogromstimmung ausgeartete Situation zu Beginn der neunziger Jahre zu entspannen. Ziel der Gesetzesänderung war im Klartext, die Asylbewerberzahlen drastisch nach unten zu drücken, die Verfahren zu beschleunigen und potentielle Asylbewerber abzuschrecken bzw. in andere Staaten umzulenken, bevor sie deutsches Gebiet erreichen konnten. Der in der Neufassung des Artikel 16 gefundene Asylkompromiß besagt in der vom Bundestag beschlossenen Fassung (s. Text im Kasten), daß politisch Verfolgte weiterhin das Grundrecht auf Asyl genießen (Abs. 1), die Berufung auf dieses Grundrecht aber jedem verwehrt ist, der aus einem „sicheren Drittstaat“ einreist (Abs. 2). Als solcher gelten alle Mitgliedstaaten der Europäischen Union und solche Staaten, die der deutsche Gesetzgeber als sicher einstuft, wobei keine individuelle Einzelfallprüfung mehr vorgenommen wird, sondern eine pauschale Lagebeurteilung ausreichen soll, etwa ob das betreffende Land die Genfer Flüchtlingskonvention und die Europäische Menschenrechtskonvention unterzeichnet hat. Zusätzlich gibt es eine Liste „sicherer Herkunftsstaaten“, für die die (vom Asylbewerber schwerlich widerlegbare) Vermutung gilt, daß dort politische Verfolgung bzw. unmenschliche oder erniedrigende Behandlung nicht stattfinden. Asylsuchende können unabhängig von den von ihnen eingelegten Rechtsbehelfen abgeschoben werden, bevor über das tatsächliche Vorliegen politischer Verfolgung entschieden worden ist. Der Prüfungsumfang bei aufenthaltsbeendenden Maßnahmen wurde stark eingeschränkt.

ARTIKEL 16 a Grundgesetz

(1) Politisch Verfolgte genießen Asylrecht.

(2) Auf Absatz 1 kann sich nicht berufen, wer aus einem Mitgliedstaat der Europäischen Gemeinschaften oder aus einem anderen Drittstaat einreist, in dem die Anwendung des Abkommens über die Rechtsstellung der Flüchtlinge und der Konvention zum Schutze der Menschenrechte und Grundfreiheiten sichergestellt ist. Die Staaten außerhalb der Europäischen Gemeinschaften, auf die die Voraussetzungen des Satzes 1 zutreffen, werden durch Gesetz, das der Zustimmung des Bundesrates bedarf, bestimmt. In den Fällen des Satzes 1 können aufenthaltsbeendende Maßnahmen unabhängig von einem hiergegen eingelegten Rechtsbehelf vollzogen werden.

(3) Durch Gesetz, das der Zustimmung des Bundesrates bedarf, können Staaten bestimmt werden, bei denen auf Grund der Rechtslage, der Rechtsanwendung und der allgemeinen politischen Verhältnisse gewährleistet erscheint, daß dort weder politische Verfolgung noch unmenschliche oder erniedrigende Bestrafung oder Behandlung stattfindet. Es wird vermutet, daß ein Ausländer aus einem solchen Staat nicht verfolgt wird, solange er nicht Tatsachen vorträgt, die die Annahme begründen, daß er entgegen dieser Vermutung politisch verfolgt wird.

(4) Die Vollziehung aufenthaltsbeendender Maßnahmen wird in den Fällen des Absatzes 3 und in anderen Fällen, die offensichtlich unbegründet sind oder als offensichtlich unbegründet gelten, durch das Gericht nur ausgesetzt, wenn ernstliche Zweifel an der Rechtmäßigkeit der Maßnahme bestehen; der Prüfungsumfang kann eingeschränkt werden und verspätetes Vorbringen unberücksichtigt bleiben. Das Nähere ist durch Gesetz zu bestimmen.

(5) Die Absätze 1 bis 4 stehen völkerrechtlichen Verträgen von Mitgliedstaaten der Europäischen Gemeinschaften untereinander und mit dritten Staaten nicht entgegen, die unter Beachtung der Verpflichtungen aus dem Abkommen über die Rechtsstellung der Flüchtlinge und der Konvention zum Schutze der Menschenrechte und Grundfreiheiten, deren Anwendung in den Vertragsstaaten sichergestellt sein muß, Zuständigkeitsregelungen für die Prüfung von Asylbegehren einschließlich der gegenseitigen Anerkennung von Asylentscheidungen treffen.

Nach übereinstimmender Beurteilung von Befürwortern wie Kritikern des Asylkompromisses war damit das Asylrecht im Kern getroffen. Flüchtlings- und Menschenrechtsorganisationen wie *Pro Asyl* und *amnesty international* sehen es außer Kraft gesetzt, Gegner des alten Asylrechts erhofften sich gewissermaßen, daß das deutsche Asylrecht zwar pro forma weiterbesteht – aber nunmehr vorwiegend in den „sicheren" deutschen Nachbarstaaten zur Anwendung kommt. Beide Seiten vermuteten eine drastische Verringerung der konkreten Asylbewerberzahlen, und beide haben Unrecht behalten. Zwar sank die Zahl der Asylsuchenden von 438 191 im Jahre 1992 (dem absoluten Höchststand seit 1950) auf 322 599 (1993) und danach 110 000 (1996), aber weiterhin kamen nach Inkrafttreten des geänderten Asylrechts rund 400 000 Asylsuchende nach Deutschland. Die Bundesrepublik bleibt damit in Westeuropa mit rund 55 Prozent der Asylsuchenden immer noch der Hauptattraktionspunkt für Flüchtlinge; ihre Zahl liegt in absoluten wie relativen Zahlen auch höher als in den Vereinigten Staaten (1996: rund 90 000). Dabei ist die im Asylkompromiß angestrebte „Europäisierung“ der Flüchtlingspolitik Stückwerk geblieben. Jeder Nationalstaat verfährt nach dem Florians-Prinzip. Es ist also zu erwarten, daß es zu einer neuerlichen Asyl-Debatte kommen wird, in der die völlige Abschaffung des subjektiven Asylrechts und eine noch restriktivere Quotierung auf europäischer Ebene auf die Tagesordnung gesetzt wird. Die Bestätigung des Asylkompromisses durch die Karlsruher Richter hat dem bereits Tür und Tor geöffnet, haben sie doch mehrheitlich erklärt, das Asylgrundrecht gehöre „nicht zum Gewährleistungsinhalt von Art. 1 Abs. 1 GG“, beruhe also nicht auf der Würde des Menschen, die in diesem Artikel für unantastbar erklärt wird. „Mithin“, so lautet die fragwürdige Konklusion des BVerfG, ist der Gesetzgeber nicht gehindert, „das Asylgrundrecht als solches aufzuheben“. Die Asyl-Anwälte hatten falsche Hoffnungen in die „Hüter der Verfassung“ gesetzt; die Urteile im Jahre 1996 bezüglich der Drittstaatenregelung (sogenanntes Iran/Irak-Urteil), der Regelung über „sichere Herkunftsstaaten“ (sogenanntes Ghana-Urteil) und des „Flughafenverfahrens“ (sogenanntes Togo-Urteil) waren eine Enttäuschung und kamen, wie kritische Kommentatoren argwöhnten, einer Kapitulation des obersten Gerichts gleich. Karlsruhe hat, um sich nicht von der öffentlichen Meinung zu isolieren, die Staatsräson der Bundesrepublik vor den Menschenrechtsschutz der Flüchtlinge gestellt und überdies in vagen Worten den Ball nach „Europa“ weitergespielt, wo durchweg restriktivere Flüchtlingsregelungen bestehen, die im Fall der Abkommen von Schengen und Dublin einzig Sicherheitsinteressen der Exekutiven in den Mittelpunkt rücken und durch keinerlei parlamentarische Kontrolle relativiert werden.

Wie die Bundesregierung in ihren peinlich auftrumpfenden Kommentierungen ankündigte, fühlte sie sich auf ganzer Linie bestätigt: „Mit den Mechanismen der Asylrechtsreform [...] ist die *Gewißheit*, in Deutschland ein Asylverfahren betreiben zu können, entfallen. Der Ausländer muß vielmehr nunmehr damit rechnen, an der Grenze zurückgewiesen oder – bei Aufgriff im grenznahen Raum – zurückgeschoben zu werden. [...] Hinzu kommt, daß unsere Nachbarstaaten jetzt damit rechnen müssen, daß Ausländer, die nicht im Besitz der erforderlichen Reisepapiere sind, an der Grenze zurückgewiesen oder kurzfristig zurückgeschoben werden. Sie haben damit ein eigenes Interesse, diesen Personen schon die Einreise in ihren Staat zu erschweren“.

Mit unverhohlener Zufriedenheit hat der Bundesinnenminister seine Erfolge bekanntgegeben: Die Zahl der Asylsuchenden sei nach der Asylrechtsreform um 71 Prozent zurückgegangen, und die beim Bundesamt anhängigen Verfahren seien 1994 um 188 480 Fälle abgebaut worden. An den Hauptgrenzen zur Bundesrepublik seien 146 845 Personen zurückgewiesen bzw. zurückgeschoben worden. Konklusion: „Ausländer, die sich auf Asyl berufen wollen, scheuen derzeit wegen der neuen Rechtslage die Reise in die Bundesrepublik Deutschland." Die vom Rückgang hauptsächlich betroffenen Länder sind die folgenden, überwiegend in Südosteuropa, Nord- und Schwarzafrika gelegenen:

Tabelle 2: Rückgang der Asylbewerber, nach Ländern

Land	Zugang 1992	Zugang 1994	Rückgang Personen	Rückgang %
Rumänien	103 787	9 581	94 206	90,77
Bulgarien	31 540	3 367	28 713	89,32
Vietnam	12 258	3 427	8 831	72,04
Zaire	8 305	1 579	6 726	80,99
Ghana	6 994	300	6 694	95,71
Albanien	5 957	848	5 109	85,76
Algerien	7 669	2 784	4 885	63,70
Liberia	5 367	904	4 463	83,16
Rußland	3 968	1 304	2 664	67,14
Ägypten	2 493	263	2 230	89,45

Quelle: BMI 1995

Der Bundesinnenminister will aber noch mehr: Da das „*Interesse* vieler Ausländer, insbesondere aus wirtschaftlichen Gründen einen möglichst langfristigen Aufenthalt in Deutschland zu erlangen, [...] gegenüber der Zeit vor der Asylrechtsreform unverändert hoch" sei, plant die Bundesregierung weitere Maßnahmen zur Verhinderung des „Asylmißbrauchs", wovon auch nach dem kräftigen Aderlaß weiterhin die Rede ist. Das mit Vorliebe an der Tätigkeit krimineller Schlepperorganisationen demonstrierte „Asylantenproblem" wird fast ausschließlich als Sicherheitsproblem thematisiert. Die Behörde macht sich nicht einmal mehr die Mühe, den Kernsatz des Artikels 16a („Politisch Verfolgte genießen Asyl") zu würdigen.

Ausblick: Lastenverteilung, Privatisierung, Eigeninteresse

Es wird in absehbarer Zeit wohl kaum eine parlamentarische Mehrheit geben, die den Status quo ante wiederherstellten kann. Die Anwälte der Asylsuchenden werden, eine bittere Ironie der Geschichte, künftig auf den Asylkompromiß von 1996 rekurrieren, um eine weitere Demontage des Asylrechts zu verhindern. Kann die Substanz des generösen, Menschenrechte und Menschenwürde von politisch Verfolgten achtenden Asylpolitik gerettet werden? Alle reichen Industrienationen folgen derzeit der Parole „Das Boot ist voll" und praktizieren zunehmend restriktive und selektive Flüchtlingspolitik. Bürgerkriegs- und Kriegsflüchtlinge haben einen eigenen, zunehmend prekären gesetzlichen und sozialrechtlichen Status und werden mit wachsender Unbedenklichkeit ab- und zurückgeschoben. Der Migrationsdruck hat unterdessen kaum nachgelassen, und er dürfte sich noch steigern, wenn – nach dem Ende des in dieser Hinsicht domestizierenden Ost-West-Konflikts – das Szenario eines generalisierten, „molekularen“ Bürgerkriegs eintrifft, die globale kapitalistische Dynamik immer mehr „überflüssige“ Arbeitskraft freisetzt und die an die Wand gemalten ökologischen Groß-Katastrophen eintreten. Dies ist nicht unabwendbar, aber auch nicht auszuschließen. Die Haltung der reichen westlichen Demokratien dazu ist schlicht zynisch – und im übrigen illusionär. Denn die porös gewordenen nationalstaatlichen Grenzen selbst einer „Festung Europa“ werden einem steigenden Migrationsdruck nicht standhalten. Nimmt er zu (und können Fluchtursachen nicht wirkungsvoller bekämpft werden als bisher), dann wird sich die Asyl-Debatte der siebziger bis neunziger Jahre wie ein harmloses Vorspiel künftiger Auseinandersetzungen ausnehmen.

Dieser Essay soll aber nicht wie Kassandra enden. Die Befürworter einer offenen Flüchtlingspolitik stünden nicht ganz auf verlorenem Posten, wenn sie drei Aspekte in der Diskussion stärker in den Vordergrund rückten:

Erstens ist in einer Lage, in welcher der Migrationsdruck zunimmt, die Aufnahmebereitschaft aber subjektiv (und vielleicht auch objektiv) abnimmt, eine *Selbstbeschränkung und Lastenverteilung* angebracht. Deutschland als immer noch eines der reichsten Länder der Welt hat das Potential, eine überproportional hohe Zahl von Flüchtlingen aufzunehmen, aber es darf sich damit in der Tat nicht überheben. Eine nüchterne Betrachtung der Belastung durch den Zustrom von Asylbewerbern zeigt, daß die Drittstaatenregelung nicht a priori unsinnig ist. Es ist in der Tat nicht einzusehen, daß die Bundesrepublik das Gros der Flüchtlinge in Westeuropa aufnimmt, wie dies in der Vergangenheit (mit bis zu fast zwei Drittel 1992) der Fall war. Genausowenig kann Deutschland allerdings seine geographische Mittellage nutzen und um sich herum einen cordon sanitaire schaffen, in den das Flüchtlingsproblem delegiert wird. Die Lage nach 1993 zeigt (Tabelle 3), daß eine Lastenverteilung im Hinblick auf Staaten wie die Niederlande, Schweiz oder Schweden längst erreicht ist und sich im wesentlichen europäische Mittelmächte wie Großbritannien, Frankreich und Italien der gemeinsamen Verpflichtung am stärksten entziehen (wobei freilich die unterschiedlichen Rechtsregime, Asyl-Nomenklaturen und dergleichen zu berücksichtigen sind).

Tabelle 3: Asylbewerberzugang im Verhältnis zu Bevölkerung und Bruttosozialprodukt ausgewählter Industrieländer im Jahr 1994

Land	Zugang 1994	Bevölkerung 1993	Einwohner pro Asylbewerber	BSP/Kopf in $
Belgien	14 340	10 048 000	717	21 650
Deutschland	127 210	81 338 000	639	23 560
Dänemark	6 651	5 165 000	860	26 730
Frankreich	26 044	57 472 000	2 208	22 490
Großbritannien	42 000	57 918 000	1 379	18 060
Italien	1 834	57 121 000	57 121	19 840
Niederlande	52 576	15 280 000	293	20 950
Österreich	5 082	7 862 000	1 572	23 510
Schweden	18 640	8 691 000	483	24 740
Schweiz	16 134	6 968 000	436	35 760
Spanien	10 230	39 481 000	3 948	13 590
USA	142 508	257 800 000	1 815	24 740

Quellen: BMI, EU-Generalsekretariat, Fischer Weltalmanach 1996

Nüchtern betrachtet, hat die Bundesregierung ihr Ziel erreicht – um den hohen Preis einer höchst problematischen Grundgesetzänderung und einer prekären Behandlung der Menschenrechte von Flüchtlingen. Es gibt keine Veranlassung, Artikel 16 weiter auszuhöhlen, aber es hat auch keinen Sinn, Deutschland als asylfeindliches Land abzustempeln. Grundsätzlich ist das moralische Postulat „offener Grenzen" politisch-praktisch unhaltbar, da sich dieses Postulat selbst durchkreuzt. Wer zuviel des Guten tun will, tut am Ende meist nur Schlechtes. An der spezifischen historischen Verpflichtung, die freilich nachwachsenden Generationen immer neu zu vermitteln und nicht als tradierter Schuldkomplex aufzuoktroyieren ist, und den aktuellen materiellen Ressourcen gemessen, kann man den Deutschen höhere Lasten und mehr Empathie abverlangen, aber dies läßt sich besser gegenüber einer skeptischen Öffentlichkeit vertreten, wenn eine gerechtere europäische Lastenverteilung herbeigeführt wird. Andere westliche Demokratien und auch die neuen Demokratien Ostmitteleuropas müssen sich an einer zeitgemäß und zugleich mit Augenmaß betriebenen Ausgestaltung der europäischen Migrationspolitik und transnationaler Rechtsregime beteiligen. Insofern sind die Verfechter einer liberalen Asylpraxis, auch wenn der Hauptadressat immer noch nationale Gerichte und Verwaltungen sind, jetzt in der Tat darauf verwiesen, die vom Bundesverfassungsgericht angemahnte „europäische Gesamtregelung der Schutzgewährung" zu fordern. Sie müssen ihre Anstrengungen darauf konzentrieren, daß soviel Elemente eines subjektiv-öffentlichen Asylgrundrechts wie möglich in eine harmonisierte Flüchtlingspolitik übernommen werden.

Zweitens ist eine liberale Asylpolitik demokratisch besser zu legitimieren, wenn sie auch lebensweltlich fundiert ist. In Deutschland ist der Eindruck entstanden, Asyl sei eines Sache des „Staates"; kaum jemand versteht die juristischen Winkelzüge, an deren Ende dann, um es plastisch auszudrükken, eine wie vom Himmel gefallene Asylunterbringung in der Nachbarschaft steht. Zur Selbstbeschränkung auf die tatsächlichen, dann aber konzentriert eingesetzten Mittel einer liberalen Asylpolitik gehört, das Asylverfahren weniger anonym zu gestalten, d. h. aus „Massen“ und „Nummern“ konkrete Menschen mit Schicksalen, Stärken und Schwächen zu machen. Dazu trüge eine *Privatisierung* der Asylpolitik in dem Sinne bei, daß Kommunen, Nachbarschaften und andere lebensweltliche Gemeinschaften Flüchtlinge regelrecht *„adoptieren“* und sich – im realistischen Rahmen ihrer Möglichkeiten und „eigenen Sorgen“ – um sie kümmern. Die Verfechter einer offenen, toleranten und altruistischen Asylpolitik verweisen, genau wie ihre radikalen Gegner, oft auch nur auf die Exekutive und Judikative, die gefälligst handeln sollen. Gesetzgeber, Gerichte und Kommunalverwaltungen haben gehandelt – und zwar fast unisono im Sinne einer Politik des „non-entrée“, d. h. einer immer perfekteren Abschottung. Soll eine liberale Asylpolitik weiter gepflegt werden, müssen Privatleute andere praktische Akzente setzen – und wer dazu nicht bereit ist, sollte weniger vollmundig auf die Menschenrechte pochen. Das „Kirchenasyl“, das abschiebungsbedrohte Flüchtlinge in Deutschland, Frankreich und anderswo erhalten haben, zeigt die Richtung eines solchen praktischen Engagements auf. Auch sollten sich mehr private Stiftungen konstituieren, die die Defizite der staatlichen Asylpolitik kompensieren.

Warum aber sollten sich Menschen auf diese Weise, unter Umständen an der Grenze der Legalität, für Flüchtlinge einsetzen? Es gibt gute Beispiele für völlig uneigennütziges, zum Teil heroisches Engagement. Aber in der Regel fragen Menschen, denen Solidarität abverlangt wird, danach, welchen Vorteil sie gegebenenfalls daraus ziehen können. Der ökonomische Nutzen der Aufnahme von Flüchtlingen ist gesamtgesellschaftlich gering, und eine romantisch verklärte „Bereicherung“, die Fremde angeblich in multikultureller Hinsicht bieten, ist ihrer xenophilen Struktur nach kaum menschenfreundlicher als rabiate Xenophobie. Vielleicht überzeugt am Ende nur ein auf den ersten Blick paradox wirkender Appell an den Eigennutz potentieller Verfechter einer liberalen Asylpraxis. Gedacht ist also *drittens* an eine indirekte Art von Selbstschutz, die im Schutz von Fremden angelegt ist: Wie gezeigt, hat die Grundgesetzänderung einen problematischen, womöglich dramatischen Schritt zur Aufweichung von Grundrechten getan. Zwar bekräftigte der Zweite Senat des BVerfG, dem Asylgrundrecht „liege die von der Achtung der Unverletzlichkeit der Menschenwürde bestimmte Überzeugung zugrunde, kein Staat habe das Recht, Leib, Leben oder persönliche Freiheit aus Gründen zu gefährden oder zu verletzen, die allein in der politischen Überzeugung, in der religiösen Grundentscheidung oder in unverfügbaren Merkmalen lägen“. Aber Kritiker des Urteils haben herausgestrichen, daß ein effektives Grundrecht in Sachen Asyl nicht mehr vorhanden ist. Das mag Befürworter einer restriktiven Flüchtlingspolitik nicht weiter kümmern – es trifft ja nur die „Anderen". Aber mit derselben Konsequenz und Widersprüchlichkeit, mit der die Richter das Grundrecht Fremder geopfert haben, könnten sie auch die Grundrechte von Bundesbürgern zur Disposition stellen – z. B. indem sie lebensbeendende Maßnahmen (Euthanasie) für Schwerkranke und Genmanipulation freistellen und die Unverletzlichkeit der Wohnung und das Brief-, Post- und Fernmeldegeheimnis preisgeben. Wem auch dies „schnuppe" ist, dem leuchtet am Ende vielleicht ein, daß auch die (grundrechtlich weit weniger gefestigte) Sozialstaatsverpflichtung mit der derselben Nonchalance geopfert werden kann. Die Entsolidarisierung mit Fremden wäre nur ein Teilaspekt einer generellen Auflösung solidarischer Kooperationsrechte. Dann würden – in einem übertragenen Sinne – auf die Dauer mehr Einheimische „Flüchtlinge", als sie jetzt zu träumen wagen.

Literaturhinweise:

amnesty international (Hg.): Entscheidungen des Bundesverfassungsgerichts stellen einen schweren Rückschlag für den Schutz politisch Verfolgter dar, Bonn 1996;

amnesty international (Hg.): Zwei Jahre neues Asylrecht. Auswirkungen des geänderten Asylrechts auf den Rechtsschutz von Flüchtlingen, Bonn 1995;

H. Arendt: Elemente und Ursprünge totalitärer Herrschaft, München 1986;

K. J. Bade: Ausländer, Aussiedler, Asyl in der Bundesrepublik Deutschland, München 1994;

K. Barwig u. a. (Hg.): Asylrecht im Binnenmarkt. Die europäische Dimension des Rechts auf Asyl, Baden-Baden 1989;

B. Blanke (Hg.): Zuwanderung und Asyl in der Konkurrenzgesellschaft, Opladen 1992;

Bundesministeriums des Innern: Asyl-Erfahrungsbericht 1994, Bonn (20. Juni) 1995;

H. M. Enzensberger: Aussichten auf den Bürgerkrieg, Frankfurt a. M. 1993;

H. M. Enzensberger: Die Große Wanderung. Dreiunddreißig Markierungen, Frankfurt a. M. 1992;

J. Feldhoff u. a. (Hg.): Flucht ins Asyl? Untersuchungen zur Fluchtmotivation, Sozialstruktur und Lebenssituation ausländischer Flüchtlinge in Bielefeld, Bielefeld 1991;

Friedrich-Ebert-Stiftung (Hg.): Flüchtlingsbewegungen und das Recht auf Asyl, Bonn 1992;

K. Heilbronner: Perspektiven einer europäischen Asylrechts-Harmonisierung nach der Maastrichter Gipfelkonferenz, in: Zeitschrift für Ausländerrecht (1992) 2, S. 51ff.;

H. Heinhold: Die Karlsruher Asylentscheidungen aus anwaltlicher Sicht. Manuskript, o. O. o. J.;

B. Höfling-Semnar: Flucht und deutsche Asylpolitik. Von der Krise des Asylrechts zur Perfektionierung der Zugangsverhinderung, Münster 1995;

W. Kälin: Das Prinzip des Non-Refoulement und das Konzept sicherer Drittstaaten. Anhörung beim Bundesverfassungsgericht am 21./22. November 1995;

Kirchliche Dienste am Flughafen: Erfahrungen des Flughafen-Sozialdienstes Frankfurt am Main mit dem 'Flughafenverfahren' nach § 18a AsylVerfG, Frankfurt a. M. 1995;

A. Knopp: Die deutsche Asylpolitik, Münster 1994;

H. Kreuzberg: Grundrecht auf Asyl. Materialien zu seiner Entstehungsgeschichte. Köln u. a. 1984;

H. Lambert: Seeking Asylum. Comparative Law and Practice in Selected European Countries, Dordrecht u. a. 1995;

C. Leggewie: Druck von rechts. Wohin treibt die Bundesrepublik?, München 1993;

R. Marx: Asylrecht, 3 Bde., Baden-Baden 1991;

R. Marx (im Auftrag von Pro Asyl): Die Drittstaatenregelung des Art. 16a II GG aus verfassungsrechtlicher Sicht, Frankfurt a. M. 1993;

R. Marx: Eine menschenrechtliche Begründung des Asylrechts. Rechtstheoretische und -dogmatische Begründungen zum Politikbegriff im Asylrecht, Baden-Baden 1985;

U. Münch: Asylpolitik in der Bundesrepublik Deutschland, Opladen 1992;

P. J. Opitz (Hg.): Das Weltflüchtlingsproblem. Ursachen und Folgen, München 1988;

Pro Asyl (Hg.): Von der normativen Vergewisserung zur normativen Verwässerung, Frankfurt a. M. 1996;

G. Renner: Asylrecht in Deutschland nach der Grundgesetz-Änderung, in: Neue Justiz, 48 (1994), S. 241ff.;

S. Sassen: Einwanderer und Flüchtlinge: Ein europäisches Dilemma?, Frankfurt a. M. 1996;

S. Sassen: Immigration Policy in a Global Economy (i. E.);

I. Staff: Die Karlsruher Richter und ihr 'Prinzip Hoffnung', in: Pro Asyl (Hg.): Von der normativen Vergewisserung zur normativen Verwässerung, Frankfurt a. M. 1996, S. 32ff.;

Stiftung Entwicklung und Frieden (Hg.): Menschen auf der Flucht. Fluchtbewegungen und ihre Ursachen als Herausforderung an die Politik, Bonn 1991.

Barbara John

Die Einwanderungspolitik eines „Nicht-Einwanderungslandes“

Beim Thema Migration und Integration fehlen in Deutschland umfassende Ordnungs- und Steuerungssysteme. Daraus ließe sich schließen, daß es keinen Bedarf dafür gibt, weil es keine politische Steuerungsaufgabe sei. Das Gegenteil ist der Fall: Deutschland ist das zweitgrößte Zuwanderungsland innerhalb der westlichen Demokratien. Mit einem Nettowanderungssaldo von mehr als 350 000 Personen jährlich nimmt Deutschland z. B. mehr als die Hälfte aller Zuwanderer auf, die in die Länder der Europäischen Union kommen. Auch im Vergleich zu klassischen Einwanderungsländern, wie es die USA, Kanada und Australien sind, steht Deutschland an zweiter Stelle nach den USA, die jährlich zwischen 600 000 und 700 000 Menschen in gesteuerten Verfahren aufnehmen. In Kanada liegt die jährliche Zuwanderungszahl bei ca. 220 000; in Australien ist sie gerade von 85 000 auf 65 000 reduziert worden. Trotz der großen Zuwanderungszahlen wäre es falsch, Deutschland als ein *klassisches* Einwanderungsland zu verstehen. Die Bundesrepublik wollte ihre Wohnbevölkerung weder durch Einwanderer vergrößern, noch war beabsichtigt, in Deutschland eine größere ethnisch-kulturelle Vielfalt zu schaffen. Wenn es trotzdem so gekommen ist, dann handelt es sich um unerwartete, für manche sogar gänzlich unerwünschte Folgen einer nicht bedachten Entwicklung.

Wer könnte angesichts dieser Fakten noch von einem Mangel an Aufgaben reden für Migrations- und Integrationspolitik? Nun wäre es dennoch falsch zu behaupten, daß es in der Bundesrepublik keinerlei politisch-administrative Zuständigkeiten für diese Politikbereiche gäbe. Es gibt sie, z. B. im Innenministerium des Bundes und in den Innenministerien der Bundesländer, bei den Ausländerbeauftragten der Länder zumindest in Teilbereichen und auch in all den Länder- und Bundesministerien, die mit Zuwanderern zu tun haben. In der Hauptsache sind das die Sozial- und Arbeitsministerien sowie das Außenministerium. Aus der Beobachtung und Bearbeitung von Teilaspekten erwächst aber nicht von selbst eine koordinierte, an wirtschaftlichen und sozialen Entwicklungen orientierte Zuwanderungspolitik, die wünschenswerte Entwicklungen fördert und negative Folgen zu mindern sucht. Dazu bedarf es einer umfassenden Politik, mit Institutionen zur Zuarbeit, die mit Entscheidungskompetenzen ausgestattet sind. Für die mehr als 350 000 Menschen, die jährlich in die Bundesrepublik kommen, sind zwar auf der politischen Ebene Ansprechpartner vorhanden, eine systematische, koordinierte Zusammenarbeit aber ist nicht zu erkennen. So registriert z. B. das Bundesamt für die Anerkennung politischer Flüchtlinge die Zahl der Asylbewerber. Die Ausländerbehörden der Länder erteilen für andere Zuwanderer Aufenthaltsdokumente verschiedenster Art, von der ausländerrechtlichen Erfassung bis zur befristeten Aufenthaltserlaubnis; sie händigen auch Grenzübertrittsbescheinigungen für illegal Eingereiste aus, die keinen Asylantrag stellen. Das Außenministerium ist verantwortlich in den deutschen Konsulaten im Ausland für die Erteilung von Visa, während das Ministerium für wirtschaftliche Zusammenarbeit sich schließlich bemüht, bei seinen Ausgaben für Entwicklungshilfe auch Armutsbekämpfung in den Empfängerländern zu leisten und damit eine Ursache von Migration zu bekämpfen. Werden diese Tätigkeiten nicht koordiniert und abgestimmt, dann werden miteinander verknüpfte Fragen der Zuwanderung nur als unzusammenhängendes Stückwerk wahrgenommen. Zusammenhänge bei der Zuwanderung – etwa der Netzwerk-Effekt bei der Migration – werden nicht erkannt, Probleme können solcherart nicht vorbeugend verhindert werden. Ein aktuelles Beispiel mag das veranschaulichen: Gegenwärtig kommen Flüchtlinge aus Rest-Jugoslawien in einer Größenordnung von mehreren hundert pro Monat in die Bundesrepublik. Asylanträge werden nicht gestellt, weil die Zuwanderer dann in das Verteilverfahren innerhalb der Bundesländer einbezogen würden. Ohne Asylanträge dagegen können sie ihren Aufenthaltsort selbst bestimmen. Meist sind das die größeren Städte. Die Flüchtlinge melden sich bei der Ausländerbehörde und erhalten dort eine Grenzübertrittsbescheinigung oder eine Duldung, also Dokumente, mit denen sie zur zügigen Ausreise aufgefordert werden. Da sie in ihr Herkunftsland nicht abgeschoben werden können – Rest-Jugoslawien erlaubt derzeit kaum eine nichtfreiwillige Rückkehr –, halten sie sich erst einmal längere Zeit in der Bundesrepublik auf und werden mit Sozialhilfemitteln versorgt. Es ist allerdings ein Aufenthalt ohne jede Integrationschance und ohne jede Perspektive. Das Bundesinnenministerium nimmt diese neue Form der Zuwanderung überhaupt nicht wahr, weil diese Zahlen in den vom Innenministerium beobachteten Zuwanderungsstatistiken gar nicht auftauchen. Auch die Bundesländer registrieren diese Art von Zuwanderung nur in indirekter Weise. Es wird verwundert festgestellt, daß die Zahl der Ausreisepflichtigen aus Rest-Jugoslawien stetig ansteigt. Ansätze zu einer Zuwanderungsvermeidungspolitik können so nicht frühzeitig aktiviert werden, weil die potentiellen Akteure nicht zusammenarbeiten und nichts von den Problemen wissen, die in den einzelnen Arbeitsbereichen auftreten.

Ähnlich verhält es sich mit der Integrationspolitik. Hier sind in erster Linie die Bundesländer zuständig, obwohl wesentliche Handlungsspielräume für eine gelingende Integration nicht bei den Ländern und Städten liegen. Für eine erfolgreiche Integrationspolitik ist es ausschlaggebend, unter welchen Bedingungen Menschen zuwandern können, die einen Rechtsanspruch auf einen Aufenthalt haben. Erhalten sie z. B. gleich nach ihrer Ankunft eine Arbeitserlaubnis und damit Zugang zu sozialen Kontakten und beruflicher Qualifizierung, oder sind sie jahrelang zum Nichtstun verurteilt? Können sie sich als Selbständige niederlassen und so einen wirtschaftlichen Beitrag leisten, sichtbar für die Kommune, in der sie nun leben? Gerade diese Entscheidungen werden nicht in den Ländern getroffen, sondern auf Bundesebene. Die Bundesländer, insbesondere die Ballungszentren, in denen die meisten Ausländer leben, bleiben aber bei konzeptionellen Überlegungen für die integrationspolitischen Folgen von Zuwanderern außen vor, obwohl sie die Hauptlast der Integrationsaufgaben tragen.

Uns fehlen also in Deutschland politische Gestaltungs- und Entscheidungsstrukturen für Migrations- und Integrationsprozesse. Das kommt nicht von ungefähr: Der Mangel an gestaltenden Institutionen offenbart nur die Selbsttäuschung, der ein Teil der politischen Entscheidungsträger in Deutschland erlegen ist, indem er glaubt, daß Einwanderungs- und Integrationsfragen politisch unerheblich sind. Aus dieser Täuschung erwachsen weitreichende Konsequenzen: Die tatsächlich stattfindende Einwanderung – auch die völlig legale – wird von vornherein als unerwünscht abgestempelt, während ihre positiven Wirkungen weder erkannt noch systematisch gefördert werden. Diese Grundhaltung wirkt sich auch auf das Zusammenleben der verschiedenen Bevölkerungsgruppen aus. Von seiten der Deutschen nehmen negative Stimmungen und Schuldzuweisungen gegen Ausländer zu, häufig auch in sehr pauschaler Form. Verdrängungs- und Überfremdungsängste setzen ein, ein Teil der ausländischen Bevölkerung sieht sich um Integrationschancen betrogen.

Gerade weil Zuwanderung und Integration zu den wachsenden Herausforderungen in der Bundesrepublik gehören, besteht die Verpflichtung, ein politisches Konzept und eine politische Praxis zu schaffen, die von den Bürgern im großen und ganzen akzeptiert wird, und zwar nicht nur von der Mehrheitsbevölkerung, sondern auch von den Minderheiten.

Defizite bundesdeutscher Einwanderungspolitik

Was bringt es aber für ein Land, wenn es zu einem großen Einwanderungsland geworden ist und doch versäumt, diese Entwicklung in eine integrationspolitisch wünschenswerte Richtung zu gestalten? Wäre die Zuwanderungspolitik für die meisten Bonner Ministerien nicht ein *Rühr-mich-nicht-an*-Thema, dann wäre augenfällig, welche Defizite es vor allem auszuräumen gilt. Zu allererst die mentale Blockade gegenüber Immigration. Solange Zuwanderung generell als vermeidbar oder gar als politisches Mißgeschick denunziert wird, ist zweierlei fast unmöglich: einerseits, die Aufnahmegesellschaft in eine positive Grundhaltung einzustimmen, und andererseits, die Migration so zu gestalten, daß sowohl die Aufnahmegesellschaft als auch die Zuwanderer selbst davon profitieren. Beides jedoch ist notwendig, um mit den Herausforderungen und Anfangskonflikten fertig zu werden. Natürlich reicht es nicht aus, von der Bereicherung der Gesellschaft durch Vielfalt oder von der wirtschaftlichen Kraft der Einwanderer nur zu reden, sie muß sich entfalten können und sichtbar wirksam werden. Die Rezepte, wie das geschehen kann, sind uns keineswegs unbekannt. Wir haben sie in den sechziger und siebziger Jahren konsequent angewandt. Der zentrale Integrationsmechanismus heißt Zugang zum Arbeitsmarkt, als Selbständiger oder als Arbeitnehmer. Das sind die Erfahrungen, die wir zur Zeit der Anwerbung von Arbeitnehmern aus den Mittelmeerländern gemacht haben, aber auch mit DDR-Flüchtlingen. Das Grundmuster war dasselbe: Wer kam, hatte einen Arbeitsplatz, die Integration konnte beginnen. Der Arbeitsplatz qualifizierte die Zuwanderer, bewirkte ihre soziale, sprachliche und gesellschaftliche Integration. Das galt auch für die meisten deutsch-stämmigen Aussiedler und ihre Familien, übrigens noch bis zu Beginn der neunziger Jahre.

Nun ist alles anders. Heute werden Zuwanderer nicht mehr automatisch Arbeitnehmer und später Selbständige. Sie werden fast automatisch Sozialhilfeempfänger oder einfach arbeitslos. Das gilt für die Aussiedler und ihre Familien, das gilt für anerkannte Asylberechtigte, für aus dem Ausland zuziehende Ehepartner hier lebender Ausländer, ja es gilt in wachsendem Maße auch für junge Ausländer, die hier geboren oder aufgewachsen sind. Erst recht gilt es für die erste Generation der Zuwanderer. Ausländer stellen ca. 800 000 Arbeitslose unter den fünf Millionen Menschen ohne Arbeit in Deutschland. Angesichts solcher Entwicklungen wird Zuwanderung in den Augen vieler gleichgesetzt mit Belastungseffekten für den Steuerzahler und die öffentlichen Kassen. Dabei handelt es sich keineswegs um eine zwangsläufige Erscheinung von Zuwanderung; vielmehr sind die Probleme, die viele beklagen, hausgemacht. Der weit überwiegende Teil der Zuwanderer will nämlich Initiative entwickeln und Eigenverantwortung für den Lebensunterhalt übernehmen, wäre er nicht durch gesetzliche Vorgaben oder durch die strukturelle Beschaffenheit unseres Arbeitsmarktes oft daran gehindert. Für ca. 70 000 zuziehende Ehepartner von hier lebenden Ausländern gilt z. B., daß sie vier Jahre ohne Arbeitserlaubnis bleiben müssen; auch die Ausübung eines Gewerbes ist in den ersten Jahren nicht gestattet. Ursache einer solchen Arbeitsmarkt-Ausschlußpolitik ist der Mythos, daß Zuwanderer den Einheimischen die Arbeitsplätze wegnähmen. Darum werden sie erst einmal gänzlich vom Arbeitsmarkt ferngehalten.

Existierte eine politisch gewollte und institutionalisierte Zusammenarbeit zwischen denen, die Integrations-, Zuwanderungs- und Arbeitsmarktpolitik gestalten, dann gäbe es den erzwungenen Ausschluß vom Arbeitsmarkt wohl kaum. Liegt es nicht auf der Hand, daß diejenigen, die in einem rechtlich geregelten Verfahren zuwandern, ohne Wartezeit Zugang zum Arbeitsmarkt bekommen sollten, weil nur dann ihre Integration gelingen kann?

Die Ausschluß- oder Abwehrgesetze im Arbeitserlaubnis- und Gewerberecht erschweren, ja verhindern oft die Integration, die wirtschaftliche und damit auch die soziale. Wer aber Einwanderung zuläßt und gleichzeitig die Tür zum Arbeitsmarkt fest verriegelt, der müßte wissen, daß er Politik gegen Zuwanderer macht. Es ist keineswegs tröstlich, daß der Ausschluß nicht die Verelendung der Zuwanderer zur Folge hat, denn schließlich gibt es ja noch den Sozialstaat, der niemanden verhungern läßt. Doch diese Art der Fürsorge wäre im Falle der Zuwanderer gar nicht notwendig, würde man ihnen den Zugang zum Arbeitsmarkt öffnen.

Es geht aber nicht nur um die gesetzlich verordnete Langzeitarbeitslosigkeit, es geht auch um den überregulierten Arbeitsmarkt und das starre Tarifsystem, die ein Hindernis auch für jene Zuwanderer sind, die über eine Arbeitserlaubnis verfügen. Dies können auch Aussiedler sein. Für ihre Arbeitsleistung ist oft kein legaler Arbeitgeber vorhanden. Solange die Deutschkenntnisse noch gering sind und ihre berufliche Qualifikation niedrig ist, gibt es für sie nur Arbeit unterhalb der Tariflöhne oder auf dem schwarzen Arbeitsmarkt. Da tummeln sie sich dann auch und werden schnell kriminalisiert. In Berlin wird Ausländern mit Bleiberecht die Arbeitserlaubnis vom Arbeitsamt verweigert, und zwar mit der Begründung, daß ein Stundenlohn von 13,50 DM als Bauhelfer „nicht tarifgerecht und nicht ortsüblich“ sei. Die Folge ist weiterer Sozialhilfebezug. Es liegt also auch an den Vorgaben, daß Zuwanderung vielen als ein Verlustgeschäft erscheint, besonders in diesen harten Zeiten. Das muß nicht so sein. Warum gibt es kein Zuwanderungsprogramm für Investoren, für Unternehmer und Selbständige, die hier Arbeitsplätze schaffen? Warum verweigern wir Ausländern die Arbeitserlaubnis, wenn sie bereit sind, unterhalb von Tariflöhnen ihren Lebensunterhalt zu verdienen? Zuwanderer würden Arbeitsplätze schaffen, wenn wir sie nur ließen. Zuwanderer würden auch untertariflich bezahlte Arbeit annehmen, wenn es diese Arbeitsplätze legal gäbe. Statt dessen herrscht bei uns immer noch politische Ignoranz darüber, wie bedeutsam der Zugang zum Arbeitsmarkt gerade für die Neuankömmlinge ist. Doch offensichtlich haben wir noch keine Schlußfolgerungen aus den Erfahrungen gezogen, die wir in den vergangenen vierzig Jahren über den Zusammenhang von Zuwanderung und Arbeitsmarkt hätten sammeln können.

Der schwierige Integrationsprozeß wird beschädigt, wenn die Themen Zuwanderung und Ausländer in der öffentlichen Diskussion über innere Sicherheit gleichgesetzt werden mit Sicherheitsrisiken. Das ist leider oft der Fall. Zwar sind in den letzten Jahren viele argumentative Schranken errichtet worden, die davor warnen, aus den Kriminalitätsstatistiken einfache Schlußfolgerungen zu ziehen. Das ist gut so. In den offiziellen Kriminalstatistiken wird inzwischen besser unterschieden zwischen den Ausländern, die auf Dauer im Land leben, und denen, die sich nur kurz in Deutschland aufhalten. Doch noch immer werden auch mit diesen bereinigten Zahlen falsche und irreführende Botschaften vermittelt. Muß das eigentlich sein?

Niemandem käme beispielsweise der absurde Gedanke, bei der Kriminalitätsbelastung der deutschen Wohnbevölkerung zu unterscheiden zwischen der Bevölkerung in den alten und in den neuen Bundesländern oder gar die Kriminalitätsbelastung von Menschen, die keine Kirchensteuer zahlen, gesondert festzuhalten, um die Zahlen zu vergleichen mit denen der Kirchensteuer-Zahler. Natürlich sind noch viele andere Unterscheidungsmerkmale denkbar. Warum reicht es nicht aus, diejenigen Ausländer zu erfassen, die „grenzbezogen" straffällig werden? Das wäre sinnvoll, auch um Kriminalität präventiv zu bekämpfen. Aber die Praxis ist eine andere. Dabei ist bekannt, daß die Kriminalitätsquote der hiesigen ausländischen Wohnbevölkerung diejenige vergleichbarer deutscher Gruppen nicht übersteigt. Warum wird sie dann aber gesondert ausgewiesen? Wird nicht dadurch fast zwangsläufig der Eindruck erweckt, es handle sich bei den in Deutschland lebenden Ausländern um einen gefährlichen Teil der Bevölkerung? Allzu schnell können daraus billige Schuldzuweisungen und pauschale Urteile über einzelne ethnische Gruppen abgeleitet werden.

Der Gesetzgeber selbst hat sich an die Spitze dieser Bewegung gesetzt. Auch junge Ausländer, die in Deutschland geboren und aufgewachsen sind und sogar einen gefestigten Status haben, werden ausgewiesen, wenn es sich z. B. um Verstöße gegen das Betäubungsmittelgesetz handelt. Das geschieht schon bei kurzen Haftstrafen ohne Bewährung, selbst wenn der Straftäter erfolgreich eine Therapie durchlaufen hat. Diese „Sonderbehandlung" von in Deutschland geborenen und aufgewachsenen Jugendlichen nichtdeutscher Herkunft will diejenigen Lügen strafen, die betonen, daß das Kriminalitätsverhalten der lange in Deutschland lebenden Ausländer nicht anders ist als das vergleichbarer deutscher Gruppen. Würde dies wirklich ernst genommen, dann dürften ausländische Jugendliche, die in Deutschland ihre Strafen verbüßt haben, nicht im Anschluß daran dauerhaft des Landes verwiesen werden. Die irreführende Botschaft, die von diesen gesetzlichen Regelungen ausgeht, lautet: Junge Ausländer, selbst wenn sie in Deutschland ihren Lebensmittelpunkt haben, sind grundsätzlich gefährlicher als Deutsche.

Mißtrauen, ja Abwehrhaltungen entwickeln sich auch an Fragen der Kultur und der Religion. Die Zugehörigkeit zum Islam, der Bau von Moscheen, das Tragen von Kopftüchern, das Bekenntnis zu einer durch Religion geprägten Werthaltung werden nicht selten auch in den Medien als völlig unvereinbar mit hiesigen Lebensgewohnheiten dargestellt und von großen Teilen der Bevölkerung so empfunden.

In Deutschland herrscht „das Grundgesetz und nicht der Koran", müssen sich manchmal muslimische Türken sagen lassen, wenn sie Fabrikräume anmieten wollen, um sie in einen Gebetsraum umzugestalten. Diese Antwort ist nicht nur intolerant, sondern widerspricht sogar dem Grundgesetz, das ja ausdrücklich die Religionsfreiheit garantiert. Anders gesagt, es ist der muslimische Türke, der sich in der beschriebenen Situation auf das Grundgesetz berufen kann. Die unüberhörbare, äußerst fragwürdige Botschaft seitens der Mehrheit in einem solchen Konflikt lautet: So, wie ihr seid, gehört ihr nicht dazu! Ihr seid Fremde und bleibt es.

Gleichzeitig verschafft sich eine andere Haltung Platz, die nicht weniger vorurteilsbehaftet und wirklichkeitsverzerrend ist: der Kulturalismus. Dabei geht es um die Festschreibung kultureller Unterschiede. Wenn junge Berlinerinnen türkischer Herkunft in ihrem Verein Fußball spielen, dann wird in der Zeitung getitelt: „Sie kicken gegen die Eltern und den Koran". Wäre es vorstellbar, daß bei jungen deutschen Fußballerinnen eine Überschrift zu finden wäre wie „Sie kicken gegen den Papst und die Bibel"? Spätestens hier wird deutlich, wie lächerlich solche Einstellungen sind. Selbstverständlich bringt das Leben in Deutschland eine wachsende Orientierung der zweiten Immigrantengeneration an hiesigen Wertmaßstäben mit sich. Warum soll diese Neuorientierung völlig unvereinbar sein mit den kulturellen Ausrichtungen des Elternhauses? Das kann in Extremfällen zu Konflikten führen. In der Regel aber reißt es die Jugendlichen nicht „in Stücke". Das „in Stücke reißen" gehört dagegen oft zum Klischee der beobachtenden Mehrheitsgesellschaft, die nicht wahrnehmen will, daß Menschen gleichzeitig verschiedene Zugehörigkeiten miteinander vereinbaren können. Mit einer solchen Betrachtungsweise wird die komplexe Wirklichkeit einer Gesellschaft, die im religiös-kulturellen Bereich immer pluralistischer wird, auf die Forderung reduziert, sich radikal vom eigenen kulturellen Hintergrund zu lösen. Von Kulturvermittlung kann in solchen Fällen nicht mehr die Rede sein, wohl eher von einer abschätzigen Betrachtung des Fremden und einer verzerrten Wahrnehmung der Realität.

Ausblick

Noch immer ist es in Deutschland verpönt, Zuwanderung als Chance anzusehen und entsprechend zu regeln, und zwar beginnend mit dem ersten Tag des Aufenthalts. Bevor über neue Einwanderungsgruppen nachgedacht wird, sollten die vielen Zehntausend, die jährlich legal zuwandern können, wie Einwanderer behandelt werden. Dazu gehört in erster Linie der schnelle Zugang zur Beschäftigung als Arbeitnehmer oder als Selbständiger und die zügige rechtliche Gleichstellung über Einbürgerung.

Als Maßstab für ein zivilisiertes Land im Umgang mit seinen zugewanderten ethnischen Minderheiten reicht es auch nicht aus, „Ausländerfreundlichkeit" demonstrativ als Gegenpol zu „Ausländerfeindlichkeit" zu bekunden. Mit diesen Kategorien können persönliche Beziehungen charakterisiert werden, nicht aber das grundlegende Verhältnis des Staates und seiner Institutionen zur ausländischen Bevölkerung. Die Maßstäbe für ein gelungenes Verhältnis heißen Rechtsgleichheit und Anerkennung ethnisch-kultureller Vielfalt.

Wenn die Zuwanderung in der Politik akzeptiert wird, dann werden auch die Zuwanderer selbst auf allen Ebenen angenommen. Geschieht das nicht, werden sich weiterhin die kleinen Grabenkämpfe immer wieder an Begriffen wie Arbeit, Kriminalität, Kultur und Religion entzünden und das Klima zu vergiften drohen.

Staaten, manchmal sogar Kontinente, sind entweder Auswanderungs- oder Einwanderungsländer. Gewollt oder ungewollt. Eigentlich kann sich kein Deutscher danach sehnen, daß wir wieder in einem Auswanderungsland leben. Es ist zwar nicht leicht, ein Zuwanderungsland zu sein, aber es ist eindeutig die bessere Alternative.

Jan Philipp Reemtsma

Zur historischen Dynamik des Antisemitismus

Antisemitismus hat nichts mit Vorurteilen zu tun. Vorurteile hat jemand, der sich auf Grund unzureichender Informationen eine Meinung gebildet hat – und sie aufgibt, wenn er zureichend informiert wird. Man mag einem Antisemiten, der einem erzählt, daß in Kanada der Holzhandel fest in jüdischer Hand sei, hieb- und stichfeste Beweise dafür geben, daß das nicht der Fall ist, und er wird nicht sagen: „Achso, dann habe ich mich wohl geirrt", sondern: „Das mag schon sein, aber...".

Antisemitismus hat nichts mit Juden zu tun, sondern mit Antisemiten. Jemand ist nicht Antisemit, weil Juden – tatsächlich oder in der Phantasie des Antisemiten – irgendwo besonders viel Einfluß haben, sondern weil er der Meinung ist, das sei ein Problem. Jemand ist auch nicht Antisemit, weil irgendwelche Juden – tatsächlich oder in der Phantasie des Antisemiten – bestimmte Eigenschaften haben (etwa intelligent oder geschäftstüchtig zu sein), sondern weil er es für ein Problem hält, daß es Juden gibt, die diese Eigenschaften haben.

Antisemitismus ist nicht einfach eine Spielart dessen, was man eine „rassistische Einstellung" nennen könnte. Es gibt viele Rassismen, und alle haben ihre eigene Geschichte. Ein Individuum oder eine ganze Kultur kann Träger mehrerer Rassismen sein – oder nur eines einzelnen und gegen andere ganz unempfindlich. Ein Bewohner der US-amerikanischen Südstaaten, der die Schwarzen verabscheut, mag wahrscheinlich auch die Juden nicht – und mit ziemlicher Sicherheit auch keine Mexikaner und Katholiken. Für den Nationalsozialismus gab es nicht nur jüdische, sondern auch schwarze und slawische bzw. asiatische Untermenschen. Aber vollständig ausgerottet werden sollten allein die Juden – und wahrscheinlich auch die Sinti und Roma; dies allerdings gilt als umstritten. Andererseits gibt es radikale schwarze Politiker in den USA, die sich mehr oder weniger offen antisemitisch äußern, und Juden, die die Schwarzen nicht mögen. Alle diese Rassismen haben ihre eigene Geschichte, ihren besonderen historischen Ursprung und eine jeweils eigene Dynamik. Wenn man allgemein über „Rassismus" spricht, übersieht man mehr, als man erkennt.

Der Antijudaismus ist eine christliche Erfindung.[1] Der Gottesmordvorwurf ist integraler Bestandteil der christlichen Gründungsschriften, der Christusbiographien des Neuen Testaments. Er wird im Laufe der Herausbildung einer systematischen Theologie und einer Vereinheitlichung der Rituale und der Symbolsprache ein wichtiges Element der christlichen Religion, überlebt die diversen Spaltungen in verschiedene christliche Kirchen (katholisch, griechisch-orthodox, russisch-orthodox, lutherisch, calvinistisch etc.) und zeugt sich in den Einzelbekenntnissen fort – bis hin zur „Bekennenden Kirche" in Deutschland, einer anti-nationalsozialistischen, gleichwohl aber (im Vergleich zum NS-Regime natürlich gemäßigt) antisemitischen Gruppierung innerhalb der Evangelischen Kirche.

Doch der Antijudaismus hat sich – vor allem als „moderner", rassistisch und nicht mehr religiös begründeter Antisemitismus – auch von den christlichen Bekenntnissen gelöst, findet sich in anderen religiösen Bekenntnissen sowie ganz unabhängig von bestimmten religiösen Zusammenhängen.[2] Man hat sich schwer getan, diesen Sprung vom religiös begründeten Antijudaismus zum profanen Antisemitismus zu erklären, aber man hat sich nur deshalb schwer damit getan, weil man fälschlicherweise annahm, es habe sich um einen Sprung gehandelt. Tatsächlich haben wir es aber mit der Transformation einer Verfolgungsgeschichte zu tun, in der sich ursprüngliche Motive mit neuen, aus der Situation der Verfolgung selber entstandenen, miteinander so stark verbinden, daß am Ende das Ursprungsmotiv – der Gottesmordvorwurf – sogar aufgegeben werden kann, ohne daß die antisemitischen Affekte irgend an Stärke abnehmen.

Gehen wir noch einmal in die Geschichte zurück. Was ist für die christlichen Religionen ein Jude? Eben nicht einfach irgendein Nicht-Christ, ein Heide, ein Noch-nicht-Bekehrter, sondern der Nachkomme derjenigen, die Jesus Christus nicht hatten folgen wollen, die vielmehr geschrien haben „Kreuzige ihn!" und „Sein Blut komme über uns und unsere Kinder!" Kein unschuldiger Unwissender also, sondern von vornherein ein Gefährlicher und

---

1 Es gibt Theoretiker, die einen vorchristlichen Antijudaismus annehmen, eine Feindschaft anderer Völkerschaften und Religionsgemeinschaften gegen die streng monotheistische jüdische Religion und ihre Besonderheitsansprüche. „Rivalitäten zwischen Sippen, Stämmen und Völkern finden zu allen Zeiten und an allen Orten statt. Was das Israel in der Zeit des Altertums anlangt, wäre es völlig vergeblich, mit Hilfe der traditionellen Dokumente, über die wir verfügen, feststellen zu wollen, ob die Feindschaft, die ihm seine Nachbarvölker entgegenbrachten, schon seit den Zeiten der Bibel ein besonderes Merkmal zeigte und ob hier irgendeine besondere Heftigkeit ins Spiel kam." (Poliakov, 1). Das Christentum – selber ja zunächst eine jüdische Sekte – ist aber nicht einfach Erbe irgendwelcher anderswo entstandener Ressentiments. Sein Antijudaismus ist genuiner Bestandteil seiner religiösen Vorstellungen, und erst mit deren Ausbreitung gibt es einen systematischen und institutionell abgesicherten Haß auf Juden.

2 Der Antijudaismus ist auch kein Bestandteil der offiziellen christlichen Rhetoriken mehr, aber auf Grund ihrer Basistexte werden die christlichen Religionen immer ein Antisemitismusproblem haben.

Verstockter. Dazu kommt das Problem, daß Angehörige des jüdischen Glaubens nach der Zerschlagung des antirömischen Widerstands und der Zerstörung des Jerusalemer Tempels weit verstreut in Europa, d. h. ab dem frühen Mittelalter in einem sich als christlich verstehenden Europa lebten. Die Juden lebten mitten unter den Christen, wogegen die Heiden außerhalb Europas lebten. Gleichwohl war für das christliche Verständnis ein Jude nur so lange ein Jude, wie er jüdischen Glaubens war – ein zum Christentum konvertierter Jude war keiner mehr, sondern ein Christ.

Mit den Kreuzzügen wendet sich das christliche Europa aggressiv nach außen. Der Islam soll zurückgedrängt, die iberische Halbinsel und Teile des nahen Ostens mit Jerusalem und dem „heiligen Grab" als Zentrum sollen christianisiert werden. Gleichzeitig versucht die Kirche, durch Ableitung innenpolitischen Druckes Ordnung zu schaffen: Marodierende Kleinadlige werden zu Kreuzfahrerheeren zusammengefaßt und außer Landes gebracht. Auf dem Weg ins sogenannte Heilige Land fielen die Kreuzfahrer 1097 über die Juden her, vor allem „in Deutschland, und zwar im Rheintal, wo es wahrscheinlich zu dieser Zeit die zahlreichsten Gemeinden Europas gab", wo „diese Massaker in ganz systematischer Weise und am blutigsten durchgeführt" wurden (Poliakov, 37). Man stellte die Juden vor die Alternative *Taufe oder Tod*, und dieser Forderung schlossen sich auch Repräsentanten der kirchlichen Obrigkeit an, die im Grunde die Massaker verhindern wollten. Auch spätere Kreuzzüge sehen Zwangstaufen, Plünderungen, Pogrome.

Mit dem 12. Jahrhundert, d. h. *in der Folge* der christlichen Mordaktionen gegen Juden, beginnen die Verdächtigungen gegen diese: Sie seien Mörder, Hexer, Brunnenvergifter, Hostienschänder, verschwüren sich im Geheimen gegen die Christen. Sowohl weltliche Autoritäten als auch geistliche versuchen etwas gegen dieses sehr rasch um sich greifende Judenbild zu unternehmen, aber letztlich ohne Erfolg. Andererseits beginnt im 13. Jahrhundert die päpstlicherseits verordnete Kennzeichnungspflicht für Juden – zumeist der spitze Hut und/oder der gelbe Fleck. An einigen Orten wird der Talmud durch die Inquisition öffentlich verbrannt.

Im 14. Jahrhundert sucht die Pest Europa heim, für deren Ausbrechen man in vielen Regionen die Juden verantwortlich macht. Und hier verlassen die christlichen Judenverfolgungen – sehen wir davon ab, daß das Motiv zu plündern immer neben dem zu bekehren gestanden hat und oft das vorherrschende gewesen sein dürfte – zum ersten Mal nachweislich den religiösen Kontext. Es werden nämlich nicht nur Juden, also Angehörige jüdischen Glaubens, Opfer der Mordaktionen, sondern auch die Nachkommen getaufter Juden, also Christen, die – es fehlt die Sprache dafür – auf einmal doch „irgendwie" Juden sind: „Und so tief war der Haß, der in diesen Verfolgungen zu Tage trat, daß, wo keine Juden ansässig waren, wie im Ordenslande, wo ihnen seit 1343 der Aufenthalt verboten war, die getauften Juden ermittelt und verbrannt wurden" (zit. nach: Reemtsma, 303).

Der diesem veränderten Blick auf die Juden (daß auch der getaufte Jude noch ein Jude sei) zugrundeliegende Mechanismus ist einfach. Man mißtraute den Zwangsbekehrten – kein Wunder, wußte man doch selbst nur zu genau, daß man sie nicht bekehrt, sondern zu ihrem Bekenntnis unter Morddrohungen gezwungen hatte. Und natürlich folgten die zwangsbekehrten Juden manchmal den Bräuchen ihres ursprünglichen Glaubens, so gut das eben ging in erzwungener Heimlichkeit. Mit einigem Recht mag man christlicherseits auch eine Menge Wut und Abscheu gegen das Christentum in solchen Familien Zwangsbekehrter vermutet haben. Die Idee einer im Geheimen gegen das Christentum gesponnenen jüdischen Verschwörung ist allerdings die paranoide Umdeutung der Realität. Die christlichen Affekte wurden zunehmend radikaler antijüdisch – und wie so oft war die Ursache die Furcht vor einer drohenden Vergeltung, zu der es doch, so die Phantasie, kommen müsse, wenn alles mit rechten Dingen zugehe. Damit war eine mentale Falle gestellt: Jüdischer Widerstand hätte alle christlichen Ressentiments bestätigt, der ausbleibende Widerstand war Beleg für die Verschwörung im Geheimen.

Das vereinigte Spanien im 16. Jahrhundert ist ein Musterbeispiel für diesen Mechanismus. 1492 müssen alle Juden sich zum Christentum bekehren oder das Land verlassen. Ein Drittel – etwa 50 000 Menschen – bleibt und konvertiert. Für das christliche Spanien gibt es eigentlich kein „Judenproblem" mehr – doch im Gegenteil, es fängt erst an. Die „Marranen" genannten Nachkommen getaufter Juden werden systematisch ausgespäht und verfolgt (vgl. Reemtsma, 265). Schließlich regelt ein Gesetzeswerk über die „Reinheit des Blutes", das wie die Vorlage zu den nationalsozialistischen Rassegesetzen wirkt[3], den Zugang zu zahlreichen kirchlichen wie staatlichen Institutionen. Damit ist „die jüdische Rasse" erfunden und mit der Blut-Metaphorik verbunden. Im Oktober 1935 notiert Viktor Klemperer folgende in den „Dresdener Nachrichten" gedruckte „Parole für den Betriebsappell": „[...] Dein Handeln und Charakter (sic) bestimmt das Blut, / Weil in dem Blut die Seele ruht! / Hat Dir der Jude Blut und Seele erst verdorben, / Dann bist Du Deinem Volk und Vaterland gestorben" (Klemperer, 227f.).

Die sogenannte Assimilation, die Eingliederung einer zuvor stigmatisierten Gruppe, hat, und das ist eine der schrecklichsten Lektionen der Geschichte, dasselbe Ergebnis gehabt wie die Zwangseingliederung: die Erfindung der jüdischen Rasse. Der Grund ist, daß beide dasselbe Ziel hatten: die Juden als von der christlichen Majorität in Religion und Lebensführung unterschiedene Gruppe zum Verschwinden zu bringen. Dieses Ziel ist aus Tendenzen des modernen Staates zur Homogenisierung verstanden worden (vgl. Bauman), muß aber vor allem vor dem Hintergrund der jahrhundertelangen Verfolgung selbst begriffen werden: Man wollte die Auslöser eines permanenten Arg-

3 Auch in diesen ging es um jüdische Glaubenszugehörigkeit oder die Abstammung von Menschen jüdischen Glaubens.

wohns, die vermuteten Träger eines gegen die Majorität gerichteten Ressentiments aus der Welt schaffen. So sonderbar das erscheinen mag, aber diese Vorstellung spielt noch bei dem prominenten Historiker und Antisemiten Heinrich von Treitschke Ende des 19. Jahrhunderts eine Rolle, wenn er sich gegen die Einwanderung von Juden aus Polen mit dem Argument ausspricht, diese seien die Nachkommen der den Kreuzzugsmassakern Entkommenen und voller Abneigung gegen die Deutschen (vgl. Boehlich).

In Folge der sogenannten Emanzipation der Juden im 19. Jahrhundert, ausgelöst durch die Französische Revolution und in Preußen durch das Napoleonische Besatzungsregime erzwungen (allerdings nach dessen Ende nicht wieder rückgängig gemacht), verbreitet sich ein sich zunehmend von religiöser Terminologie lösender und Metaphern aus der Biologie verwendender, sich auch bald, um seinen wissenschaftlichen Charakter hervorzuheben, so nennender Antisemitismus. Das Vokabular der radikalen Antisemiten wird im Laufe des Jahrhunderts vor allem in Deutschland[4] zunehmend mörderisch, und die Hetze in Julius Streichers „Stürmer" findet man vorgeprägt in Zeitungsartikeln, die in den achtziger Jahren des 19. Jahrhunderts erscheinen.

„Der Jude" wird als Parasit am Volkskörper imaginiert, als Infektionsträger, selber unrein, dabei so verschlagen, geschäftstüchtig wie intelligent. „Der Jude", das ist der Hausierer ebenso wie der Chefarzt in der Klinik, das ist der Bankier und der bolschewistische Revolutionär, der Wissenschaftler, der Künstler und der betrügerische Herumtreiber. Natürlich gab es tatsächlich auch den jüdischen Arbeiter, Angestellten, Postbeamten etc., aber an die ließen sich keine Phantasien knüpfen. Und natürlich gab es auch nichtjüdische Revolutionäre und Bankiers wie Chefärzte, Künstler, Wissenschaftler und Herumtreiber, aber waren es Juden, oder sah man in ihnen Juden, konnte man Bedrohungsphantasien an ihre Existenz knüpfen: Der Revolutionär bedroht die Ordnung, und zwar nicht, weil er die Revolution will, sondern weil er Jude ist; der jüdische Bankier manipuliert das Finanzwesen, und zwar weil er Teil der jüdischen Weltverschwörung ist; der jüdische Wissenschaftler oder Künstler ist intelligent, aber von einer zersetzenden, unproduktiven Intelligenz; der jüdische Herumtreiber beweist, daß Juden nicht arbeiten

---

4 Die Frage, ob es in Deutschland einen besonders radikalen Antisemitismus gegeben habe, ist in der Kontroverse um Daniel Goldhagens „Hitlers willige Vollstrecker" thematisiert worden. Die Antwort scheint mir zu sein, daß die antisemitischen Reaktionen auf die bürgerliche Gleichstellung der Juden im 19. Jahrhundert sich jedenfalls in Frankreich und Deutschland nicht wesentlich unterschieden haben, der Unterschied aber darin bestand, daß in Deutschland das Phantasma einer „Judenfrage" in besonderer Weise mit der Ratlosigkeit darüber, worin das „Wesen" der deutschen Nation bestehe, verbunden war. Die Frage, was „deutsch" sei, wurde schon früh ex negativo beantwortet: „Jedenfalls sind die Juden keine Deutschen." (Vgl. Friedländer, 87ff.).

wollen. Der Chefarzt nimmt den richtigen Deutschen den Arbeitsplatz weg.[5] Dazu kommt, daß die Vorstellung „des Juden“ und „der Jüdin“ extrem sexualisiert sind. „Der Jude“ trachtet nach nichts so sehr wie nach nicht-jüdischen Frauen, „die Jüdin“ – ergänze: „die schöne Jüdin“ – ist die stärkste Versuchung für einen nicht-jüdischen Mann. Das Wahrnehmungssystem des radikalen Antisemiten ist dem eines Paranoikers sehr ähnlich und es gehört zu einer bestimmten Sozialpathologie, die sich auch einen anderen Ausdruck suchen könnte, aber gerade in der Verfolgungsgeschichte der Juden ein besonders passendes Phantasieobjekt gefunden hat (vgl. Sartre; Adorno/Horkheimer). Es dürfte sich unter radikalen Antisemiten auch eine große Zahl von Menschen mit tatsächlichen schweren individuellen psychischen Störungen befinden, die – und damit erscheint das nächste Problem – einen sozial akzeptierten Ausdruck gefunden haben.

Radikale Antisemiten dürften, nachdem sich Antisemitismus und Religion teilweise entkoppelt hatten, immer und überall sich in der Minderheit befunden haben. Das gilt auch für das Deutschland, in dem eine radikal antisemitische Partei die Macht ergriffen hatte. Selbst die Führungselite dieser Partei bestand nicht in diesem Sinne aus radikalen Antisemiten, d. h. aus solchen, die auf dieses Thema leidenschaftlich fixiert sind, die ihm tendenziell alle anderen sie bewegenden Themen unterordnen.

Man wird nicht davon ausgehen können, daß die Mehrheit der NSDAP-Wähler eine harte antisemitische Politik wollte, aber man kann davon ausgehen, daß ihnen die antisemitischen Tiraden der NSDAP-Agitatoren, allen voran Hitlers, nichts ausmachten. Man wird nicht davon ausgehen können, daß die meisten Deutschen die antisemitische Politik nach 1933 wirklich guthießen[6], aber doch wohl davon, daß sie ihnen nicht eigentlich etwas ausmachte. Der Antisemitismus hat nämlich neben dem Gesicht des radikalen das des normalen Antisemiten, dem der Antisemitismus keine Herzensangelegenheit ist, auf die er seine Leidenschaften verschwendet, sondern ein vergleichsweise unscheinbarer Code, mit dem er sich mit seinesgleichen über Prioritäten verständigt (vgl. dazu Goldhagen). Victor Klemperer, der sich lange Zeit einbilden wollte, erst spät mit antisemitischen Ressentiments konfrontiert gewesen zu sein, fällt anläßlich einer „Stürmer“-Schautafel, die mit dem Spruch, nun seien die Deutschen endlich unter sich, die Verordnung, Juden dürften keine öffentlichen Bäder mehr benutzen, kommentiert, ein, wie einst ein Lehrer denselben Spruch Mitschülern gegenüber geäußert hatte, als die jüdischen Schüler wegen eines Feiertages schulfrei gehabt hatten. Es war die Selbstverständlichkeit des Codes, die ihn der Wahrnehmung entzog.

---

5 Zur Psychodynamik der antisemitischen Stereotype – und ihre Rückwirkung auf das jüdische Leben inmitten solcher Zuschreibungen vgl. Jean-Paul Sartre, Überlegungen zur Judenfrage, 1944 geschrieben und eine der besten Studien zu diesem Thema.

6 Aber man verstehe mich nicht falsch: Ein sehr großer Teil der Deutschen hieß diese Politik selbstverständlich gut.

Normale Antisemiten wie dieser Lehrer würden Juden „nicht das Geringste antun, aber sie würden auch nicht den kleinen Finger heben, um zu verhindern, daß ihnen Gewalt angetan wird. [...] Sie sind es [...], die bei aller Gleichgültigkeit die Fortdauer des Antisemitismus und seine Weitergabe an die nächste Generation sichern" (Sartre, 34f.).

Haßt der radikale Antisemit Juden, weil sie die Projektionsfläche seiner paranoiden Phantasien sind (die sehr individuelle Gründe haben können, immer aber auch solche, die mit einem bestimmten Sozialcharakter zu tun haben), so wird der normale Antisemit Maßnahmen, die sich gegen Juden richten, akzeptieren, weil er sich angewöhnt hat, ein Vokabular zu sprechen, in dem es „ein Judenproblem" gibt, über das er zwar gar nicht so genau Auskunft geben kann: „naja, Sie wissen schon...", aber irgend etwas, das aussehen soll wie ein Argument, ist dann doch wie von selbst zur Hand: „*Mußte* der Polizeipräsident von Berlin ein Jude sein?" Auch wird der normale Antisemit ohne Bedenken Vorteil aus den Aktionen einer radikalen antisemitischen Politik ziehen. Zeichnet sich der radikale Antisemit durch seine Obsession aus, in deren Dienst er sich auch durchaus über eigene materielle Interessen hinwegsetzen kann, so wird der normale Antisemit ihm dorthin folgen, wo er etwas zu erwarten oder jedenfalls nichts zu riskieren hat, und er wird es skrupellos tun, weil der wichtigste Bestandteil in dem antisemitischen Code, den er spricht, die Unterscheidung zwischen „uns" und „den Juden" ist. Er denkt, anders als der radikale Antisemit, nicht besonders über sie nach, darum fällt ihm der Code, mit dem er sich verständigt, nicht weiter auf, und, zur Rede gestellt, wird er behaupten, es gebe ihn gar nicht. Ein instruktives Beispiel dafür ist Albert Speer, der während der Nürnberger Prozesse und bis zum Ende seines Lebens behauptet hatte, kein Antisemit gewesen zu sein, und dies in einem Brief an seine Tochter damit begründete, er habe nichts gegen die Juden außer den Gefühlen leichten Widerwillens, die schließlich jeder ihnen gegenüber empfinde.

Beide Formen des Antisemitismus können sich, das ist nicht die Ironie, sondern der Zynismus der Geschichte, auf die antijüdische Verfolgungsgeschichte seit ihren Anfängen *als Argument* berufen. Der radikale, rassistisch argumentierende Antisemit pflegt zu sagen, er erst habe die wissenschaftliche Begründung jener Abneigung gegen Juden erkannt, die früher nur ihren unbeholfenen Ausdruck in der christlichen Religion gefunden habe. Also müsse man, um die Judenfrage, deren Existenz ja schließlich diese weit über tausendjährige Verfolgungsgeschichte beweise, endlich zu lösen, vom spontanen Pogrom zur emotionslosen Vernichtungspolitik schreiten.[7] Der normale Antisemit sagt, er persönlich habe natürlich nichts gegen Juden, aber irgend

---

7 Die Selbstcharakterisierung des radikalen Antisemiten als „eiskalt" haben viele Historiker naiv übernommen. Der Antisemitismus ist etwas „ganz anderes als eine Denkweise. Er ist vor allem eine Leidenschaft" (Sartre, 10). Das gilt für die meisten Pathologien.

etwas müsse schon mit ihnen nicht in Ordnung sein, eine so lange Verfolgungsgeschichte müsse doch einen Grund haben.

Eine radikal antisemitische Minderheit als politische Führung und eine normal antisemitische Mehrheit als politische Gefolgschaft hat zum Versuch Deutschlands geführt, die Juden Europas auszurotten. Dieser Massenmord wurde – nachdem er beinahe sechs Millionen Menschen das Leben gekostet hatte – durch den militärischen Zusammenbruch des Deutschen Reiches 1945 beendet.

Nach 1945 ergibt sich ein widersprüchliches Bild. Einmal leben alte antisemitische Ressentiments fort, andererseits bildet sich erneut ein Antisemitismus, der wieder seine scheinbaren Begründungen aus der voraufgegangenen Verfolgungsgeschichte selbst bezieht: Eltern radikalisieren bei ihrem Versuch, ihre damalige Unterstützung oder passive Akzeptanz des NS-Regimes ihren Kindern gegenüber zu rechtfertigen, ihre antisemitischen Stereotypen (vgl. Adorno); andere empfinden die Konfrontation mit der deutschen Schuld als jüdische Aggression. Schließlich gibt es einen Antisemitismus der zweiten Generation, der sich aus den Kommunikationsabbrüchen mit der ersten Generation herleitet. Der Mord an den europäischen Juden wird wie ein unbewältigbares Erbe abgewehrt – eine verschwindend geringe, rechtsradikale Minderheit leugnet ihn tatsächlich, eine zahlenmäßig wesentlich größere Linke ordnet ihn politisch so ein, daß er faktisch aus dem theoretischen Koordinatensystem verschwindet[8], und äußert in der Form des „Antizionismus" ganz traditionelle antisemitische Affekte.

Auf der anderen Seite sind radikale antisemitische Stellungnahmen in der Bundesrepublik nach 1945 geächtet, und auch der Code des normalen Antisemitismus ist zunehmend tabuisiert.[9] Hiermit ist eine wesentliche Voraussetzung gegen ein erneutes Virulentwerden eines gesellschaftlich wirksamen Antisemitismus geschaffen. Einer meiner Lehrer sagte 1970 in leicht alkoholisiertem Zustand auf einer Klassenreise: „Meine Herren, Hitler hatte die Juden überall angeboten, keiner wollte sie haben, was sollte er machen?" Wir alle fanden die Bemerkung ekelhaft, wir teilten diesen Code nicht mehr, waren in ihn nicht mehr hinein gewachsen, aber es war auch noch nicht so weit, daß er wirklich geächtet war. Keiner von uns kam auf die Idee, aus diesem Vorfall einen Skandal zu machen. Heute, meine ich, wäre es für einen Lehrer zu riskant, eine solche Bemerkung zu machen, auch wenn sie ihm auf der Zunge läge. – Andererseits gibt es Schüler, die, nach der Zahl der in

8 Im lange Zeit sehr populären „Faschismusbegriff" der Neuen Linken kam die Ermordung der europäischen Juden nur als regionalspezifisches Beiwerk einer politischen Radikalisierungsform des kapitalistischen Wirtschaftssystems vor, das keineswegs auf Deutschland beschränkt blieb. Der Antisemitismus war letztlich nur eine Umlenkung antikapitalistischer politischer Energien.

9 Allerdings geschieht es zuweilen noch, daß der Vorsitzende des Zentralrats der Juden in Deutschland auf eine Äußerung „Ihres Botschafters" angesprochen wird. Gemeint ist der Botschafter des Staates Israel.

Deutschland lebenden Juden gefragt, mutmaßen, es handle sich um 10-20 Prozent, und weiter gefragt, ob sie persönlich irgendeinen Juden kennten, Nein antworten, womit sie zeigen, daß die paranoide Grundlage antsemitischer Affekte keineswegs verschwunden ist.

Nachhaltig wirken kann aber nur die tatsächliche Unterbrechung der zweitausendjährigen antijüdischen Diskriminierungs- und Verfolgungsgeschichte. Denn der Motor dieser Geschichte ist, durch Dauer und Intensität dieser Geschichte, diese selbst geworden, will sagen: Aus ihr gewinnt der radikale wie der normale Antisemit Anregung, Motiv, Rechtfertigung. Und diese Rechtfertigungen, Plausibilisierungen, die scheinbar demokratische Attitüde, es handle sich doch um bloße Meinungsäußerung, schließlich das pädagogische Mißverständnis, es ginge um aufklärbare Vorurteile, sind Teil dieser Geschichte. „Der Antisemitismus fällt nicht unter die Kategorie von Gedanken, die das Recht auf freie Meinungsäußerung schützt" (Sartre, 10).

Literaturhinweise:

Th. W. Adorno: Zur Bekämpfung des Antisemitismus heute, in: Ders.: Gesammelte Schriften. Bd. 20/1, Frankfurt a. M. 1986;

Th. W. Adorno/M. Horkheimer: Dialektik der Aufklärung, Frankfurt a. M. 1985;

Z. Bauman: Moderne und Ambivalenz, Hamburg 1992;

W. Boehlich (Hg.): Der Berliner Antisemitismusstreit, Frankfurt a. M. 1988;

H. M. Broder: Der ewige Antisemit, Frankfurt a. M. ^{3}1993;

S. Friedländer: Das Dritte Reich und die Juden, München 1998;

D. J. Goldhagen: Hitlers willige Vollstrecker. Ganz normale Deutsche und der Holocaust, Berlin 1996;

V. Klemperer: Ich will Zeugnis ablegen bis zum letzten. Tagebücher 1933-1945, Berlin 1995;

L. Poliakov: Geschichte des Antisemitismus, Bd. I, Worms 1977;

J. Ph. Reemtsma: Die Falle des Antirassismus *sowie* Terroratio, in: ders.: u. a. Falun, Berlin 1992;

J. P. Sartre: Überlegungen zur Judenfrage, Reinbek 1994.

Theresia Degener

Zwischen Ausgrenzung und Integration – Behindertenalltag in Deutschland

Behinderung und Menschenrechte

Als die Menschenrechtskommission der Vereinten Nationen 1984 einen Sonderberichterstatter für Menschenrechte und Behinderung einsetzte, markierte dies einen Meilenstein in der internationalen Behindertenpolitik. Bis dahin war Behinderung fast automatisch und ausschließlich Thema des Ressorts der Kommission für soziale Entwicklung und humanitäre Angelegenheiten der Vereinten Nationen in Wien. Diese organisatorische Zuweisung ist Ausdruck der weltweit vorherrschenden Überzeugung, Behinderte bräuchten eine spezielle Förderung, seien aber nicht besonders bedroht. Wer nicht oder eingeschränkt laufen, hören, sehen oder sich artikulieren kann braucht in dieser Sichtweise Sonderrechte wie Rehabilitation oder Sonderbeschulung, er oder sie werden so wie selbstverständlich als „andere" Menschen verstanden. Folglich machte man sich über die Realisierung ihrer Grundrechte, die sie als Teil der einen Menschheit ausweisen würden, wenig Gedanken. Den Interessen und Problemen von Menschen mit Behinderungen wird diese Perspektive nicht gerecht – sie unterstellt Lebensverhältnisse, die mit der Wirklichkeit wenig gemein haben.

Der 1993 erstmals veröffentlichte Abschlußbericht über die Lage der Menschenrechte der weltweit über 500 Millionen behinderter Menschen (vgl. Despouy), belegt einerseits, daß Menschenrechtsverletzungen wie Folter, Krieg, unmenschliche Körperstrafen (z. B. Amputationen), traditionelle Praktiken wie Geschlechtsverstümmelungen an Frauen und medizinische Experimente an Menschen Ursachen für viele Behinderungen sind. Zum anderen verdeutlicht der Sonderbericht, daß Menschenrechtsverletzungen zum Alltag vieler behinderter Menschen in allen Mitgliedsstaaten der Vereinten Nationen gehören. Als solche werden physische Gewaltakte, wie Mißhandlungen und Zwangssterilisationen oder sexuelle Gewalt gegen Frauen in Behinderteneinrichtungen benannt. Auch die Institutionalisierung in Heimen und anderen Sondereinrichtungen selbst und die damit verbundene Ghettoisierung und Isolierung behinderter Menschen wird als strukturelle Menschenrechtsverletzung benannt. Der Bericht sieht darüber hinaus das Lebensrecht Behinderter in vielen Ländern durch neue Entwicklungen in der ethischen Debatte bedroht, in der zunehmend häufig das Lebensrecht Behinderter in Frage gestellt und eine ungenügende medizinische Versorgung legitimiert wird. Breiten Raum nehmen in dem Bericht schließlich Beispiele von Diskriminierungen Behinderter ein, die das fundamentale Menschenrecht auf Gleichheit verletzen. Behindertendiskriminierung, so wird dokumentiert, findet sowohl systematisch auf rechtlicher Ebene statt als auch spontan, aber nicht selten, im Alltag. Es gibt Einwanderungsgesetze, die behinderten Menschen die Immigration verbieten, Ehegesetze, die behinderten Menschen die Heirat und Familiengründung versagen, und Wahlgesetze, die Behinderte vom Recht auf freie und geheime Wahl ausschließen. Es gibt Schulgesetze, die behinderten Menschen den Zugang zu Regelschulen versagen. Ohne daß es dazu geschriebener Regeln bedürfte, wird Behinderten die Versammlungsfreiheit genommen, wenn es keine öffentlichen Plätze oder Räume gibt, wo sie sich treffen können. Das Recht auf Freizügigkeit wird verletzt, wenn behinderten Menschen jede Mobilität verwehrt wird, weil der Personennahverkehr nicht zugänglich ist, sie sich kein Auto leisten können, Fahrdienste unzureichend ausgestattet sind und Behinderte aufgrund sozialpolitischer Fehlplanungen nicht zu Hause leben können, sondern ins Heim gezwungen werden. Faktische Diskriminierungen gibt es vor allem auch im Bildungs- und Arbeitsbereich, wo Behinderten durch bauliche oder strukturelle Barrieren der Zugang zur Bildungs- oder Arbeitsstätte verwehrt ist.

Der Bericht endet mit der Feststellung, daß behinderte Menschen weltweit Opfer zahlreicher Menschenrechtsverletzungen sind, und daß sie auch im Vergleich mit anderen Minderheiten deutlich benachteiligt sind. Anders als für andere diskriminierte Gruppen, gibt es keine Menschenrechtskonvention, die Diskriminierung behinderter Menschen speziell verbietet und sanktioniert. Ein entsprechender Antrag auf Verabschiedung einer Behindertenkonvention während der Behindertendekade war bereits 1987 in der Generalversammlung der UNO gescheitert, weil die Mehrzahl der Staaten nicht von der Notwendigkeit eines solchen Vertrages überzeugt werden konnte.

Allerdings gibt es mittlerweile einige internationale Menschenrechtsübereinkommen, auf die sich auch behinderte Menschen berufen können (und sollten). Deren Ausstrahlung auf die nationale Behindertenpolitik wurde bisher kaum untersucht und in der Praxis erprobt. Beispielsweise gibt es kein Gerichtsverfahren mit dem versucht worden wäre, das Recht auf Versammlungsfreiheit gemäß Artikel 21 der Internationalen Bürgerrechtskonvention für Behinderte praktisch umzusetzen; auch bezüglich Artikel 25 der Konvention, in dem das Recht auf Teilnahme am politischen Leben und „auf gleichberechtigten Zugang zu öffentlichen Dienstleistungen" garantiert wird (vgl. Quinn in Degener/Koster-Dreese), wurde noch nie die Probe aufs Exempel gemacht.

Andere Konventionen enthalten, wie die Kinderrechtskonvention, spezielle Artikel über die Rechte Behinderter oder sie haben inzwischen, wie der Internationale Sozialpakt, eine offizielle Auslegung für Behinderte erhalten. Der für diese Konvention zuständige Überwachungsausschuß hat im Dezember 1994 den Allgemeinen Kommentar Nr. 5 verabschiedet, der die behindertenpolitischen Pflichten der Vertragsstaaten festlegt (General Comment No. 5 E/C.12/1994/13). Das auch im Internationalen Sozialpakt enthaltene Diskriminierungsverbot (Artikel 2 Absatz 2) wird z. B. dahingehend interpretiert, daß alle Staaten Gleichstellungsgesetze für behinderte Menschen erlassen sollten. Auch unterhalb der Ebene von bindenden Konventionen, auf der Ebene der *soft laws*, wurden während der Dekade der Behinderten eine Reihe wichtiger Rechtsquellen verabschiedet (vgl. Degener/Koster-Dreese). Diese haben zwar keine Bindungswirkung für die Mitgliedsstaaten, sie sind aber Wegweiser für die Auslegung und Interpretation der allgemeinen Menschenrechte, wie sie z. B. in der Allgemeinen Menschenrechtserklärung und im Bürgerrechtspakt sowie dem Sozialpakt kodifiziert wurden. Das wichtigste *soft law* für Behinderte sind die Rahmenbestimmungen für die Herstellung der Chancengleichheit für Behinderte, die am 20. Dezember 1993 von der Generalversammlung der Vereinten Nationen einstimmig verabschiedet wurden. Sie wurden ersatzweise für die gescheiterte Behindertenkonvention erlassen. Wenngleich sie nicht alle Erwartungen erfüllen, so enthalten sie doch wichtige Prinzipien der Selbstbestimmt-Leben-Philosophie, etwa das Recht auf Leben außerhalb von Heimen und Anstalten, das Recht auf Selbstbestimmung und Differenz. Besondere Bedeutung für die Interpretation der in anderen Konventionen enthaltenen Diskriminierungsverbote hat die Definition von Gleichberechtigung in den Rahmenbestimmungen: *„Der Grundsatz der Gleichberechtigung impliziert, daß die Bedürfnisse eines jeden einzelnen Menschen von gleicher Wichtigkeit sind, daß diese Bedürfnisse zur Grundlage der Planung der Gesellschaften gemacht und daß alle Ressourcen so eingesetzt werden müssen, daß für jeden Menschen die Möglichkeit der gleichberechtigten Teilhabe gewährleistet ist."*

Die Bundesregierung hat sich an den Aktivitäten der Vereinten Nationen beteiligt und die Rahmenbestimmungen als „wertvolle Orientierungshilfe" für die bundesdeutsche Behindertenpolitik angenommen. Ihre Bedeutung wurde mit der Herausgabe der deutschen Übersetzung durch das Bundesministerium für Arbeit und Sozialordnung im Juli 1995 dokumentiert. Diese Vorgehensweise steht im Einklang mit der europarechtlichen Entwicklung, denn auch die Europäischen Gemeinschaften wollen die Rahmenbestimmungen der Vereinten Nationen als rechtliche Leitlinien der europäischen Behindertenpolitik verabschieden. Erste Entwürfe werden zur Zeit – auch im Hinblick auf die Aufnahme eines Diskriminierungsverbots zugunsten von Behinderten und anderen Gruppen in den Amsterdamer Vertrag – diskutiert.

Behindertenpolitik in Deutschland

So begrüßenswert diese Dokumente auf internationaler Ebene sind, so wenig Einfluß hatten sie bisher allerdings auf die staatliche Behindertenpolitik in Deutschland: Das Thema Menschenrechte wird im dritten Bericht der Bundesregierung über die „Lage der Behinderten und die Entwicklung der Rehabilitation" von 1994 nicht einmal erwähnt, obgleich es aufgrund der zunehmenden Aggressionen und körperlichen Gewaltübergriffe auf behinderte Menschen in der Öffentlichkeit seit der Vereinigung der deutschen Staaten dazu allen Grund gegeben hätte. Die zunehmende Gewalt gegen Behinderte wird unter der Überschrift „Teilhabe Behinderter am Leben der Gesellschaft" zwar erwähnt und seitens der Bundesregierung „verurteilt", Konsequenzen werden daraus aber nicht gezogen, und auch die Erhebung der Fakten wurde nicht von bundesstaatlichen Stellen geleistet, sondern mußte von Initiativen und einzelnen engagierten Behindertenbeauftragten unterer Ebenen geleistet werden. Die Landesarbeitsgemeinschaft Nordrhein-Westfalen „Hilfe für Behinderte" sowie das im Paritätischen Wohlfahrtsverband organisierte Kieler „Forum gegen Gewalt an behinderten Menschen" recherchierten, starteten Umfragen und sammelten Informationen über einzelne Fälle (vgl. LAGHNW; Forum). Zwischen November 1992 und Mai 1993 wurden 80 Gewalttaten gegen Behinderte registriert. Auch der Behindertenbeauftragte des Landes Niedersachsen legte eine Sammlung mit über 50 dem Büro des Beauftragten im Zeitraum 1992/93 „bekannt gewordene Geschehnisse von Gewalt" vor (vgl. Behindertenbeauftragter). Es handelt sich dabei um Akte körperlicher Gewalt, wie Schläge, Tritte, Verbrennungen, aus dem Rollstuhl kippen, Wegnahme oder Zerstörung von Hilfsmitteln oder Fälle verbaler Gewalt. Immer häufiger bekommen behinderte Menschen zu hören: „Unter Hitler wärst Du längst vergast worden." Mindestens zwei Menschen wurden wegen ihrer Behinderung angegriffen und starben. Der geistig und sehbehinderte Bruno Kappi wurde in Siegen mit Stiefeltritten vermutlich durch zwei junge Neonazis getötet (Der Spiegel Nr. 5/1993; die tageszeitung vom 26. Januar 1994). Der beinamputierte Günter Schirmer wurde von Schülerinnen und Schülern, die ihn täglich mit physischen und verbalen Angriffen traktierten in den Suizid getrieben (Süddeutsche Zeitung vom 14. November 1992).

Ob die Gewalt gegen behinderte Menschen in Deutschland tatsächlich zugenommen hat, läßt sich anhand der vorliegenden Presseberichte nicht feststellen – aufgrund fehlender statistischer Daten wird es vereinzelt bezweifelt (vgl. Niehaus; die tageszeitung vom 19. Januar 1994). Statt Aufklärung zu schaffen und genauere Untersuchungen über die jedenfalls bedenkliche Situation zu schaffen, begnügt sich die Bundesregierung mit der Feststellung, ihr lägen „keine Erkenntnisse über eine generelle Zunahme gewalttätiger Ausschreitungen gegen Behinderte vor" (Bundestagsdrucksache Nr. 12/4682).

Konstatiert werden muß jedenfalls, daß die aggressiven Gewaltakte auf der Straße in einer wirtschaftlichen Krisenzeit stattfinden, in der insgesamt eine Brutalisierung der Lebensverhältnisse zu verzeichnen ist. Dazu gehört auch die seit den achtziger Jahren verstärkt geführte Diskussion über den „Wert des Lebens" behinderter Menschen im Rahmen der Bioethikdebatte. Wo öffentlich darüber diskutiert wird, ob schwerbehinderte Kinder, Unfallopfer oder altersverwirrte Menschen ein Lebensrecht haben (vgl. Tolmein; Sierck-Danquart), wird das Klima für Behinderte insgesamt rauher: Sie werden als Kostenfaktor, als Belastung für Nichtbehinderte und sich selbst dargestellt. Unterhalb der Ebene körperlicher Gewalt und lebensbedrohlichen Ethikdebatten verdichtet sich diese aggressive Stimmung, wenn Zivilgerichte nichtbehinderten Urlaubern einen Anspruch auf Schadenersatz zusprechen, weil sie in einem Hotel untergebracht waren, in dem auch Behinderte lebten: Faktisch wird so ein Anspruch auf „behindertenfreie Zonen" etabliert. Die Anwesenheit behinderter Menschen im Speisesaal des Hotels, so urteilte ein Flensburger Amtsrichter, *„verursachte Ekel und erinnerte ständig in einem ungewöhnlich eindringlichen Maße an die Möglichkeit menschlichen Leidens"* (AG Flensburg, NJW 1993, 272). Auch diese Rechtsprechung ist nicht neu. Das Landgericht Frankfurt a. M. hatte bereits 1980 eine ähnliche Entscheidung getroffen (LG Frankfurt a. M., NJW 1980, 1965); anders als damals solidarisierte sich in Flensburg 1992 aber das gesamte Gericht mit dem Richter, nachdem dessen Spruch öffentlich vor allem von Behindertenverbänden scharf kritisiert worden war. Die Bundesregierung distanzierte sich zwar von dieser Rechtsprechung im dritten Behindertenbericht. Das geschah aber erst, nachdem das Europäische Parlament eine Resolution gegen die zunehmende Gewalt gegen Behinderte in Deutschland und gegen die menschenunwürdige Reisekosten-Rechtsprechung verabschiedet hatte (EP-Resolution A3-0231/92). Auch ein Menschenrechtsausschuß der Vereinten Nationen äußerte sich kritisch zum Flensburger Urteil (vgl. die randschau Nr. 1/1993).

Die Bundesregierung versteht Menschenrechtspolitik allenfalls als Unterfall der Außenpolitik: Verstöße gegen allgemeine humanitäre Regeln, die im Inland gegenüber Gefangenen, Flüchtlingen und Immigranten, Frauen und Behinderten vorkommen, werden deswegen bestenfalls als bedauerliche individuelle Fehlleistung, aber nicht als Menschenrechtsverletzung zur Kenntnis genommen. In der Regel finden sie aber gar keine Erwähnung. So ist weder im Behindertenbericht noch im allgemeinen bundesdeutschen Menschenrechtsbericht zu lesen, daß behinderte Menschen aus Gaststätten hinausgeworfen werden, weil ihr Anblick nichtbehinderte Gäste stört, daß sie aus Wohngebieten vertrieben werden, weil die Anwohner um ihre Grundstückspreise fürchten, daß sie von Versicherungen ausgeschlossen werden, weil (geistig) behinderte Menschen als unversicherbar gelten (vgl. Hellmann). Erst recht finden sich keine Hinweise auf gesetzliche Diskriminierungen behinderter Menschen. Dazu gehören aber z. B. Vorschriften wie § 828 Absatz 2 des Bürgerlichen Gesetzbuches (BGB), in dem gehörlose Menschen im Deliktsrecht minderjährigen Personen gleichgestellt werden. Nach § 8 BGB dürfen geschäftsunfähige Personen keinen Wohnsitz begründen. Und in § 187 Absatz 1 Gerichtsverfassungsgesetz heißt es: *„Ob einer Person, die taub ist, bei der mündlichen Verhandlung der Vortrag zu gestatten sei, bleibt dem Ermessen des Gerichts überlassen."* Damit wird gehörlosen Menschen das Grundrecht auf rechtliches Gehör nur willkürlich gewährt. Auch im Personenbeförderungsgesetz (PBefG) werden behinderte Personen diskriminiert. Danach ist ein Unternehmer im Öffentlichen Personenverkehr zur Beförderung eines jeden Fahrgastes verpflichtet. Das betrifft die Beförderung mit Bussen, Bahnen, Taxen oder der Deutschen Bundesbahn. Wer diese Pflicht verletzt, handelt ordnungswidrig. Viele Behinderte werden aber nicht befördert, ohne daß hierfür ein Bußgeld verhängt wird. Diese Diskriminierung erlaubt das Gesetz, weil nach § 22 Nr. 2 PBefG die Beförderungspflicht nur besteht, wenn diese mit den regelmäßigen Beförderungsmitteln möglich ist. Die regelmäßigen Beförderungsmittel schließen Rollstuhlfahrern und viele Geh- und Sinnesbehinderte jedoch von der Benutzung aus. Solange die Verkehrsunternehmen selbst entscheiden können, mit welchen Verkehrsmitteln sie regelmäßig befördern, ist der Ausschluß Behinderter rechtlich zulässig. Die Kette der Diskriminierungsbeispiele ließe sich erheblich verlängern (vgl. Windisch/Miles-Paul; Forum).

Diskriminierungsverbot im Grundgesetz

Seit der Änderung des Grundgesetzes vom 30. Juni 1994 gibt es in der deutschen Verfassung ein Diskriminierungsverbot für Behinderte. Artikel 3 Absatz 2 Satz 2 GG lautet: *„Niemand darf wegen seiner Behinderung benachteiligt werden."* Dieser von der Behindertenbewegung so hart erkämpfte Verfassungssatz müßte nun dazu führen, daß die genannten Vorschriften aufgehoben bzw. verändert werden, denn die Gesetzgeber sind wie die Exekutive und die Judikative unmittelbar an die Grundrechte gebunden (Artikel 1 Absatz 3 GG). Die Bundesregierung beabsichtigt gegenwärtig jedoch nicht, die genannten Vorschriften zu verändern. Im Bereich des BGB sieht sie keinen Handlungsbedarf, andere Rechtsvorschriften will sie lediglich überprüfen lassen (Bundestagsdrucksache Nr. 13/5595).

Antidiskriminierungsgesetz?

Keinesfalls plant die Bundesregierung jedoch ein Antidiskriminierungsgesetz für behinderte Menschen in Deutschland, um das verfassungsrechtliche Benachteiligungsverbot zu konkretisieren. Damit bleibt es vorerst der Rechtsprechung und der Verwaltung überlassen, das verfassungsrechtliche Diskriminierungsverbot in Einzelfällen durchzusetzen bzw. verfassungswidrige Gesetze aufzuheben. Insbesondere Diskriminierungsmaßnahmen im Privatrechtsbereich, wie etwa die Nichtbewirtung von behinderten Gästen in Restaurants oder Hotels, wird auf diese Weise schwer beizukommen sein. Denn die Grundrechte haben unmittelbare Wirkung nur im Öffentlichen Recht. Im Privatrecht gilt der Grundsatz der mittelbaren Drittwirkung der Grundrechte, wonach die Gerichte bei der Auslegung von Generalklauseln und unbestimmten Rechtsbegriffen die Grundrechte zu beachten haben.

Die ablehnende Haltung der Bundesregierung gegenüber einem Antidiskriminierungsgesetz war zu erwarten, denn bereits ein verfassungsrechtliches Benachteiligungsverbot wurde von den Regierungsparteien – bis zum plötzlichen Meinungsumschwung des Bundeskanzlers in letzter Minute – hartnäkkig abgelehnt. Sie ist gleichwohl nicht akzeptabel.

Über die Reichweite des Diskriminierungsverbots und seinen Inhalt bestehen aber auch jenseits der Regierungsbank divergierende Auffassungen (vgl. Jürgens; Sachs). Insbesondere die Definition des Begriffs der Benachteiligung ist unklar, denn Ausgrenzung Behinderter in Deutschland wird oftmals im Namen der Fürsorge und Förderung betrieben. So wird die Ghettoisierung von behinderten Schülerinnen und Schülern in Sonderschulen damit begründet, daß sie dort besser gefördert werden können. Damit erscheint die Nichtaufnahme in Regelschulen als im Interesse der Behinderten. Das Bundesverfassungsgericht hat im Juni 1996 diesbezüglich einen wegweisenden Beschluß gefällt. Die zwangsweise Sonderbeschulung eines behinderten Kindes könne eine Benachteiligung nach Artikel 3 Absatz 2 GG darstellen (BVerfG-Beschluß vom 30. Juni 1996). Damit hat es ein bedeutendes Signal im Bildungsbereich für Behinderte gesetzt. Der in fast allen Landesschulgesetzen fehlende Integrationsanspruch behinderter Kinder könnte damit künftig durch Artikel 3 Absatz 2 GG ersetzt werden. Die Mehrzahl der Verwaltungsgerichte hat einen Integrationsanspruch behinderter Schüler bisher verneint. Der Streit ist jedoch noch nicht beendet, da das Bundesverfassungsgericht noch nicht in der Sache selbst entschieden hat. Der Beschluß erging im Rahmen eines einstweiligen Rechtsschutzes. Es bleibt abzuwarten, wie der erste Senat den Grundsatzstreit klären wird.

Soziale Rechte als Menschenrechte

Der staatlichen Behindertenpolitik fehlt aber auch deshalb ein menschenrechtlicher Ansatz, weil soziale Leistungen, auf die Behinderte zur Sicherung ihrer Existenz angewiesen sind, nicht als Menschenrechte anerkannt werden. Diese Sichtweise entspricht einem konservativen Menschenrechtsverständnis, nach dem nur die liberalen Freiheitsrechte als fundamentale Menschenrechte gelten. Die Vereinten Nationen haben jedoch mehrfach darauf hingewiesen, daß die im Internationalen Pakt über bürgerliche und politische Rechte kodifizierten Menschenrechte untrennbar mit den Menschenrechten des Internationalen Paktes über wirtschaftliche, soziale und kulturelle Rechte verbunden sind. Die einen Rechte können nicht ohne die anderen Rechte realisiert werden, denn das Wahlrecht setzt z. B. das Recht auf Bildung und Information voraus. Dieser Grundsatz gilt insbesondere für behinderte Menschen. Soziale Leistungen, wie Assistenzdienste, sind für diejenigen, die sie benötigen, die Voraussetzung für die Wahrnehmung politischer Staatsbürgerrechte. Wenngleich das deutsche Grundgesetz keine sozialen Grundrechte kennt, so ist die Bundesrepublik durch den Beitritt zum Internationalen Sozialpakt doch an die Pflicht zur Verwirklichung der darin genannten sozialen, wirtschaftlichen und kulturellen Rechte gebunden. Dazu gehört z. B. das Recht auf einen angemessenen Lebensstandard (Artikel 11), welches behinderten Menschen in Deutschland schleichend aberkannt wird.

Die sich bereits im UNO-Jahr der Behinderten 1981 abzeichnenden Sparmaßnahmen der sozialen Notstandspolitik haben sich seit der Regierungsübernahme durch CDU/CSU und FDP 1982 mit enormer Geschwindigkeit verschärft. Die verschiedenen Stufen der Gesundheitsreform führten zu einem steten Abbau des Solidarprinzips zu Lasten derer, die aufgrund von chronischer Krankheit oder Behinderung auf Leistungen der Krankenversicherung existenznotwendig angewiesen sind. Wenn Leistungen, wie die häusliche Krankenpflege, aus dem gesetzlichen Leistungskatalog der Krankenkassen gestrichen werden, dann wird damit zum Ausdruck gebracht, daß chronisch Kranke und Behinderte zu einer gesellschaftlichen Last geworden sind, die abzuschütteln für den Wirtschaftsstandort Deutschland selbstverständlich ist.

Ein jüngeres Beispiel für die Geringschätzung der Menschenrechte Behinderter durch die deutsche Sozialpolitik ist die Einführung der Pflegeversicherung. Dieser – nach über zwei Dekaden Diskussion um den Pflegenotstand eingeführte – neue Zweig der Sozialversicherung stellt nur für eine kleine Minderheit der Pflegebedürftigen eine reale Verbesserung dar. Dies sind Pflegebedürftige mit hohem Einkommen, die zuvor keine sozialhilferechtlichen Pflegeleistungen erhielten. Für die Mehrheit der Pflegebedürftigen hat sich die Situation dagegen durch Einführung der Pflegeversicherung real verschlechtert. Zum einen wurde die Schwelle zur anerkannten Pflegebedürftigkeit heraufgesetzt, so daß all jene, die zwar regelmäßig, aber weniger als 90 Minuten täglich auf Hilfe angewiesen sind, aus dem Kreis der Anspruchsberechtigten herausfallen. Von den Anfang der neunziger Jahre geschätzten 2,7 Millionen Pflegebedürftigen erhielten u. a. deshalb 1996 nur knapp 1,5 Millionen Menschen Leistungen der Pflegeversicherung. Zum anderen wird die Pflegeleistung nicht bedarfsdeckend gewährt, sondern ist nach oben begrenzt. So gibt es zwar eine Pflegestufe III für Pflegebedürftige, die Hilfe „rund um die Uhr“ benötigen, doch reichen die Leistungen bei weitem nicht, um diesen oder auch weniger Bedarf zu decken. Auch die Art der Leistungsdurchführung verletzt die Menschenrechte Pflegebedürftiger. Das im Pflegeversicherungsgesetz postulierte Prinzip der selbstbestimmten Pflege wird durch die Systematik und Durchführung der Pflegeversicherung in der Praxis als Gesetzeslyrik entlarvt.

So wird über die Köpfe der Pflegebedürftigen hinweg bestimmt, wer, wie, wem, wann und wieviel Pflege leistet. Die einzelnen Leistungen sind inhaltlich minutiös festgelegt. Für die kleine Pflege (Hilfe beim Aufsuchen oder Verlassen des Bettes, An- und Auskleiden, Teilwaschen, Mund- und Zahnpflege sowie Kämmen) werden maximal 30 Minuten veranschlagt. Wer länger braucht, muß auf wohlwollende Helfer hoffen oder selber zahlen. Den Pflegebedürftigen wurde damit jede Möglichkeit der selbstbestimmten Gestaltung ihres Pflegeverhältnisses und jede Möglichkeit ihrer individuellen Lebensführung genommen. Sie müssen sich in das System der menschenunwürdigen Minutenpflege einfügen. Die Pflegeversicherung wurde deshalb zu Recht mit dem Schlagwort der *Satt- und Sauber-Pflege* bedacht. Auch das innerhalb der Selbstbestimmt-Leben-Bewegung entwickelte Arbeitgebermodell, nach dem die pflegebedürftige Person ihre Helferinnen oder Helfer selbst einstellt, anleitet und bezahlt, wurde durch die Einführung der Pflegeversicherung unmöglich gemacht. Arbeitsverträge zwischen Helfer und Pflegebedürftigen sind nun gesetzlich verboten. Die Helfer dürfen nur mit den Pflegekassen und mit anerkannten Dienstleistungseinrichtungen Verträge schließen. Der/die Pflegebedürftige darf nicht mehr als ein Pflegefall sein.

Das sich in dieser Gesetzgebung und Verwaltungspraxis offenbarende Menschenbild ist erschreckend technokratisch und entpersonalisiert. Pflegebedürftige Menschen werden zu fremdbestimmten, abwickelbaren, ökonomisch effizienten Pflegefällen degradiert. Sie werden damit zum „Objekt staatlichen Handelns", was nach der Rechtsprechung des Bundesverfassungsgerichts eine Verletzung der Menschenwürdegarantie darstellt. Auf der Münchner Tagung „Selbstbestimmte Assistenz – ein Menschenrecht" im Mai 1997 fordern deshalb Behinderte aus der gesamten Bundesrepublik ihr *„im Grundgesetz verankertes Recht auf selbstbestimmtes Leben in Menschenwürde und Freiheit, als gleichberechtigte BürgerInnen unserer Gesellschaft. Die Artikel 1, 2 und 3 GG (Würde des Menschen, freie Entfaltung der Persönlichkeit, Gleichheitsgrundsatz) gelten auch für Menschen mit Assistenzbedarf (u. a. Pflege). Das Pflegeversicherungsgesetz [...] und das Bundessozialhilfegesetz [...] dürfen Menschen mit Behinderung nicht auf ein diskriminierendes Dasein als Kostenfaktor reduzieren"* (aus der Resolution).

Verschärft wird die Situation pflegebedürftiger behinderter Menschen durch die Praxis der Sozialhilfeämter, auf deren Leistungen nach ersten Schätzungen 70 Prozent der Pflegebedürftigen weiterhin angewiesen sind. Die Sozialämter weigern sich zunehmend, die Kosten für häusliche Pflegeleistungen zu übernehmen, wenn diese den durchschnittlichen Betrag für einen

Heimplatz übersteigen. Das betrifft vorwiegend Schwerbehinderte, die mehr als zehn Stunden täglich auf Hilfeleistungen angewiesen sind. Diese Praxis entsprach bis vor kurzem noch nicht der Gesetzeslage, denn das Bundessozialhilfegesetz verpflichtete die Sozialhilfeträger, die erforderlichen Hilfen möglichst außerhalb von Heimen und Anstalten zu gewähren (§ 3a BSHG). Diese Pflicht bestand dem Wortlaut nach, unabhängig von der Höhe der Kosten. In der Vergangenheit konnten sich Behinderte daher oftmals gegen diese Praxis der Sozialämter durch verwaltungsgerichtliche Klagen erfolgreich zur Wehr setzen und einen Umzug ins Heim vermeiden. Dieser Weg wurde nun durch das Gesetz zur Reform des Sozialhilferechts vom 23. Juli 1996 erschwert. Seitdem gilt der Vorrang der offenen Hilfen nur noch, wenn diese nicht mit unverhältnismäßigen Kosten verbunden sind. Damit werden Schwerbehinderte zunehmend gezwungen, in Heimen zu leben und ihre eigene Wohnung aufzugeben. Bei der gegenwärtigen Personalknappheit in den meisten Pflegeheimen in Deutschland ist ein erzwungener Umzug in ein Heim nicht nur mit der Einschränkung der verfassungsrechtlich garantierten Handlungsfreiheit verbunden. Oftmals bedeutet er auch eine erhebliche Einbuße an Lebensqualität bis hin zu Leben unter unwürdigen Bedingungen. Nach Berichten des Münchener Arbeitskreises gegen Menschenrechtsverletzungen wird in Pflegeheimen aus Zeit- und Personalgründen immer häufiger menschenunwürdige Pflege geleistet. Weil Toilettengang und Füttern zu lange dauern, werden routinemäßig Dauerkatheter und Magensonden gelegt. Pflegebedürftige werden zur Ruhigstellung gefesselt oder medikamentös sediert. Wundliegen ist oft auf fehlende Umlagerungen zurückzuführen. Mittlerweile litten 25 Prozent aller Patientinnen und Patienten, die aus Alten- und Pflegeheimen in Krankenhäuser überwiesen werden, an akuten Folgeschäden einer mangelhaften Pflege (Focus Nr. 20/1997).

Behinderte und Menschenbild

In diesem Zusammenhang sind auch die sich häufenden Vorkommnisse von sogenannten „Mitleids"-Tötungen durch Pflegepersonal oder pflegende Angehörige zu sehen. Zwei Beispiele seien herausgegriffen: Eine Krankenschwester in Wuppertal gesteht, sechs Patienten mit Giftspritzen getötet zu haben, in 23 weiteren Todesfällen wird sie ebenfalls verdächtigt (Der Stern Nr. 14/1986). In Gütersloh gesteht ein Pfleger die Ermordung von 15 Patienten, die er wegen des akuten Personalmangels und aus Mitleid mit ihrem „Elend" tötete (Der Spiegel Nr. 3/1991). Wegen der Häufigkeit der Fälle gelten die Serientötungen von Alten und Behinderten bereits als *„neuartige Kapitaldelikte [...] der vergreisenden Industriegesellschaft"* (ebd.). Um so erstaunlicher sind die milden Strafen, zu denen die Täter verurteilt werden.

Statt des Mordes aus niedrigen Beweggründen, weil sie das Leben der Patienten als lebensunwert ansahen, werden sie wegen Totschlags, teilweise im minder schweren Fall, verurteilt. Das Mitleidsmotiv und die Tatsache, daß die Täterinnen und Täter ihre Opfer unter schwierigen Bedingungen pflegen mußten, stimmt auch die Richter milde. Diese milde Rechtsprechung für selbsternannte Mitleids-Täter hat in Deutschland Tradition. Selbst die NS-Ärzte und -Pfleger, die Behinderte tausendfach vergasten, beriefen sich auf Mitleidsmotive. Hierfür wurden sie gegenüber anderen NS-Tätern privilegiert. Denn sie wurden nicht nur barmherziger bestraft, ihnen wurde auch richterlich bestätigt, aus edlen Motiven getötet zu haben. An dieser Sonderrechtsprechung bei Tötungsdelikten gegenüber Behinderten hat sich bis heute nichts geändert (vgl. Degener). Getragen wird diese diskriminierende Haltung heute nicht nur vom Verständnis für die schwierige Situation von Pflegerinnen und Pflegern in Zeiten des Pflegenotstandes. Die erwähnten Ethikdebatten über den Sinn von medizinischen Hilfeleistungen an schwerbehinderten Neugeborenen, kranken Alten oder Unfallopfern schaffen einen gesellschaftlichen Konsens, der das Lebensrecht dieser Menschen grundsätzlich zur Disposition stellt. Um den Schein der Humanität zu wahren, müssen dabei die Opfer begrifflich aus dem Menschenbild ausgeschieden werden. Aus Behinderten werden so trostlos Leidende, zum Leben Verurteilte, Mißgeburten oder leere Menschenhülsen, die man nicht zum Leben verdammen darf. Die Tötung wird als Maßnahme im Interesse der Betroffenen deklariert. Das Bild von Behinderung, das dem zugrundeliegt, ist defizit-orientiert und reduziert auf medizinische Abweichungen von der Normalität. Selbstbestimmung schwerbehinderter Menschen ist nach diesem Bild nur im Sterben nicht aber im (alltäglichen) Leben möglich.

Gegen dieses Menschenbild, daß eng mit dem Klischee von Behinderten als Sorgenkindern verknüpft ist, anzukämpfen, ist eine Voraussetzung für Menschenrechtspolitik für Behinderte in Deutschland. Die Behindertenbewegung setzt dem Sorgenkind-Bild ein politisiertes Verständnis von Behinderung entgegen (vgl. Miles-Paul). Nach diesem ist Behinderung in erster Linie ein gesellschaftliches Konstrukt, ein Stigma, mit dem Menschen mehr oder weniger willkürlich von der gleichberechtigten Teilhabe am gesellschaftlichen Leben ausgeschlossen werden. Mit dem traditionellen medizinischen Verständnis von Behinderung werden die gesellschaftlichen Aussonderungsstrukturen verschleiert, indem die Probleme behinderter Menschen zu ihren individuellen und schicksalhaften „Funktionseinschränkungen" deklariert werden. So wird die Unfähigkeit Treppen zu besteigen zum Rehabilitationsproblem, die Unfähigkeit Druckschrift zu lesen zum individuellen Kommunikationsproblem. Dagegen richtet der politische Behindertenbegriff den Blick auf die Umwelt, auf Treppen, die behindern, auf Kommunikationssysteme, die Blinde oder Gehörlose ausschließen, auf Schulen, die behinderte Kinder vom Unterricht ausschließen, und andere strukturelle Diskriminierungsmaßnahmen.

Menschenrechtsverletzungen finden auch und gerade in einem auf Effizienz hin organisierten Industriestaat wie der Bundesrepublik statt, in dem das Leben Behinderter zunehmend auf Optimierung oder auf Beendigung getrimmt wird. Menschenrechtsverletzungen sind dabei ein systematisches und spontanes, ein staatliches und ein gesellschaftliches Problem. Sie finden auch im Namen und unter dem Deckmantel der Fürsorge statt. Oft scheinen sie nicht spektakulär – und sind gerade deshalb so gefährlich. Sie zu vermeiden, erfordert allerdings tiefgreifende Veränderungen. So wie die Thematisierung von Behinderung als Angelegenheit der UN-Sozialkommission der Versuch war, die Menschen der Gesellschaft anzupassen, ist die Akzentsetzung auf Menschenrechte ein gesellschaftlicher Paradigmenwechsel. Dieser erfordert eine Anpassung der Gesellschaft an die verschiedenen Individuen – nicht im Sinne eines rücksichtslosen Egoismus, sondern um Gesellschaft als Basis für die Entfaltung von Subjektivität zurückzugewinnen.

Literaturhinweise:

Behindertenbeauftragter des Landes Niedersachsen (Hg.): Deutschland im Herbst – zunehmende Gewalt gegen behinderte Menschen, Hannover 1993;

Th. Degener: Mitleid schützt vor Strafe, in: O. Tolmein (Hg.): Geschätztes Leben. Die neue „Euthanasie"-Debatte, Hamburg 1990;

Th. Degener/Y. Koster-Dreese (Hg.): Human Rights and Disabled Persons, Dordrecht 1994;

L. Despouy: Human Rights and Disabled Persons (= Human Rights Studies Series 6), New York 1993;

Forum behinderter Juristinnen und Juristen: Vorschläge für Gleichstellungsvorschriften (Stand 1995);

Forum GEGEN GEWALT an behinderten Menschen (Hg.): Gewalt gegen Menschen mit Behinderungen in Deutschland, Kiel 1994;

U. Hellmann: Wessen Recht geschützt werden muß, in: H.-G. Heiden (Hg.): „Niemand darf wegen seiner Behinderung benachteiligt werden." Grundrecht und Alltag – eine Bestandsaufnahme, Reinbek 1996, S. 119-130;

Interessenvertretung „Selbstbestimmt Leben" in Deutschland – ISL e. V.: Gleichstellung Behinderter. Vergleich: USA – BRD. Tagungsbericht, Kassel 1992;

G. Jürgens: Gleichstellung nicht erst in Zukunft, sondern jetzt, in: H.-G. Heiden (Hg.): „Niemand darf wegen seiner Behinderung benachteiligt werden." Grundrecht und Alltag – eine Bestandsaufnahme, Reinbek 1996, S. 181-191;

LAGHNW (Landesarbeitsgemeinschaft NW „Hilfe für Behinderte" e. V.) (Hg.): Gewalt gegen behinderte Menschen in Deutschland, Münster 1993;

O. Miles-Paul: Wir sind nicht mehr aufzuhalten. Behinderte auf dem Weg zur Selbstbestimmung, München 1992;

M. Niehaus: Gewalt gegen behinderte Menschen, in: E. Zwierlein (Hg.): Normalität – Differenz – Asymmetrie. Ethische Herausforderungen im Umgang mit Schwachen und Fremden, Kaiserslautern 1995, S. 55-76;

M. Sachs: Das Grundrecht der Behinderten aus Art. 3 Abs. 3 Satz 2 GG, in: Recht der Jugend und des Bildungswesens (1996) 2, S. 154-174;

U. Sierck/D. Danquart (Hg.): Der Pannwitzblick. Wie Gewalt gegen Behinderte entsteht, Hamburg 1993;

O. Tolmein (Hg.): Geschätztes Leben. Die neue „Euthanasie"-Debatte, Hamburg 1990;

O. Tolmein: Wann ist der Mensch ein Mensch?, München 1993;

M. Windisch/O. Miles-Paul (Hg.): Diskriminierung Behinderter. Erfahrungen, Analysen, Gegenstrategien, Kassel 1993.

III. „Neue“ Menschenrechte

Bettina Sokol

Das Recht auf informationelle Selbstbestimmung – ein Phantom im Computerzeitalter?

Selbstbestimmte Kommunikation

„Datenschutz interessiert mich nicht – ich habe nichts zu verbergen." Diese in der Bevölkerung der Bundesrepublik Deutschland nicht gerade selten anzutreffende Haltung ist ambivalent. Wäre sie ernst gemeint und hätte sie auch eine entsprechende Handlungsweise zur Folge, könnte sie Ausdruck einer souveränen Individualität sein, einen Menschen kennzeichnen, der mit großem Selbstbewußtsein zu seiner gesamten Existenz und Lebensweise, seinen Meinungen und Tätigkeiten, Charaktereigenschaften, Stärken und Schwächen, Fehlern und Vorzügen steht. Zudem müßte dieser Mensch berechtigterweise sicher sein können, daß auch dann, wenn im wahrsten Sinne des Wortes „alle Welt" alles über ihn wissen kann oder sogar weiß, dieses Wissen gleichwohl niemals zu nachteiligen Konsequenzen für ihn selbst führen würde – ganz zu schweigen von den Folgen etwaig fehlerhafter Informationen oder der mißbräuchlichen Nutzung des Wissens über die eigene Person durch andere Menschen, staatliche oder private Stellen.

Doch die Verhältnisse, sie sind nicht so. Zu den Hoch-Zeiten der Berufsverbote war in einigen Bundesländern schon die mit geringfügigen Aktivitäten verbundene Mitgliedschaft in bestimmten – nicht einmal verbotenen – Linksparteien Grund genug, um die Betroffenen von einer Tätigkeit als Postbote oder als Lokomotivführer auszuschließen. Das im Jahre 1986 gegen eine niedersächsische Lehrerin verhängte Berufsverbot – unter anderem wegen der mehrfachen Kandidatur bei Wahlen für die DKP – ist zwar 1993 letztlich vom Europäischen Gerichtshof für Menschenrechte als Verstoß gegen das Recht auf freie Meinungsäußerung und auf Vereinigungsfreiheit aus Artikel 10 und aus Artikel 11 der Europäischen Menschenrechtskonvention beurteilt worden (EGMR, NJW 1996, 375). Doch hat dies all denjenigen möglicherweise nur eine späte Genugtuung verschaffen können, die – beispielsweise in Bayern – aus konkret begründeter Sorge um ihre beruflichen Chancen nicht einmal eine Plakette der Friedens- oder der Anti-AKW-Bewegung zu tragen wagten und erst recht keinen Gebrauch von ihrer grundrechtlich geschützten Demonstrationsfreiheit machten.

Diesen Zusammenhang hat auch das Bundesverfassungsgericht in seiner Entscheidung zur Volkszählung 1983 zu bedenken gegeben: „Wer damit rechnet, daß etwa die Teilnahme an einer Versammlung oder einer Bürgerinitiative behördlich registriert wird und daß ihm dadurch Risiken entstehen können, wird möglicherweise auf eine Ausübung seiner entsprechenden Grundrechte (Artikel 8, 9 GG) verzichten. Dies würde nicht nur die individuellen Entfaltungschancen des Einzelnen beeinträchtigen, sondern auch das Gemeinwohl, weil Selbstbestimmung eine elementare Funktionsbedingung eines auf Handlungs- und Mitwirkungsfähigkeit seiner Bürger begründeten freiheitlichen demokratischen Gemeinwesens ist“ (BVerfGE 65, 1/43). Das Karlsruher Gericht hat daher festgestellt, daß die Verfassung den Menschen den grundrechtlichen Schutz dafür gewährt, grundsätzlich selbst über die Preisgabe und Verwendung ihrer persönlichen Daten zu bestimmen. Ebensowenig wie die Menschen – etwa in Form umfassender Persönlichkeitsprofile – grenzenlos „verdatet“ werden dürfen, steht ihnen ihre Selbstbestimmung jedoch im Sinne einer absoluten, uneinschränkbaren Herrschaft über die sie selbst betreffenden Daten zu. Eine Art Eigentümerposition ist mit dem Recht auf informationelle Selbstbestimmung ausdrücklich nicht verbunden. Es soll vielmehr „grundsätzlich eine Informationserhebung und -verarbeitung ohne die Beteiligung des Betroffenen verhindern und seine Handlungsfähigkeit sichern, um die für eine freiheitliche demokratische Gesellschaft unerläßliche Kommunikation zu ermöglichen, nicht aber umgekehrt, um Kommunikationslosigkeit über Herrschaftsrechte an aufgeteilten und monopolisierten Informationen zu institutionalisieren“ (Heußner, 118).

Welche Informationen die Menschen jeweils für sich behalten wollen, ist individuell höchst unterschiedlich. Es ist daher nicht verwunderlich, daß es auch den Gerichten nicht gelungen ist, Privatheit adäquat abstrakt zu definieren. Räumliche oder sonstige Sphären, die etwa nach Intim-, Privat- und Sozialbereich unterschieden wurden, blieben zwangsläufig konturlos. Dies nicht nur, weil sie bereichsspezifisch verschieden ausgeprägt sind, sondern vor allem, weil sie relativ sind und subjektiv sehr unterschiedlich empfunden und mit Leben gefüllt werden. „So bezeichnen Intimität und Privatheit wechselnde Bereiche intensiver sozialer Kommunikation und Interaktion, die von anderen Bereichen zwar jeweils abgeschirmt sind, aber gesellschaftlich bleiben“ (Schlink, 242).

Manchen – wohl den meisten – Menschen liegt an der Abschirmung ihres Sexuallebens, das andere wiederum beispielsweise im Rahmen von Talkshows im Fernsehen höchstselbst und freiwillig zum Gegenstand öffentlicher Debatten machen. Wieder andere möchten ihre Arbeitslosigkeit, den Bezug von Sozialhilfe oder etwa gesundheitliche Beeinträchtigungen möglichst unbekannt wissen, wohingegen es Gruppen – etwa Selbsthilfeinitiativen – gibt, die sich gerade über die Gemeinsamkeit einer spezifischen Betroffenheit oder Lebenslage finden, organisieren und in den öffentlichen Kommunikationsprozeß einmischen. Sie „outen" sich, um auf politische Probleme aufmerksam zu machen und verändernd einzugreifen. Hinzu kommt, daß der Mensch, der ein personenbezogenes Datum – wie etwa die eigene Homosexualität – öffentlich erwähnt, noch lange nicht damit einverstanden sein muß, deshalb beim Verfassungsschutz gespeichert oder mit fragwürdigem Werbematerial überzogen zu werden.

Für die informationelle Selbstbestimmung ist daher nicht nur der Zusammenhang und der Verwendungszweck von Daten, die dann zu Informationen werden, bedeutsam, sondern insbesondere auch, wem und ob sie selbstbestimmt oder erzwungenermaßen und womöglich noch ohne Wissen der Betroffenen preisgegeben werden. Wer also von sich behauptet, nichts zu verbergen zu haben, relativiert die Absolutheit dieser weitreichenden und kategorischen Aussage zumeist dann, wenn die eigene Entscheidungsbefugnis darüber, was wem wann zur Kenntnis kommt, reduziert wird.

Worum geht es beim Datenschutz?

Die Bezeichnung „Datenschutz" ist ein Mißgriff. Geschützt werden sollen nämlich nicht Daten um ihrer selbst willen, sondern geschützt werden sollen Menschen und ihre Kommunikation. Personenbezogene Daten werden bei ihrer Kenntnisnahme durch eine andere Person zu Informationen für diese Person, die ihr Wissen vermitteln und in der Verknüpfung mit bereits vorhandenen Kenntnissen dieses Wissen vervollständigen. Dies dient im positiven Sinne der Kommunikation, erst recht, wenn die Wissensvermittlung gegenseitig ist. Im negativen Sinne kann es jedoch auch die Grundlage für die Entstehung eines Herrschaftsverhältnisses sein. Wer etwas über eine andere Person weiß, besitzt damit unter Umständen Macht, denn das Wissen kann verwendet werden – auch zum Schaden der anderen Person. Es ist daher nur folgerichtig, wenn es das Bundesverfassungsgericht in seiner schon erwähnten Volkszählungsentscheidung als verfassungsrechtlich geboten angesehen hat, daß die Menschen grundsätzlich selbst darüber bestimmen können sollen, was sie wem über sich mitteilen möchten. Dieser grundrechtliche Schutz, den nicht nur die bundesdeutschen Staatsbürgerinnen und -bürger, sondern alle Menschen in der Bundesrepublik genießen, schließt eine Gesellschafts- und Rechtsordnung aus, in der die Menschen nicht mehr wissen können, wer was wann, bei welcher Gelegenheit und wie lange über sie weiß (vgl. BVerfGE 65, 1/43). Und das gilt nicht nur für das Verhältnis der Bürgerinnen und Bürger zum Staat. Die sogenannte Ausstrahlungswirkung, die die Grundrechte auch auf die privatrechtlichen Beziehungen in der Gesellschaft besitzen, schützt die Bürgerinnen und Bürger in gewissem Maße auch voreinander.

Die Ziele des Datenschutzes bestehen zunächst darin, die Grundbedingungen dafür zu sichern, daß die Menschen selber darüber bestimmen können, wann wer welche Informationen über sie erhält und in der Folge also auch, wer was wann bei welcher Gelegenheit und wie lange über sie weiß. Dazu gehört die Schaffung von Transparenz ebenso wie die Eröffnung von Handlungsalternativen und echter Entscheidungsfreiheit.

Der Einstieg ins Computerzeitalter

In der Volkszählungsentscheidung hebt das Bundesverfassungsgericht besonders die qualitativen Unterschiede hervor, die die elektronische Datenverarbeitung gegenüber früheren manuellen Arbeitsformen anhand von Karteien und Akten kennzeichnen. Der als rechtserheblich bewertete Befund einer technisch möglichen, unbegrenzten Speicherbarkeit und jederzeitigen, sekundenschnellen Abrufbarkeit von Daten sowie ihr Abgleich und ihre Verknüpfbarkeit mit anderen Datensätzen ohne Einflußnahmemöglichkeit der betroffenen Personen ist nach wie vor richtig. Die tatsächlichen technischen Möglichkeiten haben sich jedoch mit einer Geschwindigkeit und in eine Richtung entwickelt, die weit über das hinausgehen, was 1983 vorstellbar war.

Die elektronische Datenverarbeitung bestimmt zunehmend das Leben der einzelnen. Immer mehr Alltagshandlungen werden in elektronischer Form oder zumindest unter dem teilweisen Einsatz elektronischer Medien vorgenommen. Aus dem Geschäftsleben sind die PCs oder das Intranet – die hausinterne Vernetzung der Bildschirmgeräte – inzwischen ebensowenig wegzudenken wie aus der Sozialverwaltung, den Sicherheitsbehörden und der übrigen öffentlichen Verwaltung. Die Dateien und Verarbeitungsvorgänge geben hier nicht nur Aufschluß über diejenigen, deren personenbezogene Daten erfaßt, gespeichert und auf sonstige Weise verarbeitet werden, sondern auch über das Verhalten derjenigen, die an den Geräten arbeiten.

Beim Gebrauch des Telefons werden Bestands- und Verbindungsdaten gespeichert. Die Multifunktionalität der ISDN-Anschlüsse erlaubt technisch nicht nur ein komfortableres Abhören der Telefongespräche, sondern auch die Raumüberwachung. Handys können ebenfalls abgehört sowie als „Wanze“ eingesetzt werden und sogar für die Erstellung von Bewegungsprofilen durch Ermittlung des jeweiligen Aufenthaltortes genutzt werden. Mit jeder einzelnen der vielen, täglich verwendeten personenbezogenen Karten, mit denen gekauft und gemietet wird, Arztbesuche bestritten und Zugangsberechtigungen nachgewiesen werden, werden Spuren hinterlassen, die zum Teil jahrelang nicht verwehen.

Das Internet liegt im Trend, sowohl bei den öffentlichen Stellen als auch bei den privaten Nutzerinnen und Nutzern. Der Reiz weltweiter Kommunikation und der Entgrenzung von Zeit und Raum läßt allerdings manche vergessen, welche qualitativ neuen Risiken für die informationelle Selbstbestimmung mit der Netznutzung verbunden sind. Mit verhältnismäßig geringem Aufwand ist es möglich, nachzuvollziehen, wer sich wie oft und wie lange wo aufgehalten und mit wem kommuniziert hat. Die Kommunikationstätigkeit ist überwachbar, ihre Vertraulichkeit ist ohne den Einsatz von sicheren Verschlüsselungstechniken ebensowenig gewährleistet wie ihre Authentizität ohne den Einsatz einer digitalen Signatur. Eine unverschlüsselte und unsignierte *e-mail* ist einer maschinengeschriebenen Postkarte vergleichbar, die von allen gelesen und sogar verändert werden kann, ohne daß überhaupt Absenderin oder Absender stimmen muß. Zudem sind einmal ins Netz eingestellte Daten oder Informationen nicht mehr rückholbar. Ist eine Information einmal im Netz, ist sie möglicherweise immer im Netz, und ob in der ursprünglichen Form oder verfälscht, ist außerdem ungewiß.

Es sind jedoch nicht nur Manipulationsmöglichkeiten, die den Aufenthalt im Netz begleiten, sondern auch das Risiko umfangreicher Datensammlungen sowie deren Zusammenführung und Auswertung. Aus den elektronischen Netznutzungsspuren sind Persönlichkeitsprofile technisch leicht herstellbar. Die Verfahren dafür werden immer verfeinerter und können auch die im Netz anfallenden unstrukturierten Datenmassen immer besser für eine zielgerichtete Auswertung bewältigen. Suchmaschinen und *Data-mining* sind hier die Stichworte. Dabei kann es um die Gewinnung neuer Aussagen über bestimmte Gruppen von Kundinnen und Kunden gehen, die gemeinsame Merkmale aufweisen und die aufgrund der neuen Informationen – beispielsweise über ihr Kaufverhalten – gezielter beworben werden können, oder auch um einzelne Persönlichkeitsprofile.

Als neue Qualität der heutigen elektronischen Datenverarbeitung lassen sich zusammengefaßt drei Elemente benennen: *Erstens* findet anders als früher Datenverarbeitung in der vernetzten Gesellschaft mit einer Vielzahl von Beteiligten statt. Datenverarbeitende Stellen sind nicht mehr nur zentrale staatliche Institutionen, sondern potentiell alle Netzbürgerinnen und Netzbürger. *Zweitens* werden personenbezogene Daten nicht mehr nur bewußt und gezielt erhoben, sondern ergeben sich darüber hinaus in vielfältiger Weise und großer Zahl beiläufig als Nebeneffekt der ganz normalen Netznutzung. *Drittens* resultiert aus all dem eine Art „Neue Unübersichtlichkeit“ für die Betroffenen. Ob es angesichts der Internationalisierung der Datenflüsse, ihrer Manipulierbarkeit, der wachsenden Datenbestände in privater Hand und angesichts der sicherlich zunehmenden staatlichen Begehrlichkeiten, sich auch dieser privaten Bestände gegebenenfalls bedienen zu können, im Einzelfall noch überblickbar ist, was mit den Daten geschieht, scheint mehr als zweifelhaft zu sein.

Neues Datenschutzrecht

Vor dem eben skizzierten Hintergrund drängt sich die Frage auf, ob und wie es noch gelingen kann, das Recht auf informationelle Selbstbestimmung tatsächlich zu gewährleisten, so daß es nicht nur auf dem Papier steht, das bekanntermaßen geduldig ist. Die Steuerungsfähigkeit rechtlicher Regelungen ist begrenzt. Neben vielfach festzustellenden Vollzugsdefiziten – auch und gerade im Datenschutz, wie den Berichten der Datenschutzbeauftragten der Länder und des Bundes immer wieder entnommen werden kann – gibt es Bestimmungen ohne Steuerungskraft, die lediglich symbolische Funktionen besitzen.

Aus Gründen defizitärer Kontrollier- und Beherrschbarkeit der Einhaltung rechtlicher Regelungen im Internet wird sich der Staat an „Ohnmachtserfahrungen gewöhnen müssen“ (Roßnagel, Ohnmacht, 26f.). Das Recht allein wird der informationellen Selbstbestimmung keinen umfassenden Schutz mehr bieten können. Der Datenschutz der Zukunft wird sich konzeptionell ganzheitlich begreifen müssen. Innerhalb dieser ganzheitlichen Konzeption wird dem Datenschutzrecht allerdings nach wie vor eine wichtige Funktion zukommen, wenn es sich auch möglicherweise zum Teil anderer Instrumente als bisher wird bedienen müssen.

Neben nationalen Regelungen werden künftig Regulierungen und Vereinbarungen auf europäischer und internationaler Ebene erforderlich sein. Nachzudenken wäre auch über Elemente der Selbstregulierung in Form von sogenannten *codes of conduct*, also Verhaltensregeln, die von denen, die das Nutzungsinteresse an den Daten haben, und denen, deren Daten betroffen sind, etwa über ihre Interessenverbände auszuhandeln wären (vgl. Walz, 69). Das Recht wird zudem verstärkt gefordert sein, die informationelle Gewaltenteilung und die Bindung personenbezogener Datenverarbeitung an den festgelegten Verarbeitungszweck zu sichern. Es muß für die Betroffenen mehr subjektive Rechte enthalten, die ihnen Transparenz, Entscheidungsfreiheit und Handlungsoptionen eröffnen. Dazu zählen Informations- und Benachrichtigungsrechte ebenso wie Einwilligungserfordernisse, Widerspruchsrechte und Wahlmöglichkeiten. Und das Recht muß nicht zuletzt die weiteren Elemente eines ganzheitlichen Datenschutzes fordern und fördern, so etwa den Datenschutz durch Technik. Rechtliche Anforderungen können die Entwicklung und den Einsatz datenschutzfreundlicher Technologien unterstützen und verlangen.

Datenschutz und Technik

Datenschutz und Technik müssen nicht im Widerspruch zueinander stehen. Datenschutz durch Technik bedeutet, in die Informations- und Kommunikationstechnologie technische Vorkehrungen zu integrieren, die die Verarbeitung personenbezogener Daten so weit wie möglich entbehrlich machen. Damit bräuchte beispielsweise ein Großteil der elektronischen Spuren im Internet gar nicht erst zu entstehen. Technische Verfahren stehen zur Verfügung, mit denen die Unbeobachtbarkeit der Kommunikation weitgehend realisiert sowie die Vertraulichkeit, Echtheit und Unversehrtheit von Daten sichergestellt werden können. Es ist bereits beim Design und bei der Entwicklung technischer Systeme danach zu fragen, ob unter Wahrung der Ziele der Datenverarbeitung die Erfassung personenbezogener Daten überhaupt notwendig ist.

Wer beispielsweise unter Nutzung einer anonymen Zugangssoftware ins Netz geht, hat den Vorteil, nicht identifizierbar zu sein und damit der Erstellung eines Persönlichkeitsprofils die Grundlage zu entziehen. Auch wenn informationstechnische Systeme nicht vollständig anonym betrieben werden können, gibt es Schutzkonzepte, nach denen diejenigen Einzelprozesse, in denen der Personenbezug unvermeidlich ist, von den übrigen Einzelprozessen abgetrennt werden können, in denen etwa die Verwendung eines Pseudonyms genügt (vgl. Borking, 654ff.). Im elektronischen Zahlungsverkehr, der bislang „gläserne“ Kundinnen und Kunden beim Einsatz von Kreditkarten hervorgebracht hat, ist die Anonymität der Bargeldzahlung ebenfalls machbar. Sei es das Netzgeld, das in Form virtueller digitaler „Münzen“ ausgegeben und eingelöst werden kann, oder sei es eine – der Telefonkarte ähnliche – vorbezahlte Wertkarte, die personenunabhängig eine „elektronische Geldbörse“ darstellen kann, indem der auf dem Chip geladene Betrag ohne Bezug auf eine bestimmte Person abgebucht wird.

Die technischen Möglichkeiten, den Datenschutz zu verwirklichen, sind zwar bereits in vielfältiger Weise vorhanden, sie müssen aber auch noch weiter entwickelt und ausgebaut werden. Die Datenschutzbeauftragten der Länder und des Bundes haben zwei umfassende Papiere zu dem Thema erarbeitet, die sich zum einen allgemein mit datenschutzfreundlichen Technologien und zum anderen speziell mit datenschutzfreundlichen Technologien in der Telekommunikation befassen (in: AK Technik).

Datenschutzfreundliche Technologien – wie etwa kryptographische Verfahren zur Verschlüsselung und Signatur – dürfen nicht auf den Einsatz allein durch Fachleute und Computerfreaks beschränkt bleiben. Ihre Verwendung darf kein Studium der Informatik voraussetzen, sondern sie müssen einfach und schnell zu handhaben sein. Sie müssen schlicht benutzungsfreundlich sein, um von den Nutzerinnen und Nutzern mit durchschnittlicher

Medienkompetenz auch angenommen zu werden. Die Benutzungsfreundlichkeit datenschutzfreundlicher Technologien sollte auch ein Kriterium im Rahmen des nach dem Mediendienste-Staatsvertrag vorgesehenen Datenschutz-Audits sein (vgl. Roßnagel, Datenschutz-Audit, 505ff.). Weitergehend als im Umweltbereich können nach der Bestimmung über das Datenschutz-Audit Anbieterinnen und Anbieter von Mediendiensten ihre Datenschutzkonzepte und technischen Einrichtungen durch unabhängige und zugelassene Gutachterinnen und Gutachter prüfen und bewerten lassen. Da das Datenschutz-Audit auf das Eigeninteresse der Diensteanbietenden in der Konkurrenz um die qualitativ besten Angebote setzt, könnte es die Durchsetzung eines steigenden Datenschutzniveaus zur Folge haben, zumal es schon die Vorbereitung und Entwicklung von Datenschutzkonzepten einbezieht.

Förderung datenschutzfreundlicher Technik durch Recht

Positive Ansätze zur Förderung datenschutzfreundlicher Technologien finden sich auch im 1997 verabschiedeten Teledienstedatenschutzgesetz (TDDSG). So zählt es zu den Grundsätzen für die Verarbeitung personenbezogener Daten, daß sich die Gestaltung und Auswahl technischer Einrichtungen für die Dienste an dem Ziel auszurichten hat, keine oder so wenige personenbezogene Daten wie möglich zu erheben, zu verarbeiten und zu nutzen (§ 3 Absatz 4 TDDSG). Damit wird der Grundsatz der Datenvermeidung bereits in die Gestaltung und Auswahl der technischen Komponenten einbezogen. Anders als in sonstigen datenschutzrechtlichen Vorschriften wird hier die Frage nach der Erforderlichkeit personenbezogener Daten schon auf der Stufe der Entscheidung über die einzusetzende Technik gestellt; d. h. bevor die Entscheidung für bestimmte technische Komponenten getroffen wird, ist immer zu prüfen, welches die am ehesten datenvermeidende und datensparsame Technik ist.

Einen weiteren Ansatzpunkt für Datenvermeidung durch Technik bilden die datenschutzrechtlichen Pflichten der Anbieterinnen und Anbieter von Telediensten. Die Inanspruchnahme der Dienste und ihre Bezahlung sind den Nutzerinnen und Nutzern nämlich anonym oder unter Pseudonym zu ermöglichen, soweit dies technisch möglich und zumutbar ist (§ 4 Absatz 1 TDDSG). Werden von einer Nutzerin oder von einem Nutzer verschiedene Teledienste in Anspruch genommen, sind die dabei entstehenden personenbezogenen Daten außerdem getrennt zu verarbeiten. Ausdrücklich wird die Zusammenführung dieser Daten in § 4 Absatz 2 TDDSG für unzulässig erklärt, dies allerdings nur, soweit eine Zusammenführung nicht für Abrechnungszwecke erforderlich ist.

Das Teledienstedatenschutzgesetz enthält auch über die mit dem Einsatz datenschutzfreundlicher Technologien verbundenen Bestimmungen hinaus Regelungen, die Verbesserungen gegenüber dem herkömmlichen Datenschutz darstellen. So gibt es zur Schaffung der im Netz dringend notwendigen Transparenz beispielsweise umfassende Hinweis- und Informationspflichten (§ 3 Absatz 5 TDDSG). Danach sind die Nutzerinnen und Nutzer vor jeder Datenerhebung über Art, Umfang, Ort und Zweck der Erhebung, Verarbeitung und Nutzung personenbezogener Daten zu unterrichten. Dies gilt auch für automatisierte Verfahren, so daß das Ablegen der sogenannten *cookies* nunmehr nur noch mit einer Einwilligung der Betroffenen rechtlich möglich ist. *Cookies* sind Datensätze, die aus dem Netz heraus und von den Nutzerinnen und Nutzern unbemerkt auf ihren Festplatten installiert werden können, um Informationen aus der jeweiligen Kommunikationsbeziehung zu gewinnen und diese Informationen beliebig wiederzuverwenden. Auskunftsrechte und Wahlmöglichkeiten stärken zudem die Rechte der Betroffenen (Gesamtübersicht zum TDDSG bei Engel-Flechsing u. a., 2985ff.).

Orwell – leider wieder aktuell

Die informationelle Selbstbestimmung zählt nach der Rechtsprechung des Bundesverfassungsgerichts zu den Grundvoraussetzungen demokratischer Staatlichkeit. Daraus folgt zwangsläufig, daß sehr genau geprüft werden muß, über welche personenbezogenen Daten staatliche Stellen wirklich verfügen dürfen und auf welche Datenerhebungen bewußt verzichtet werden muß. „Eine demokratische Gesellschaft ist nicht die Gesellschaft, in der Allwissenheit staatlicher Instanzen akzeptiert wird, sondern umgekehrt, eine Gesellschaft, in der Wissen gezielt begrenzt wird und auch begrenzt werden muß“ (Simitis, 47). Die Entwicklung der letzten Jahre ist allerdings gegenläufig. Mit einer Fülle neuer Gesetze und Änderungen bestehender Bestimmungen ist häufig nicht nur die Verwaltungspraxis lediglich gesetzlich nachvollzogen worden, sondern sind die Datenverarbeitungsbefugnisse oft genug noch darüber hinaus ausgeweitet worden. Die schon früh erkannte „Vergesetzlichungsgefahr“ (Denninger, 147) hat sich realisiert. Nicht in jeder gesetzlichen Regelung, über der „Datenschutz“ steht, ist in der Sache auch Datenschutz drin, also die informationelle Selbstbestimmung wirksam geschützt.

Etliche Datenverarbeitungsbefugnisse und neue heimliche Ermittlungs- sowie Arbeitsmethoden sind den Sicherheitsbehörden – einschließlich der Geheimdienste – in den letzten Jahren zugeflossen. Ohne Anspruch auf Vollständigkeit seien hier nur genannt: Rasterfahndung, beobachtende Fahndung, verdeckte Ermittlungen, heimliches Belauschen und Filmen außerhalb von

Wohnungen, Zulässigkeit der Telephonüberwachung bei einer größeren Zahl von Delikten, Kontrolle und Auswertung nach Suchbegriffen von allen über Funkstrecken geführten Auslandstelephonaten durch den Bundesnachrichtendienst, Online-Anschlüsse für Polizei und Nachrichtendienste an das Ausländerzentralregister, Einrichtung europäischer Informationssysteme wie des Schengener Informationssystems mit Fahndungsdaten und von *Europol* mit Datensammlungen über Strafverdächtige, aber auch über Zeuginnen, Zeugen, Opfer und Personen, die Hinweise im Zusammenhang mit einer Straftat gegeben haben.

Die Überwachungsmöglichkeiten der Telekommunikation und das tatsächliche Überwachungsausmaß sind enorm ausgeweitet worden – zum Teil fast unbemerkt von der Öffentlichkeit. Es scheint nicht übertrieben, von einer schleichenden Aushöhlung des in Artikel 10 GG geschützten Fernmeldegeheimnisses zu sprechen. Allein im Bereich der Telephonüberwachung sind die angeordneten Überwachungen von 2 494 im Jahre 1990 auf 6 428 im Jahre 1996 gestiegen (Bundestagsdrucksachen 13/4437, 13/3618 und 13/7341), wobei von einer Anordnung auch mehrere Anschlüsse erfaßt werden können, so daß 1996 insgesamt 8 112 Anschlüsse betroffen waren. Wird bedacht, daß alle von dem betroffenen Anschluß aus geführten Gespräche regelmäßig über einen längeren Zeitraum überwacht werden, dürfte die Zahl der in Abhörmaßnahmen einbezogenen Personen 1996 eine sechs-, wenn nicht gar siebenstellige Höhe erreicht (Prantl, 4) und auch viele unschuldig Überwachte umfaßt haben.

Im Telekommunikationsbereich ist aber nicht nur eine Zunahme der direkten Abhörmaßnahmen zu beobachten. Von diesen können zudem außer Gesprächen auch *e-mails* und die sonstige Kommunikation in elektronischen Netzen betroffen sein – dies erklärt, weshalb wirksame Verschlüsselungsverfahren den Sicherheitsbehörden ein Dorn im Auge sind. Die Daten der Kundinnen und Kunden privater Telekommunikationsbetreiber beispielsweise haben staatliche Begehrlichkeiten geweckt. Der Online-Zugriff darauf wurde 1996 rechtlich unter bestimmten Voraussetzungen erlaubt und hat die Kundendateien in Adreßdatenbanken der Sicherheitsbehörden verwandelt. Unter der offiziellen Zielsetzung, die lückenlose, flächendeckende und standortunabhängige Telekommunikationsüberwachung zu gewährleisten (Bundestagsdrucksache 13/3776), sind die privaten Telekommunikationsanbieter inzwischen auch dazu verpflichtet, den Sicherheitsbehörden das Abhören von Telephongesprächen zu ermöglichen.

Mit der Einschränkung des Schutzes der Unverletzlichkeit der Wohnung, der Änderung von Artikel 13 GG, ist der Weg frei gemacht worden, den Lauschangriff auf Wohnungen zu starten – der orwell'sche Spähangriff wird von Teilen der Polizei bereits gefordert. Der Wegfall der Grenzkontrollen nach dem Schengener Abkommen wird nunmehr dafür instrumentalisiert, nach anlaßunabhängigen Personenkontrollen hinter der Grenze zu rufen. Zur

Zeit ist es in den meisten Bundesländern noch geltendes Recht, daß die Polizei nur aufgrund konkreter Anhaltspunkte Identitätskontrollen von Personen durchführen kann. Die anlaßfreie Kontrollmöglichkeit würde dieses Prinzip gerade umkehren. Die mit Datenverarbeitung befaßten Bediensteten bei der *Europol*-Behörde, durch die ein europaweites Informations- und Analysesystem aufgebaut werden soll, genießen weitgehende Immunität – ein unter rechtsstaatlichen Gesichtspunkten inakzeptabler Zustand (vgl. Hirsch, 12f.). Die Kontrollmöglichkeiten der Betroffenen, insbesondere hinsichtlich einer unrichtigen oder unzulässigen Verarbeitung ihrer Daten, sind damit stark eingeschränkt.

Die Bestandsaufnahme und die aufgezeigten Entwicklungstendenzen mögen verdeutlicht haben, daß das Grundrecht auf informationelle Selbstbestimmung wie auch das Fernmeldegeheimnis und die Unverletzlichkeit der Wohnung in der Gefahr stehen, massive Einschränkungen zu erfahren. Der Erhalt der Grundrechte, sie nicht zu Phantomen verkommen zu lassen, sollte uns wichtig sein.

Literaturhinweise:

AK Technik der Datenschutzbeauftragten des Bundes und der Länder: Datenschutzfreundliche Technologien, Schwerin 1998;

M. Albers: Zur Neukonzeption des grundrechtlichen „Daten“schutzes, in: A. Haratsch/D. Kugelmann/U. Repkewitz (Hg.): Herausforderungen an das Recht der Informationsgesellschaft, Stuttgart 1996, S. 113ff.;

B. Asbrock: Der Richtervorbehalt – prozedurale Grundrechtssicherung oder rechtsstaatliches Trostpflaster, in: Zeitschrift für Rechtspolitik 1998, S. 17ff.;

J. Borking: Der Identity-Protector, in: Datenschutz und Datensicherheit 1996, S. 654ff.;

E. Denninger: Das Recht auf informationelle Selbstbestimmung, in: H. Hohmann (Hg.): Freiheitssicherung durch Datenschutz, Frankfurt a. M. 1987, S. 127ff.;

S. Engel-Flechsig/F. Maennel/A. Tettenborn: Das neue Informations- und Kommunikationsdienste-Gesetz, in: Neue Juristische Wochenschrift 1997, S. 2981ff.;

L. Gundermann: Das neue TKG-Begleitgesetz. Digitalisierte Telekommunikation und staatliche Eingriffsbefugnisse, in: Kommunikation und Recht 1998, S. 48ff.;

H. Heußner: Datenverarbeitung und Grundrechtsschutz, in: H. Hohmann (Hg.): Freiheitssicherung durch Datenschutz, Frankfurt a. M. 1987, S. 110ff.;

T. Heymann (Hg.): Informationsmarkt und Informationsschutz in Europa, Köln 1995;

B. Hirsch: Immunität für Europol – eine Polizei über dem Gesetz?, in: Zeitschrift für Rechtspolitik 1998, S. 10ff.;

W. Hoffmann-Riem: Datenschutz als Schutz eines diffusen Interesses in der Risikogesellschaft, in: L. Krämer/H. Micklitz/K. Tonner (Hg.): Recht und diffuse Interessen in der Europäischen Rechtsordnung, Baden-Baden 1997, S. 777ff.;

M. Kutscha: Innere Sicherheit und informationelle Selbstbestimmung, in: H.-J. Lange (Hg.): Kontinuitäten und Brüche. Staat, Demokratie und Innere Sicherheit in Deutschland, Opladen 1998;

H.-A. Lennartz: Rechtliche Steuerung informationstechnischer Systeme, Braunschweig/Wiesbaden 1993;

B. Leuthardt: Leben online, Reinbek 1996;

H. Prantl: Die Pistole war eine Lackspritzpistole, in: Süddeutsche Zeitung vom 16. April 1997, S. 4;

A. Roßnagel: Ohnmacht des Staates – Selbstschutz der Bürger, in: Zeitschrift für Rechtspolitik 1997, S. 26ff.;

A. Roßnagel: Datenschutz-Audit, in: Datenschutz und Datensicherheit 1997, S. 505ff.;

A. Roßnagel: Das Gesetz und die Verordnung der digitalen Signatur, in: Recht der Datenverarbeitung 1998, S. 5ff.;

B. Schlink: Das Recht der informationellen Selbstbestimmung, in: Der Staat 25 (1986), S. 233ff.;

S. Simitis: Diskussionsbeitrag, in: W. Hassemer/K. Starzacher (Hg.): Organisierte Kriminalität – geschützt vom Datenschutz?, Baden-Baden 1993, S. 46ff.;

S. Walz: Datenschutz – Herausforderung durch neue Technik und Europarecht, in: B. Sokol (Hgin.): 20 Jahre Datenschutz – Individualismus oder Gemeinschaftssinn?, Düsseldorf 1998, S. 67ff.;

R. Wilhelm (Hg.): Informatik – Technik – Recht. Rechtsgüterschutz in der Informationsgesellschaft, Darmstadt 1993.

Hans Norbert Janowski

Medienkonzentration und Pressefreiheit

Die Deutsche Gesellschaft für Politikwissenschaft hat sich Ende 1996 höchst beunruhigt mit der Frage befaßt, was aus der repräsentativen Demokratie werde, wenn sich der für sie konstitutive öffentliche Raum privatisiert. Die genuine öffentliche Meinungsbildung werde einer „Demosklerose" weichen, wenn die öffentliche Kommunikation in der pluralistischen Mediengesellschaft durch Meinungsmobilisierung und -messung sowie den Siegeszug von Unterhaltungsmassenprogrammen abgelöst werde. Die Informationsgesellschaft – so war man sich einig – habe nur als Kommunikationsgesellschaft eine Perspektive.

Meinungsvielfalt im öffentlichen Diskurs stellt sich im Markt der Informationen und Meinungen nicht von selbst ein, sie muß durch rechtliche und politische Regulierung gesichert werden. Maßnahmen gegen Wettbewerbsverzerrung und Konzentrationskontrolle gehören zu den wichtigsten Steuerungsinstrumenten auch auf dem Medienmarkt.

Meinungsvielfalt und Konzentration

Ein hoher Konzentrationsgrad ist sowohl auf dem Zeitungs- und Zeitschriftenmarkt als auch bei den elektronischen Medien zu beobachten, wo sich neben den öffentlich-rechtlichen Anstalten zwei Senderfamilien – Bertelsmann und Kirch – herausgebildet haben. Besonders die Konzentration im Sektor des Privatfunks hat zur Ausbildung von rundfunkrechtlichen Normen für eine Konzentrationskontrolle geführt. Sie sind im Rundfunkstaatsvertrag (RStV) in seinen beiden ersten Fassungen von 1987 und 1991 (nach der deutschen Vereinigung) formuliert und durch dessen dritte Novellierung 1996/97 revidiert worden. Unter dem Titel „Sicherung der Meinungsvielfalt" wurden 1991 (in § 21, I-V RStV) enge Grenzen für eine mehrfache Programmträgerschaft im Rundfunk (im bundesweiten Hörfunk und Fernsehen bis zu zwei Programme in einer Hand, dabei nur ein Vollprogramm ohne ein

Informationsspartenprogramm), sowie für die Beteiligung an Fernsehvoll- und Spartenprogrammen (einmal unter 50 Prozent und zweimal unter 25 Prozent je Gesellschafter) festgelegt. Zugerechnet werden können einem Gesellschafter auch sonstige Möglichkeiten der Einflußnahme auf das Programm. Da sich diese Regelungen jedoch, teilweise durch Umgehung, sogar konzentrationsfördernd ausgewirkt haben, da sie andererseits einer wirtschaftlichen Expansion, die im Blick auf Globalisierung, Konvergenz und Digitalisierung der Medien für nützlich gehalten wird, im Wege standen, wurde dieser Ordnungsrahmen 1996 einer gründlichen Revision unterworfen. Sie sollte zugleich größere unternehmerische Aktionsspielräume schaffen.

An die Stelle einer an der Zahl von Programmen, an Kapital- oder Stimmrechtsanteilen orientierten Regelung hat der neu gefaßte Rundfunkstaatsvertrag ein „Zuschaueranteilsmodell" gesetzt, um die wirtschaftliche Konzentration von Medienmacht zu beeinflussen. Dieses Zuschauermodell ist nicht am Einfluß der Eigentümer und Gesellschafter auf die einzelnen Medien und Programme orientiert, sondern an der Wirkung bei den Rezipienten interessiert. Die Verhinderung von „vorherrschender Meinungsmacht" ersetzt hier als Maßstab die Sicherung von Meinungsvielfalt. Demnach darf ein Unternehmen selbst oder durch zurechenbare Unternehmen bundesweit im Fernsehen eine unbegrenzte Anzahl von Programmen veranstalten, es sei denn, es erlange dadurch vorherrschende Meinungsmacht, so heißt es in § 26 II, 1 RStV. Grundsätzlich soll diese Marke bei einem Zuschaueranteil von 30 Prozent im Jahresdurchschnitt bei den Programmen, die einem Unternehmen zugerechnet werden können, erreicht sein.

Die Begrenzung von Meinungsmacht scheint ein geeignetes Ziel, um die von der Verfassung garantierte Presse- und Rundfunkfreiheit (Artikel 5, Absätze 1 und 2 des Grundgesetzes) zu schützen. Reichen die großzügigen Vorschriften der Neufassung des Rundfunkstaatsvertrages (§§ 25-34) aber hin, um dieses Ziel zu erreichen? Welcher Stellenwert kommt den Mitteln der Steuerung durch Marktmechanismen im Verhältnis zu einer Orientierung an rechtlicher Normierung und an der Steuerung durch politische Kontrolleinrichtungen zu? Und worauf bezieht der Rundfunkstaatsvertrag den Schutz der Rundfunk- und Pressefreiheit: vornehmlich auf die Freiheit des Wettbewerbs und der Unternehmer oder auf die Freiheit der Meinungsbildung im öffentlichen Diskurs? Fragen wie diese haben die Novellierungsphase des Vertrages kritisch begleitet und stellen sich verschärft bei seiner Umsetzung.

Meinungsvielfalt in der Demokratie

Bei der Absicht, die Bildung von vorherrschender Meinungsmacht zu verhindern, um die Vielfalt der Meinungsbildung in der Gesellschaft zu fördern und nicht zu beschneiden, hat sich die Medienrechtsprechung des Bundesverfassungsgerichts nie auf Mittel der reinen Marktsteuerung gestützt; sie hat sich diesem Instrumentarium gegenüber vielmehr skeptisch verhalten. Der Grund dafür liegt in einem funktionalen Verständnis von Pressefreiheit, demzufolge die Freiheit des Rundfunks eine dienende öffentliche Funktion ausübt. Es geht dabei nicht nur um die freie Artikulation und Verbreitung von Meinungen, sondern vor allem um die freie Meinungsbildung in einem rationalen, auch streitbaren öffentlichen Diskurs. Gesichert werden soll eine materiale Meinungsvielfalt durch freie persönliche und öffentliche Meinungsbildung sowie die Gewährung einer entsprechenden Programmqualität.

In diesem Sinn hat auch der Europäische Gerichtshof für Menschenrechte (EGMR) deutlich gemacht, daß die Sicherung des Meinungspluralismus und nicht etwa nur die Sicherung der wirtschaftlichen Vielfalt für ein freiheitliches Rundfunksystem unverzichtbar ist (vgl. EGMR, Urteil vom 24. November 1993 zum ORF-Fernsehmonopol, in: Medien und Recht 1993, 239). Und noch jüngst hat der Europäische Gerichtshof darauf hingewiesen, daß die Gewährleistung des Pluralismus im Rundfunk ein im Allgemeininteresse liegendes Ziel ist, das Einschränkungen der Dienstleistungsfreiheit zu rechtfertigen vermag (vgl. Urteil in der Sache Veronica, EuZW 1993, 251).

Meinungsvielfalt und freie öffentliche Kommunikation sind Lebenselemente und Lebensbedingungen einer demokratischen Gesellschaft. Sie sind mit der Wettbewerbsfreiheit verbunden, gehen in ihrer Substanz und Wirkung aber darüber hinaus. Das freie Gewissen sowie die Freiheit der öffentlichen Meinungsäußerung und -bildung machen es den Menschen und der Gesellschaft erst möglich, Orientierung zu gewinnen und Verantwortung auszuüben. Deshalb ist die Aufgabe, der Bildung von vorherrschender Meinungsmacht entgegenzutreten, nicht als politische „Nachsteuerung" geboten, sondern eine wichtige Präventivmaßnahme. So hat es auch das „Niedersachsensurteil" des Bundesverfassungsgerichts gesehen. Es verlangt wirksame vorbeugende Konzentrationsbekämpfung, nicht Nachsorge; denn ist eine Vermachtung einmal eingetreten, dann gibt es womöglich kein zurück mehr: Medien- und Meinungsmacht in einer Hand können die Wähler manipulieren und die Medienaufsicht für die eigenen Ziele instrumentalisieren. Wie nehmen sich im Blick auf eine völlige Deregulierung und Vermachtung die Regelungen des neuen Rundfunkstaatsvertrages aus?

Das Zuschaueranteilsmodell

Das Marktanteilsmodell soll die Schwächen der bisherigen Rundfunkaufsicht überwinden. Das alte Recht bietet für die neuen technologischen Trends wie Digitalisierung, Verspartung, Individualisierung, Internationalisierung und technische Konvergenz der Medien keinen haltbaren rechtlichen Rahmen, es ist zu stark auf die Veranstalterfunktion ausgerichtet und kann insbesondere vor- und nachgelagerte Märkte für Rechtehandel, Produktion, Werbung und Vertrieb nicht einbeziehen. Demgegenüber sollte das Marktmodell, das Reichweiten und Rezipientenanteile mißt, zu einem übergreifenden, auch Hörfunk, rundfunkähnliche Dienste und Printmedien einbeziehenden „Mediennutzungsmodell" (vgl. Klär, 3ff.) ausgebaut werden. Doch bis zu diesem Ziel ist man nicht vorgestoßen. Eine große Koalition der Standortpolitiker aus Bayern und Nordrhein-Westfalen hat auf der halben Strecke halt gemacht und die Kontrollinstrumente auf die wirtschaftspolitischen Standortinteressen ihrer rivalisierenden Patronate sowie die Entwicklungsbedürfnisse der beiden Konkurrenten Kirch und Bertelsmann zugeschnitten. Das mag auch der Grund dafür gewesen sein, daß bei der Ausarbeitung des Konzepts das parlamentarische Element, die Belange des Publikums und der Bürger, der kritischen Öffentlichkeit, hinter den Standortinteressen weit zurücktraten. Am Ende konnten die Parlamente nur den fertigen Entwurf ratifizieren oder ablehnen. Darin kommt ein Demokratiedefizit zum Ausdruck, das für den Schutz von Meinungsvielfalt und Pressefreiheit keine günstige Ausgangsbasis schafft.

Der Sache nach greift mit dem Marktanteilskonzept ein neues Denken regulierend in die Medienlandschaft ein. Maßstäbe und Mittel der Programmaufsicht, wie sie vom öffentlich-rechtlichen Rundfunk bekannt sind und auch den alten Rundfunkstaatsvertrag geprägt haben (Binnenpluralismus, materiale Meinungsvielfalt), werden von neuen konzentrationsrechtlichen Maßstäben, Organisations- und Verfahrensregeln mehr und mehr verdrängt. Als neuer programmlicher Ansatz ist nurmehr der Vorschlag erörtert worden, einen „Medienrat" oder eine „Stiftung Medientest" im Sinne einer „Royal Commission" oder der beim Bundespräsidenten angesiedelten „Mahrenholz-Kommission" zu bilden. Aber auch dieses Konzept ist bislang nicht in die Neuordnung eingegangen. Man gibt die Zahl der Programme, die von einem Unternehmen beeinflußt werden können, frei und konzentriert sich auf die Grenze, die mit dem Erreichen von „vorherrschender Meinungsmacht" überschritten wird.

Läßt sich diese nicht auf den Kommunikator, sondern auf die Zahl der Rezipienten bezogene Grenzziehung zwar nach den Maßstäben des Kartellrechts nur schwer erfassen, so hat die Grenze von Meinungseinfluß und Vermachtungsgrad publizistisch und rundfunkrechtlich doch Sinn und Kontur. Dementsprechend geht man bei der Bestimmung vorsichtig vor: Bei Erreichen eines Zuschaueranteils der einem Unternehmen zurechenbaren Programme von 30 Prozent „wird vermutet, daß vorherrschende Meinungsmacht gegeben ist", so heißt es in § 26 II, 1 RStV. Mit dem Status einer „Vermutung" wird offensichtlich das Recht der Frage gewürdigt, ob mit dem quantitativen Kriterium von 30 Prozent auch bereits qualitative Maßstäbe erfaßt werden können: Bedeuten hohe Quoten per se schon die Gefahr einer Meinungsdominanz? Und wenn die Quote durch die Qualität der Programme erreicht werden sollte, dürfte sie dann bestraft werden? Aber auch umgekehrt: Kann eine beherrschende Meinungsmacht durch ein Unternehmen nicht auch schon bei Unterschreitung des 30 Prozent-Limits drohen?

Angesichts der hier deutlich werdenden Schwierigkeiten bei der Einschätzung von „Meinungsmacht" wird das quantitative Kriterium des Zuschaueranteils nicht allein hinreichen, es bedarf der Berücksichtigung anderer Faktoren, etwa der Stellung eines Unternehmens auf vor- oder nachgelagerten Märkten. Dementsprechend muß die Grenzziehung nach oben oder nach unten, je nach Einschätzung dieser Faktoren, flexibilisiert und jedenfalls materialisiert werden. Überdies muß die Vermutung bewiesen oder widerlegt werden. Dazu bedarf es einer Einrichtung, die sie aufgreift und nach festgelegten Kriterien prüft. Dafür hat der revidierte Rundfunkstaatsvertrag als besonderes Novum „die Kommission zur Ermittlung der Konzentration im Medienbereich" (KEK, § 35 RStV) geschaffen.

Das neue Marktanteilsmodell soll die Schwächen der bisherigen Rundfunkaufsicht überwinden. Das alte Recht bietet für die neuen technologischen Trends wie Digitalisierung, Verspartung, Individualisierung, Internationalisierung und technische Konvergenz der Medien keinen haltbaren rechtlichen Rahmen, es ist zu stark auf die Veranstalterfunktion ausgerichtet und bezieht insbesondere vor- und nachgelagerte Märkte wie Rechtehandel, Produktion, Werbung und Vertrieb nicht mit ein. Demgegenüber sollte das Marktmodell, das Reichweiten und Rezipientenanteile mißt, zu einem übergreifenden, auch Hörfunk, rundfunkähnliche Dienste und Printmedien einbeziehenden „Mediennutzungsmodell" (vgl. Klär, 3ff.) ausgebaut werden. Doch bis zu diesem Ziel ist man nicht vorgestoßen. Eine große Koalition der Standortpolitiker aus Bayern und Nordrhein-Westfalen hat auf der halben Strecke halt gemacht und die Kontrollinstrumente auf die wirtschaftspolitischen Standortinteressen ihrer rivalisierenden Patronate sowie die Entwicklungsbedürfnisse der beiden Konkurrenten Kirch und Bertelsmann zugeschnitten. Das mag auch der Grund dafür gewesen sein, daß bei der Ausarbeitung des Konzepts das parlamentarische Element, die Belange des Publikums und der Bürger, der kritischen Öffentlichkeit, hinter den Standortinteressen zurücktraten.

Grenzwerte für die Meinungsdominanz

Die laxe Handhabung des Maßstabs

Die Revision der Regeln für die Konzentrationskontrolle läuft im wesentlichen darauf hinaus, den Wachstumsinteressen der beiden Senderfamilien entgegenzukommen und dementsprechend den Grenzwert möglichst hoch anzusetzen und weiter nach oben zu öffnen, nach unten aber möglichst abzudichten. Der Medienrechtler Martin Stock kommt in einer instruktiven Analyse der Entstehungsgeschichte der Neuregelung zu dem Schluß: „Es überwiegt eine konzernfreundliche, konzentrationsfördernde Tendenz, z. B. soll die Eingriffsschwelle möglichst hoch liegen, und sie soll nach unten nicht grundsätzlich überquert werden. [...] Das Ganze ist so angelegt, daß das (im Ergebnis für Kirch und Bertelsmann weit über 30 v. H. betragende) Quotenlimit gewissermaßen die tragende Säule ist“. (Stock, 32).

Argumente für diese Diagnose gibt es genug: Als Bezugsgrößen für diese Quotenrechnung wird der gesamte TV-Markt unter Einschluß des öffentlich-rechtlichen Sektors angesetzt; das hat zur Folge, daß ein Grenzwert von 30 Prozent des dualen Marktes etwa die Hälfte des privaten TV-Sektors bedeutet, wenn man etwa 40 Prozent Marktanteil für die öffentlich-rechtlichen Programme annimmt. Die Einbeziehung des öffentlich-rechtlichen Sektors ins Marktkalkül verzerrt aber die Perspektive. Verwandte Medienmärkte wie der Hörfunk, aber auch rundfunkähnliche Telekommunikationsdienste, auch vor- und nachgelagerte Ebenen wie Rechtehandel und Produktion, werden im ganzen nicht berücksichtigt. Diese wichtigen Faktoren sollen erst dann in Rechnung gestellt werden, wenn das Aufgreifkriterium „vermutete Meinungsdominanz“ nur „geringfügig“ unterschritten wird (vgl. § 26 V RStV). Unter solchen Umständen dürfte die marktbeherrschende Stellung eines Unternehmens auf einem anderen als dem Markt der Fernsehprogramme bei der Feststellung von Meinungsdominanz kaum eine Rolle spielen. So vermutet Stock denn auch, die Urheber des Mediennutzungsmodells seien wohl „in der Schlußphase der Vertragsverhandlungen über den Tisch gezogen worden, oder sie haben schon vorher klein beigegeben“. (Stock, 36)

Was die Zurechenbarkeit von Programmen zu einem Unternehmen angeht, so betrifft sie sämtliche Programmangebote, die von dem Unternehmen selbst oder von einem anderen Unternehmen veranstaltet werden, an dem es mit mindestens 25 Prozent der Kapital- oder Stimmrechtsanteile beteiligt ist – auch dies eine großzügige Bemessungsgrenze, die von anfänglich 10 Prozent immer höher verschoben wurde. Eine Angehörigenklausel, die im Blick auf die Kirch-Familie angestrebt wurde, ist am Ende nur in ganz ermäßigter Form aufgenommen worden (§ 28, IV RStV).

Die Schwächen des Zuschaueranteilmodells bei der Bemessung von Meinungsdominanz sind offenkundig: Sowohl die Bezugsgrößen als auch die Zurechnung von Beteiligungen sowie der faktische Einfluß auf die Programme, vor allem die obere Wachstumsgrenze von 30 Prozent Marktanteil, sind so weitmaschig bemessen, daß eine Konzentrationskontrolle kaum effektiv sein kann. Konzentration und Wachstum sollen so wenig wie möglich eingeschränkt werden. Gesichtspunkte, die den Programminhalt sowie den Meinungspluralismus betreffen, werden im übrigen kaum berücksichtigt. Die

Höhe der Grenzwerte macht zudem nicht nur die Konzentrationskontrolle ineffektiv, sie macht auch eine vorsorgliche Abwehr der Bildung von Meinungsdominanz, d. h. ein präventives Eingreifen in den Markt zu einem faktisch unrealistischen Regulativ. Eine solche permissive Kontrolle aber entspricht nicht dem Geist, in dem das Bundesverfassungsgericht den Artikel 5, I 2 des Grundgesetzes (vgl. FRAG-Urteil 57, 295 und Niedersachsenurteil 73, 118 und 158ff.) ausgelegt hat.

Eine Korrektur als Verschlimmbesserung?

An einer Stelle korrigiert der Rundfunkstaatsvertrag diese laxe Tendenz durch eine strikte Grenzziehung. Sie wird überdies nicht auf das Unternehmen, sondern auf Programme bezogen vorgenommen und zielt auf eine Präventivmaßnahme. Wird von einem Voll- oder Spartenprogramm mit dem Schwerpunkt auf Information im Jahresdurchschnitt ein Marktanteil von 10 Prozent erreicht, so muß der Veranstalter Programmfenster für „unabhängige Dritte“ einrichten, sonst verliert er die Lizenz (§ 26 V mit Verweis auf § 31 RStV).

Aber auch dieses Gericht muß nicht so heiß gegessen werden, wie es angerichtet ist: Wird von der KEK die Vermutung einer vorherrschenden Meinungsmacht erhärtet, kann das betroffene Unternehmen – im deutschen Markt betrifft die 10 Prozent-Marke RTL und SAT 1 – seine Machtstellung durch Rückführungsmaßnahmen oder Entflechtungen nach unten korrigieren, oder es kann auf Vorschlag der zuständigen Landesmedienanstalt durch die KEK binnenplurale Maßnahmen zur Vielfaltssicherung ergreifen: Es kann Fensterprogramme (nach § 31 RStV) und/oder einen Programmbeirat (nach § 32) einrichten. Auch in diesem Fall wird zunächst auf Kooperation und Einvernehmen gesetzt sowie eine Bestandswahrung oder – unter Auflagen – gar ein weiteres inneres Wachstum ermöglicht, bevor ein Lizenzverlust droht.

Martin Stock hält das 10 Prozent-Limit des § 26 V RStV, das eigentlich als „Ausdruck löblicher Absichten“ geschaffen wurde, freilich im Endeffekt für einen „Querschläger“, ja für einen „Schleichweg [...], um an dem (ohnehin außerordentlich hoch angesetzten) 30 v. H.-Limit ungerügt und völlig legal vorbei zu kommen“ (Stock, 48f.). Denn wenn, so argumentiert er, bei Überschreitung der 10 Prozent-Marke die entsprechenden Korrekturmaßnahmen ergriffen sind, könne das entsprechende Haupt- oder Spartenprogramm mit Informationsschwerpunkt bei der Feststellung des Marktanteils eines Unternehmens nach § 26 II ausgeklammert, braucht also nicht mehr zugerechnet zu werden. Auf die „Mutterschiffe“ von Kirch und Bertelsmann – RTL und SAT 1 – bezogen, würde das bedeuten: „Die beiden Unternehmensgruppen können also Anteile von 30 und zirka 17 bzw. 13 v. H. erreichen, erst dann kommt das Aufgreifkriterium des § 26 V zum Zuge. Bis ca.

47 bzw. 43 v. H. Marktanteil genießen die Konzerne, von den Fenstern [...] abgesehen, volle Freiheit äußeren und inneren Wachstums." (ebd.) Sollte dieses Kalkül den vom neuen Rundfunkstaatsvertrag geregelten Sachverhalt zutreffend wiedergeben, also die Ausklammerung der Vollprogramme mit Fenstern möglich sein, wäre tatsächlich das Zuschaueranteilsmodell, das ja „wohl nur nachbessern" will, „gänzlich ausgehebelt", die Zuordnung von § 26 V RStV zu den anderen Normen, die das Modell allererst konstituieren, „objektiv mißlungen" (ebd.).

Die Frage, ob diese Logik, derzufolge die Einrichtung von Fensterprogrammen die vermutete Meinungsmacht von RTL oder SAT 1 neutralisiert und also deren Hauptprogramme von den zurechenbaren Gesamtquoten für die Mutterkonzerne abgezogen werden können, greift, läßt der Vertragstext offen. Ihre Beantwortung hängt von der Handhabung der Konzentrationskontrolle durch die KEK und die Landesmedienanstalten ab. Inwieweit eignen sich aber Fensterprogramme und Programmbeiräte als Instrumente zur Sicherung von Meinungsvielfalt?

Fensterprogramme und Programmbeiräte

Angesichts der erwartbaren Ambivalenz oder gar Wirkungslosigkeit der übrigen Instrumentarien zur Kontrolle von Meinungsmacht liegt auf der verhältnismäßig strengen Regelung zur Einrichtung von „Sendezeit für unabhängige Dritte" sowie von Programmbeiräten ein erhöhter Erwartungsdruck. Fensterprogramme, wie sie nach dem Muster der DCTP von Alexander Kluge nach einem kooperativen Abstimmungsverfahren zwischen der zuständigen Landesmedienanstalt und dem Sender lizensiert werden sollen, haben die Aufgabe, einen „zusätzlichen Beitrag zur Vielfalt" im kommerziellen Hauptprogramm, „insbesondere in den Bereichen Kultur, Bildung und Information" zu leisten (vgl. § 31, I 1 RStV). Sie sollen also kompensieren, ergänzen und auch gegensteuern und durch journalistisches Profil und Substanz die Qualität des Gesamtprogramms im Sinn von Meinungspluralismus fördern. Da in dieser Funktionsbestimmung naturgemäß Konfliktpotential angelegt ist, hat man für den Anbieter eines Fensterprogramms eine eigene Lizenz sowie Programmautonomie vorgesehen.

Sollten die Fensterprogramme im Rahmen einer Gesamtverträglichkeit die programmliche und finanzielle Unabhängigkeit wahren können, bietet das Konzept durchaus die Möglichkeit, Medien- und Meinungsvielfalt im Blick auf Kultur- und Informationsprogramme zu wahren und zu bewirken. Das Konzept der unabhängigen Fensterprogramme allein wird jedoch kaum in der Lage sein, die Gefahr der Meinungsdominanz durch wirtschaftliche Konzentration abzuwehren und also das strukturelle Problem der Vermachtung der Medien zu lösen, wenn die anderen Instrumente der Konzentrationskontrolle nach § 26 I und II RStV nicht greifen.

Ähnlich liegt die Problematik, wo es um Programmbeiräte geht. Anfänglich haben die Medienpolitiker der Länder noch über Vorgaben zur Gewährleistung der inneren Rundfunkfreiheit in Form einer rechtlich garantierten journalistischen Eigenverantwortung der Programmacher durch Redaktionsstatute sowie eine Trennung von Gesellschafter- und Programmverantwortung diskutiert. Das Ergebnis ist vergleichsweise dürftig ausgefallen: Der Programmbeirat, der nach § 32 I 2 RStV durch Anregungen und Vorschläge einen Beitrag zur Sicherung der Meinungsvielfalt und Pluralität des Programms leisten soll, wird zum einen aus dem Spektrum der gesellschaftlichen Gruppen vom Veranstalter selbst berufen – und wenn der Kontrolleur seine recht weitgehenden Befugnisse wahrnehmen sollte, so können seine Voten und Beanstandungen zum anderen vom Aufsichtsrat oder von der Gesellschafterversammlung mit Dreiviertelmehrheit abgewiesen werden. Die Unternehmerseite und nicht die für die Programmvielfalt Verantwortlichen behält auch hier im Konfliktfall den Hebel in der Hand. Die Repräsentanz der Gruppeninteressen wird das Meinungsspektrum zwar ergänzen, sie wird aber die weitere wirtschaftliche Konzentration und die sie begleitende Konzentration von Meinungsmacht nicht verhindern können.

Eine Kommission mit Kompetenz

Um so stärker richtet sich das Augenmerk auf die „Kommission zur Ermittlung der Konzentration im Medienbereich" (KEK, vgl. § 35 II 1 RStV). Dieser Expertenkommission, die aus sechs Sachverständigen des Rundfunk- und Wirtschaftsrechts bestehen soll, kommt in Verbindung mit den Landesmedienanstalten und ihrer Direktorenkonferenz eine Schlüsselrolle zu; sie hat weitreichende Kontrollbefugnisse. Die Kommission ist zuständig für „die abschließende Beurteilung von Fragestellungen der Sicherung von Meinungsvielfalt im Zusammenhang mit der bundesweiten Veranstaltung von Fernsehprogrammen" (§ 36 I 1). Diese Zuständigkeit bezieht sich auf die Zulassung und den Entzug von Lizenzen, die Kontrolle von Beteiligungen und die Zurechnung von Programmen sowie auf die Vorbereitung von Antikonzentrationsmaßnahmen und dies alles unter Aufrechterhaltung der Entscheidungsbefugnis der zuständigen Medienanstalt. Die Kommission wurde geschaffen, um die föderale Rundfunkaufsicht zu vereinheitlichen und stärker zu professionalisieren. Auf diese Weise soll ein wirksames, nach gemeinsam entwickelten und akzeptierten Kriterien, mit Fachkompetenz, Erfahrung und Autorität arbeitendes Instrument eingesetzt werden, das nach dem Muster einer Kartellbehörde medienpolitisch effektiv agieren und auch qualitative journalistische Maßstäbe durchsetzen kann.

Fazit

Durch die Kontrolle von Medienkonzentration soll die vom Grundgesetz garantierte Presse- und Meinungsfreiheit gesichert werden. Dieses Ziel kann nur erreicht werden, wenn ein materieller Meinungspluralismus als Voraussetzung der Freiheit von Kommunikation und Meinungsbildung gewährleistet werden kann. Kann aber ein Marktanteilsmodell für die Kontrolle von Presse- und Medienkonzentration, das sich zwar auf die Wirksamkeit von Medienangeboten beim Publikum bezieht, dies aber mit quantitativen Grenzwerten versucht, die Qualität von freier Kommunikation sichern? Mit dem Zuschaueranteilskonzept hat man einen Weg beschritten, der eine Kontrolle nicht nach ökonomischem Maßstab vornimmt, sondern Medienmacht am Maßstab der Publikumswirkung und der Anteile am Markt mißt – eine durchaus medienadäquate und der freien Meinungsbildung angemessene Lösung. Dabei hat man das kartellrechtliche Verfahren, das mit dem Aufgreifkriterium einer widerlegbaren Vermutung von Marktbeherrschung arbeitet, auf den Meinungsmarkt übertragen. Das leuchtet ein.

Die Ausgestaltung des Instrumentariums zur Konzentrationskontrolle ist freilich sehr großzügig ausgefallen. Die Medienpolitiker der Länder haben offenbar unter dem Druck einer Koalition der einflußreicheren Standortpolitiker ein weiches, unternehmensfreundliches Arrangement getroffen: Der ohnehin hoch angesetzte Grenzwert von 30 Prozent Marktanteil wurde durch eine ganze Palette von Maßnahmen nach oben weiter geöffnet, nach unten freilich recht ärmlich ausgestaltet, tendenziell abgedichtet. Man wollte der Dynamik des Medienmarktes offenbar keine wirksamen Hindernisse in den Weg stellen, Gefahrenabwehr allenfalls als Nachsorge betreiben. Unter dieser Perspektive einer schwachen Regulierung kann aber die, auch unter dem Druck der technologischen Konvergenz der elektronischen Medien von Rundfunk und Telekommunikation weiter lebhaft voranschreitende Medienkonzentration nicht gesteuert, geschweige denn verhindert werden. Der Schutz der Pressefreiheit und der Meinungsvielfalt sowie die Garantie einer freien Meinungsbildung laufen dann ins Leere.

Hinzu kommt, daß der novellierte Rundfunkstaatsvertrag die Konzentrationskontrolle nur auf den Fernsehmarkt beschränkt; Hörfunk, verwandte private Märkte, horizontale und vertikale Konzentration, Multimedia und Printmedien werden weitgehend ausgeklammert. Unter einer solchen Beschränkung der Perspektive und der Mittel kann eine adäquate Messung von Meinungsmacht und eine effektive Steuerung des Marktes nicht erreicht werden.

Demgegenüber hat das Bundesverfassungsgericht bei seiner Auslegung des Artikels 5 des Grundgesetzes stets dafür plädiert, durch klare präventive Vorkehrungen die Gefahren einer Bildung von vorherrschender Meinungsmacht abzuwehren, und es hat sich dabei gegenüber einer bloßen Marktsteuerung skeptisch gezeigt. Der Europäische Gerichtshof hat ebenso die Gewährleistung des Meinungspluralismus über die Dienstleistungsfreiheit gestellt. Auch der Rundfunkstaatsvertrag hält am Ziel einer Verhinderung von Meinungsdominanz und des wirksamen Schutzes von materieller Meinungsvielfalt fest. Hier kommt der Kommission zur Ermittlung der Konzentration im Medienbereich eine Schlüsselfunktion zu. Mit dieser Kommission, die eine Kompetenz zur Definition von Maßstäben und Maßnahmen hat und auch eine Beurteilung von Meinungsmacht und -vielfalt am Maßstab von Programmqualität zuläßt, können die Landesmedienanstalten durchaus eine effektive Kontrolle der Medienkonzentration ausüben; dies insbesondere dann, wenn nicht nur die Regeln des Staatsvertrags strikt angewendet, sondern die Kontrolle unter Einbeziehung der verwandten Medienmärkte auch auf die Zone unterhalb der 30 Prozent ausgedehnt wird. Die Länder, die den Staatsvertrag und auch die Regelungen der Konzentrationskontrolle im Licht der novellierten Europäischen Fernsehrichtlinie ohnehin noch einmal revidieren müssen, sollten dann den Schritt hin zu einem umfassenden Mediennutzungsmodell vollziehen und die KEK zu einer effektiven nationalen Kommission im Sinne einer „Royal Commission“ nach britischem Vorbild ausbauen.

Die beschriebenen Defizite der staatlichen Rundfunkaufsicht werden freilich auch dann nicht gänzlich behoben werden können. Die interne Verflechtung, die auf dem deutschen Printmarkt weit vorangeschritten ist, im Rundfunksektor freilich noch keine entscheidende Rolle spielt, sowie die rapide technologische Entwicklung, die fast nur noch eine nachholende und sanktionierende Anpassung der nationalen und europäischen Regelungsvorschriften an das Bestehende erlaubt, machten die Suche nach neuen Leitbildern und Regelungsansätzen nötig. Eine gesellschaftliche Kontrolle wird die rechtliche Regelung ergänzen müssen. In diesem Zusammenhang ist in jüngster Zeit wiederholt über die Schaffung einer unabhängigen Stiftung „Medientest“ diskutiert worden. Durch eine solche Einrichtung können auch Verbraucherinteressen ins Spiel gebracht und die Kräfte der Selbstregulierung durch Selbstverpflichtung gestärkt werden.

Literaturhinweise:

K. H. Klär: in: epd – Kirche und Rundfunk, Nr. 80 vom 12. Oktober 1994, S. 3ff.;

M. Stock: Konzentrationskontrolle in Deutschland nach der Neufassung des Rundfunkstaatsvertrages (1996), in: M. Stock/H. Röper/B. Holznagel (Hg.): Medienmarkt und Meinungsmacht, Berlin 1997.

Monika Griefahn

Der Schutz der Umwelt als Menschenrecht?

Der Titel meines Aufsatzes bezieht sich auf eine der grundsätzlichsten und wichtigsten umweltpolitischen Diskussionen der letzten 25 Jahre: die Frage, ob die Umwelt lediglich als Lebensraum und Lebensgrundlage des Menschen zu schützen ist oder um ihrer selbst willen. Damit entscheidet sich, ob und inwieweit der Umweltschutz vor entgegenstehenden (Nutzungs-)Ansprüchen zurückzutreten hat und damit das Niveau, auf dem die Umwelt geschützt werden kann. Diese Frage bestimmte auch die mittlerweile abgeschlossene Diskussion über die Verankerung des Umweltschutzes im Grundgesetz. Bevor ich zu einer Bewertung der Staatszielbestimmung des Grundgesetzes gelange und die Frage beantworte, ob die Diskussion über eine grundrechtliche Absicherung des Umweltschutzes gerade in der heutigen Zeit des Zurückdrängens bereits erreichter Positionen und Standards im Umweltschutz zu Recht als abgeschlossen angesehen werden kann, möchte ich näher auf den Hintergrund der Diskussion eingehen.

Nicht nur in der Bundesrepublik Deutschland, sondern beispielsweise auch in den USA wurde seit der Herausbildung des Umweltrechts in den letzten 40 Jahren immer wieder bemängelt, daß bestehende rechtliche Regelungen zum Schutz der Umwelt in der Praxis kaum zum Tragen kamen, da ein Verstoß gegen diese zum Schutz der Allgemeinheit erlassenen Normen nicht von individuellen Klägern geltend gemacht werden konnten und andere Rechtsträger nicht vorhanden waren und sind.

In den USA hat sich diesbezüglich zwischenzeitlich einiges geändert; bei uns besteht diese Situation unverändert weiter fort. Gegen umweltschädigende Maßnahmen klagende Privatpersonen müssen oft erkennen, daß vor Gericht nicht die eigentliche Rechtmäßigkeit oder Rechtswidrigkeit der umweltbelastenden Maßnahme im Mittelpunkt steht, sondern die Zulässigkeit ihrer Klage. Voraussetzung hierfür ist wiederum ein subjektives Recht des Klägers; d. h. er muß nachweisen, daß gegen eine rechtliche Regelung verstoßen wurde, die zumindest auch zu seinem Schutz erlassen worden ist.

Da beispielsweise Regelungen zur Vorsorge gegen Umweltschäden im Vorfeld der auf den Schutz einzelner Personen gerichteten Gefahrenabwehr ein drittschützender Charakter abgesprochen wird, spielt das Vorsorgeprinzip in umweltrechtlichen Gerichtsverfahren faktisch keine Rolle; umweltrechtliche Regelungen zur Vorsorge blieben kaum mehr als programmatische Erklärungen. Besonders offensichtlich ist das Versagen des Ansatzes der individuellen Rechtsverletzung als Voraussetzung für die Klagebefugnis bei der Verletzung von rechtlichen Regelungen zum Schutz von Pflanzen und Tieren oder sonstiger Bestandteile der Natur. Hier besteht nur in Ausnahmefällen für Privatpersonen die Möglichkeit, derartige Rechtsverletzungen gerichtlich überprüfen zu lassen, und zwar dann, wenn sie Eigentümer dieser Pflanzen und Tiere etc. sind und sie einen nicht unerheblichen wirtschaftlichen Wert darstellen.

Vor dem Hintergrund dieser Sachlage wurde bereits Anfang der siebziger Jahre in den USA der Versuch unternommen, Naturgütern die Rechtsfähigkeit zuzuerkennen, um sie so effektiver gegen menschliche Eingriffe zu schützen. Christopher D. Stones *„Should Trees Have Standing"* (deutsch: Die Eigenrechte der Natur) aus dem Jahr 1972 sollte als Argumentationshilfe in einem Rechtsstreit einer Umweltschutzorganisation gegen die Zerstörung des Mineral King Valley durch ein Entwicklungsprojekt der Walt Disney Company dienen. Die Klage ging verloren, da die Mehrheit des Gerichtes dem Umweltverband mangels faktischer Betroffenheit von Mitgliedern die Klagebefugnis absprach; lediglich ein Richter folgte dem Ansatz Stones. Heute ist das Buch ein Klassiker des Umweltrechts und der Umweltethik.

Aus ähnlichen Gründen ließen Greenpeace und sieben weitere Umweltverbände die Nordseerobben gegen die „Genehmigung der Einbringung von Abfallstoffen auf hoher See bzw. deren Verbrennung" klagen. Da durch diese Genehmigung niemand in seinen Rechten verletzt war – nur der Antragsteller hätte klagen können, wenn ihm die genehmigten Mengen nicht ausgereicht hätten –, traten die Verbände dabei als Treuhänder, als „Geschäftsführer ohne Auftrag" für die Seehunde auf. Die ablehnende Entscheidung des Verwaltungsgerichtes stützte sich darauf, daß Tiere gemäß § 61 Verwaltungsgerichtsordnung (VwGO) nicht „beteiligungsfähig" sind. Tragender Grund dafür, daß die Rechtsordnung die Rechtsfähigkeit und somit die Befähigung, Träger von Rechten zu sein, nur dem Menschen zuordnet, liegt nach der Begründung des Gerichtes in der Erkenntnis, daß nur ihm die besondere Personenwürde zu eigen ist, kraft seines Geistes, die ihn abhebt von der unpersönlichen Natur und ihn aus eigener Entscheidung dazu befähigt, seiner selbst bewußt zu werden, sich selbst zu bestimmen und die Umwelt zu gestalten.

Dieser hier beispielhaft dargestellte Konflikt zwischen der rein auf den Menschen bezogenen – anthropozentrischen – deutschen Rechtsordnung und – mehr oder weniger weitgehenden – ökozentrischen Positionen bestimmte über mehrere Jahrzehnte die politische und rechtliche Diskussion über die Verankerung des Umweltschutzes in der Verfassung.

Bereits in den siebziger Jahren begann die öffentliche Diskussion darüber, ob der Umweltschutz im Grundgesetz verankert werden sollte; entweder als eigenes Grundrecht auf eine intakte Umwelt oder als Staatszielbestimmung wie etwa das Sozialstaatsprinzip. Neben der erst nach der Schaffung des Grundgesetzes offenkundig gewordenen Bedeutung des Umweltschutzes als existentielles, langfristiges Interesse des Menschen, sprach insbesondere die Tatsache, daß ein hinreichender Schutz der natürlichen Lebensgrundlagen durch das Verfassungsrecht bisher nicht gewährleistet war, für die Aufnahme einer Regelung zum Schutz der Umwelt in die Verfassung. Denn die bisherigen Schutzpflichten, insbesondere aus Artikel 2 Absatz 2 und Artikel 14 des Grundgesetzes decken nicht den gesamten Schutzbereich ab, da ein Schutz der Natur nur dann vorgesehen ist, wenn ein Mensch als Träger der Grundrechte in diesen verletzt wird.

In der Folgezeit gab es viele Vorschläge für eine Regelung des Umweltschutzes im Grundgesetz; keiner fand jedoch eine Mehrheit. Hauptstreitpunkt war die Frage, ob einem anthropozentrischen oder ökozentrischen Ansatz gefolgt werden sollte, ob also ein eigenes Lebensrecht der Tiere, Pflanzen und sonstigen Schöpfungselemente anerkannt werden sollte oder nicht. Der ehemalige Bundespräsident Richard von Weizsäcker stellte zwar 1984 in seiner Weihnachtsansprache fest: „Wir schützen die Umwelt nicht nur um des Menschen willen, sondern auch um ihrer selbst willen“; auch dieser Anstoß führte jedoch nicht zu einer Mehrheit für eine entsprechende grundgesetzliche Regelung.

Auf der Grundlage des Einigungsvertrages vom 31. August 1990 legte eine Gemeinsame Verfassungskommission von Bundesrat und Bundestag am 28. Oktober 1993 ihre Vorschläge zur Reform des Grundgesetzes vor, darunter auch einen neuen Artikel 20a des Grundgesetzes mit einer Staatszielbestimmung zum Umweltschutz. In den Beratungen wurden verschiedene Formulierungen diskutiert; zunächst erreichte keine die erforderliche Zweidrittelmehrheit. Zwar bestand ein parteiübergreifender Konsens zur Verankerung des Umweltschutzes im Grundgesetz; Hauptstreitpunkt zwischen der SPD-Opposition und der CDU/CSU war neben der Frage der Anthropozentrik die Frage, ob das künftige Staatsziel Umweltschutz ausschließlich die Legislative binden, oder ob es auch die Exekutive und die Judikative zu selbständigem Handeln ermächtigen sollte.

Für die CDU fügte sich ein Schutz der Umwelt aus eigenem Recht nicht in den Gesamtrahmen der Verfassung. Der Mensch sei in der Ordnung des Grundgesetzes Maß und Mittelpunkt aller staatlichen Regelungen und Maßnahmen, wie sich aus dem zentralen Grundsatz der Menschenwürde in Artikel 1 der Verfassung zeige. Daher könne der Umwelt nicht ein dem Menschen gleichgeordneter verfassungsrechtlicher Eigenwert eingeräumt werden.

Die SPD wandte sich gegen eine anthropozentrische Verengung des Umweltschutzes; die Umwelt bedürfe verfassungsrechtlichen Schutzes auch um ihrer selbst willen. Um dem Umweltschutz als verfassungsrechtlichem Schutzgut keinen Vorrang vor entgegenstehenden Interessen zu gewähren – wie etwa

Wirtschaftswachstum, Industrieansiedlung, Wohnungsbau, Schaffung von Arbeitsplätzen, Energieversorgung, Verkehrsversorgung etc. –, verlangte die CDU einen Gesetzesvorbehalt. Der demokratisch legitimierte Gesetzgeber müsse einen Ausgleich zwischen den Interessen schaffen, während Justiz und Verwaltung grundsätzlich nur die Gesetze anwenden bzw. vollziehen, nicht jedoch selbst über die Auslegung und den Ausgleich zwischen verschiedenen verfassungsrechtlich geschützten Interessen entscheiden sollten.

Diese Bedenken richteten sich in erster Linie gegen eine befürchtete Rechtsfortbildung durch das Bundesverfassungsgericht in einem politisch nicht gewollten Sinne. Die SPD sprach sich entschieden gegen einen Gesetzesvorbehalt aus, da andernfalls Art und Intensität des Umweltschutzes von der jeweiligen Parlamentsmehrheit abhängig seien. Wenn sich die Verfassungsbestimmung zum Umweltschutz nicht gleichrangig auch an die Judikative und an die Exekutive richte, werde sie zu einem Staatsziel „zweiter Klasse".

Es würde zu weit führen, hier den in verschiedenen juristischen Fachaufsätzen ausführlich beschriebenen Streit umfassend darzustellen. Ergebnis war der jetzige Artikel 20a des Grundgesetzes als Kompromiß: „Der Staat schützt auch in Verantwortung für die künftigen Generationen die natürlichen Lebensgrundlagen im Rahmen der verfassungsmäßigen Ordnung durch die Gesetzgebung und nach Maßgabe von Gesetz und Recht durch die vollziehende Gewalt und die Rechtsprechung".

Obwohl die CDU erst spät auf die Einschränkung des Schutzes der natürlichen Lebensgrundlagen durch die Hinzufügung der Worte „des Menschen" verzichtete, wird das Staatsziel in der Literatur wegen der Einbeziehung der zukünftigen Generationen doch als anthropozentrisch angesehen. Problematischer ist jedoch, daß die Ausgestaltung des Staatszieles in erster Linie einen reinen Gesetzgebungsauftrag darstellt. Da der Gesetzgeber nach den Maßstäben der Verfassungsrechtsprechung einen weiten Gestaltungsspielraum hat, und da in der Vergangenheit bereits eine Vielfalt von umweltgesetzlichen Regelungen erlassen worden ist, konnte dieser Auftrag als bereits erfüllt angesehen werden. Gerichte und Verwaltung sollen, so die offensichtliche Intention der CDU, das Staatsziel nur nach Maßgabe der bestehenden einfachrechtlichen Gesetze berücksichtigen.

Es ist zwar äußerst fraglich, ob die Gerichte durch eine Verfassungsklausel tatsächlich dazu gezwungen werden können, die Bindungswirkung verfassungsrechtlicher Grundentscheidungen außer Acht zu lassen. Auch die Argumentation der CDU, es sei ohne Gesetzesvorbehalt ein Vorrang für den Umweltschutz zu befürchten, ist wenig stichhaltig. Die dem Umweltschutz entgegenstehenden Belange sind ebenfalls durch die Verfassung geschützt, z. B. durch die wirtschaftlichen Freiheitsrechte, das Sozialstaats- und das Rechtsstaatsprinzip oder durch das Prinzip des gesamtwirtschaftlichen Gleichgewichts. In einer Konfliktsituation ist daher anhand der konkreten Gestaltung des Einzelfalls auf Grundlage der verfassungsrechtlichen Regelung abzuwägen.

Der Gesetzesvorbehalt wird daher in der Literatur allgemein als überflüssig angesehen. Ebenso wird auch die Verwaltung das Staatsziel beispielsweise bei Ermessensentscheidungen zu berücksichtigen haben.

Wesentlich ist aber das politische Signal, das von dieser Staatszielformulierung ausgeht: Inwieweit die Umwelt zu schützen ist, bestimmt trotz Staatszielbestimmung in erster Linie der Gesetzgeber, dem nur eine sehr allgemeine und ihn kaum beschränkende Zielvorgabe an die Hand gegeben wird.

Besonders bedaure ich, daß das neue Staatsziel keine unmittelbaren Auswirkungen auf den Bürger hat: Weder erlegt es ihm besondere Rechtspflichten auf, noch eröffnet es ihm subjektive öffentliche Rechte. Insbesondere kann niemand auf seiner Grundlage bestimmte umweltpolitische Entscheidungen einklagen oder eine objektiv rechtswidrige Entscheidung aufheben lassen, wenn er nicht in seinen eigenen Rechten verletzt ist.

Im Ergebnis läßt sich feststellen, daß die Staatszielbestimmung des Artikels 20a des Grundgesetzes auf einer Linie mit der Beschneidung von Verfahrensrechten und materiellrechtlichen Umweltschutz-Standards in den Jahren seit der Vollendung der deutschen Einheit steht. Die angestrebte Verbesserung des Gewichts des Umweltschutzes in der Abwägung mit entgegenstehenden Interessen blieb aus. Die frühzeitige Beschränkung der Diskussion auf eine nicht einklagbare Verfassungsnorm läßt befürchten – und die bisherige Praxis in der Rechtsanwendung scheint dies zu bestätigen –, daß von dem gefundenen Kompromiß der Staatszielbestimmung keinerlei konstruktive Impulse im Sinne einer Stärkung der Belange des Umweltschutzes ausgehen, die Regelung folglich bestenfalls bedeutungslos bleibt, sofern sie sich nicht sogar negativ auf die Bedeutung des Umweltschutzes auswirkt.

Eine Verbesserung des Gewichts des Umweltschutzes, wie sie zu Beginn der Diskussion intendiert war, hätte sicherlich eine einklagbare Umweltverfassungsnorm, ein Grundrecht auf Umweltschutz also, mit sich gebracht. Eine derartige Norm hätte so ausgestaltet werden können, daß sich die Gewichte nicht von der Legislative zur Judikative verlagern würden und auch ein gerechter Ausgleich zwischen den unterschiedlichen Belangen gewährleistet wäre. Ein derartiges einklagbares Grundrecht, wie ich es – zusammen mit anderen – immer gefordert habe, stand jedoch in der Gemeinsamen Verfassungskommission nicht mehr zur Diskussion. Aber auch eine anders ausgestaltete Staatszielbestimmung hätte zu wesentlich besseren Ergebnissen führen können, wenn sie zugleich als Grundlage für eine Verbesserung des Rechtsschutzes im Bereich des Umweltrechts dienen könnte und somit die rechtliche Überprüfung umweltrelevanter Entscheidungen unabhängig von einer individuellen Betroffenheit ermöglichen würde. Gerade dies war jedoch von der CDU nicht gewollt.

In die Zukunft blickend, möchte ich dennoch eine hoffnungsvolle Perspektive für die Stärkung des Gewichts des Umweltschutzes in der Auseinandersetzung mit entgegenstehenden Interessen aufzeigen: Auf der Ebene der Vereinten Nationen wird im Auftrag der Europäischen Umweltministerkonferenz derzeit eine Konvention über die Verbesserung der Mitwirkung der Öffentlichkeit in umweltbezogenen Entscheidungsprozessen, des freien Zugangs zu Umweltinformationen sowie der Schaffung der rechtlichen Voraussetzungen für Klagen gegen umweltbezogene Entscheidungen erarbeitet. Als Bundesland nimmt Niedersachsen an dieser Diskussion teil.

Besonders positiv sehe ich es, daß eine Klagebefugnis gegen Umweltentscheidungen unabhängig von der individuellen Rechtsbetroffenheit gefunden werden soll. Nach dem Stand der Diskussionen könnte eine Art Verbandsklageregelung vorgeschlagen werden, die nicht auf den reinen Naturschutz beschränkt ist. Eine derartige Konvention, gezeichnet von allen europäischen Staaten und der Europäischen Gemeinschaft, würde einen großen Umsetzungsdruck erzeugen. Voraussetzung für eine derartige Lösung wäre sicherlich eine Reduzierung der Möglichkeit der Einflußnahme von Interessengruppen auf die Verbände, wie sie heute teilweise durch Gruppen, die die Natur nutzen, sich aber offiziell als Naturschützer darstellen, zu beobachten ist.

Die Stärkung des Umweltschutzes durch die Einführung einer Verbandsklageregelung auf Bundesebene und die Verbesserung der Beteiligungs- und Informationszugangsmöglichkeiten sind Essentials, die von einer SPD-geführten Bundesregierung nach Ablösung der Regierung Kohl schnell in Angriff genommen würden. In Niedersachsen haben wir breite Beteiligungs- und Klagerechte für die Umweltverbände eingeführt – mit positiven Ergebnissen, auch wenn die CDU die Regelung kürzlich, nach dem ersten größeren Konflikt, wieder abschaffen wollte. Leider gelten diese Rechte nur bei von Landesbehörden durchgeführten Verfahren. Allerdings haben wir eine Öffnungsklausel in unser Naturschutzgesetz eingebaut, nach der die anerkannten Naturschutzverbände durch das Gesetz allgemein die Aufgabe übertragen bekommen haben, neben den Naturschutzbehörden die Belange von Natur und Landschaft zu vertreten. Dies geht weit über die normale Verbandsbeteiligung hinaus und sollte den Verbänden die Möglichkeit eröffnen, noch breiter als bisher an umweltpolitischen Entscheidungsprozessen teilzunehmen.

Margret Mönig-Raane

Menschenrechte und Menschenpflichten, oder: Es reicht nicht, wenn alle das gleiche Recht haben, unter Brücken zu schlafen

Wieder einmal häufen sie sich: Die Appelle, daß (wenigstens) in Zukunft Menschenrechte breiter anerkannt, unterstützt und auch faktisch eingehalten werden mögen, daß körperliche Unversehrtheit, die Freiheit der Person, des Glaubens und des Gewissens zu Maßstäben politischen und sozialen Handelns werden und Folter, Terror und Diskriminierung nicht Mittel der Politik, sondern politisch zu bekämpfendes Unrecht sein mögen. Appelle, aktiv Toleranz zu üben, offen zu sein für die Probleme der anderen, selbst Verantwortungen, Pflichten zu übernehmen, folgen.

Nicht nur mir geht dabei zunächst einmal das Herz auf – aber nicht nur bei mir folgen darauf Beklemmungen.

Wir wissen doch alle, daß bei wenigen Themen so geheuchelt, gelogen oder auch nur verdrängt wird wie beim Thema „Menschenrechte". Nicht nur, daß wir alle, besonders aber die Regierungen, uns längst daran gewöhnt haben, mit zweierlei Maß zu messen: Stark differenziert nach allgemeiner Ethik und privatem Nutzen, wobei der private Nutzen in der Regel als Nutzen *der* Nation, *der* Organisation, *des* Unternehmens usw. differenziert wird.

Wir lassen zu, daß Menschenrechte ganz offen, in voller Brutalität dann gebrochen werden, wenn wir etwas dagegen tun können.

Wir verlieren die Sensibilität dafür, wie allgemeine Menschenrechte und sozial-ökonomische Voraussetzungen (nicht nur die politischen!) zusammenhängen, wie Politik, Ökonomie und soziale Entwicklung aufs engste verknüpft sind; das Gefühl dafür, wie Menschenrechte nur Sinn haben, wenn die gesellschaftlichen Voraussetzungen dafür bestehen, daß *die* Menschen sie auch wahrnehmen können:

- Es reicht eben nicht aus, wenn alle Menschen das gleiche Recht haben unter Brücken zu schlafen, alle müssen auch die gleiche Chance haben, *nicht* unter Brücken zu schlafen.
- Das gilt nicht nur für die Verhältnisse innerhalb unserer Gesellschaft, das gilt in viel stärkerem Maße noch für die Verhältnisse in den armen Ländern, wo die sozialen Unterschiede meist noch viel krasser sind und wo ein enormes Macht- und Leistungsgefälle zu den mächtigen und reichen Nationen besteht.

Wie sehr wir uns alle längst daran gewöhnt haben, wie häufig mit „double standards" gearbeitet wird, zeigt schon ein Blick auf das Verhalten einiger unserer Verbündeten: Am lautesten und mit viel moralischem Wortgeklingel fordern die Amerikaner die Einhaltung der Menschenrechte. Sieht man genauer hin, wird diese Einhaltung meist aber nur dort überaus ernst genommen, wo ihre strategischen oder ökonomischen Interessen auf dem Spiel stehen – wie z. B. im Irak. Wenn die eigenen strategischen und ökonomischen Interessen aber gesichert sind, wie im Verhältnis zu Saudi-Arabien, werden beide Augen zugedrückt. Die gleiche Argumentation ließe sich im Verhältnis zu mittel- und südamerikanischen Staaten fortsetzen.

In der Türkei, Mitglied der NATO, die alle internationalen Vereinbarungen gegen das Foltern unterschrieben hat, wurden seit 1980 Hunderttausende gefoltert und mehr als 420 Menschen durch Folter getötet. 1992 sah der Westen schweigend zu, wie die Junta in Algerien die Wahlen verhinderte, weil deutlich war, daß die nicht weniger brutale Opposition sie gewinnen würde. Nach blutigen Kämpfen zwischen Islamisten und Militärs wurde der Ausnahmezustand verhängt. Terror und Gegenterror forderten in den vier Jahren danach 80 000 Menschenleben.

Darüber erschrecken wir uns noch, fordern Änderungen, genauso wie wir uns zu Recht über die ununterbrochenen Verletzungen von Menschenrechten und Bürgerkriegen in Bosnien und in Uganda erregen, wo glücklicherweise – obwohl auch das so einfach nicht stimmt – „die anderen" die Schuldigen sind.

Wie aber verhalten wir uns selbst, wenn uns über selbstverständlich geforderte moralische Empörung hinaus durchaus eigene Dispositionsspielräume gegeben sind? Kinderarbeit hin oder her – aber damit hergestellte Waren können wir uns nun einmal sehr viel leichter leisten. Natürlich sind Hungerlöhne abzulehnen, aber die importierten Produkte, die darauf beruhen, sind nun einmal viel billiger. Natürlich gilt es die Umwelt zu schützen, aber...

Wenn man dies alles bedenkt, die weltweiten Entwicklungen wie das eigene Verhalten, wenn man bedenkt, wie es auch nach Verkündigung und allgemeiner Akzeptierung von Menschenrechten noch immer Folter und Terror, Raffgier und unendliches Elend gibt, könnte man schon versucht sein zu sagen: Was sollen denn dann all die Proklamationen und Konventionen, Verträge und unendlichen Diskussionen über Menschenrechte und Krisen? Führt das nicht dazu, die Scheinheiligkeiten noch zu verlängern, den Blick auf die Realitäten zu vernebeln?

Ich sehe das ganz anders. Ich bin überzeugt, daß die Erklärung der Menschenrechte 1948 durch die Vereinten Nationen nach dem faschistischen Terror ein wirklicher Fortschritt war, weil sie mehr sind als Bürgerrechte, die es natürlich zuvor schon gab, weil sie von einem sittlichen Menschenbild ausgehen und die Würde und Unversehrtheit des Menschen in den Mittelpunkt stellen.

Ich bin überzeugt, daß es ein Fortschritt ist, daß die Menschenrechte inzwischen völkerrechtliche Verbindlichkeit erlangt haben, daß es die Europäische Menschenrechtskonvention und die Einrichtung des Europäischen Gerichtshofes für Menschenrechte gibt, und daß internationale Vereinbarungen gegen Foltern und Landminen von einer Mehrheit der Nationen in dieser Welt unterschrieben wurden.

Solche Proklamationen, deren Durchsetzung natürlich Aufgabe praktischer Politik bleibt, sind doch nicht nur Papier. Sie sind Ausdruck dafür, daß der Legitimationsdruck, der ethische Rechtfertigungszwang für gesellschaftliches, für politisches Handeln gewachsen ist. Deshalb hat Marion Gräfin Dönhoff (in: „Die Zeit" vom 26. Dezember 1997, 1) Recht, wenn sie feststellt: „Es muß Maßstäbe geben, an denen die Regierenden ihre Unzulänglichkeiten messen können, auch wenn nur ein schlechtes Gewissen dabei herauskommt".

Und genauso wichtig halte ich den zweiten Gedanken, den sie in diesem Zusammenhang äußert: „Es muß *Geländer* geben, an denen die Bürger in dieser chaotischen Welt sich entlang hangeln können".

In der Tat, es geht darum, das gesellschaftliche, das öffentliche Bewußtsein für Maßstäbe sensibel zu halten.

> Für Maßstäbe, die Orientierung geben und Rechtfertigungen einfordern.
> Für Maßstäbe, die Rechte begründen und Verpflichtungen, Verantwortungen, so weit wie irgend möglich, zwingend einleuchtend und erforderlich machen.
> Für Maßstäbe, die deutlich machen: Die Einlösung von Menschen- und Bürgerrechten fordert, daß wir über Anforderungen an die jeweils Regierenden und Mächtigen und Schuldigen hinaus Verantwortung nicht delegieren, sondern das uns selbst Mögliche an Pflichten auch wirklich wahrnehmen.

Maßstäbe im öffentlichen Bewußtsein wachhalten und Geländer für alltägliches, politisches und wirtschaftliches Verhalten und Handeln aufzeigen – das haben Gewerkschafterinnen und Gewerkschafter seit Beginn dieser – geschichtlich gesehen wohl breitesten – „sozialen Bewegung" der Gewerkschafts- und Arbeiterbewegung gefordert und einzulösen versucht. Eingebettet in vielfältige nationale und internationale politische wie kulturelle Entwicklungen und Wirtschaftssysteme war und ist die Diskussion darüber, welches die entscheidenden Maßstäbe sind, die richtigen „Geländer" und Wege hin zu einer Gesellschaft, in der Menschenrechte verwirklicht werden können, immer differenziert und kontrovers, aber eben deswegen auch unentschieden offen und für zukünftige Entwicklungen sensibel geführt worden.

Für mich ist keine der „großen" im Laufe dieser gesellschaftlichen Auseinandersetzungen geführten Debatten entschieden: Reform oder Revolution, Bändigung des Kapitalismus oder Systemüberwindung. Viel wichtiger ist für mich, daß die gemeinsame Grundlage, besser vielleicht: gemeinsame Diskussionsvoraussetzung bewußt bleibt – der enge Zusammenhang zwischen Menschen- und Freiheitsrechten und sozialen Menschenrechten.

- Soziale Gerechtigkeit gilt es zu realisieren als Norm, die über Marktgesetzen steht,
- ein Recht auf Arbeit als Voraussetzung dafür, Chancen für die aktive Wahrnehmung von Menschenrechten, von gesellschaftlicher Mitwirkung und als Voraussetzung für die individuelle Wahrnehmung gesellschaftlicher Chancen;
- ein Recht auf „gerechte“ Verteilung des gesellschaftlichen Wohlstandes, denn: Armut tötet Menschenrechte;
- ein Recht auf Bildung, vom Kindergarten bis zur beruflichen Weiterbildung;
- ein Recht auf Wohnung, weil es sonst in der Regel weder Arbeit noch Einkommen gibt.

Von den traditionellen Menschenrechten, zunächst historisch eng verbunden mit der Emanzipation des Bürgertums (und damit in wesentlichen Teilen mit der Durchsetzung der kapitalistischen Produktionsweise), unterscheidet sich unser gewerkschaftliches Verständnis vor allem durch die historische Erkenntnis: Ohne gesellschaftlich abgesicherte soziale Rechte (gesetzliche oder vertragliche) bleibt die Proklamierung der Menschenrechte unwirksam; ohne soziale Mindestnormen, die nicht unterschritten werden dürfen, ist der Willkür ökonomisch begründeter Macht Tür und Tor geöffnet.

Armut und Hunger, Arbeits- und Wohnungslosigkeit, Ausgeschlossensein von Bildung aufgrund des sozialen Standes oder des Geschlechtes lassen ein Leben in Würde kaum zu. Und – für uns von vergleichbarer Bedeutung: Wird die politische Demokratie nicht durch Elemente sozialer Demokratie ergänzt und gesichert, sind soziale Rechte allemal gefährdet. Im deutschen Verständnis, gewachsen in unsrer Geschichte, sind dies vor allem Mitbestimmungsrechte und Tarifautonomie, die (wenngleich noch lange nicht entsprechend unseren Vorstellungen durchgesetzt) zumindest eine gewisse Machtbalance als Grundlage von mehr sozialer Gerechtigkeit darstellen.

Unser Verständnis vom demokratischen und sozialen Staat lautet folglich: Die parlamentarische Demokratie braucht als Grundlage nicht nur Rechtsstaatlichkeit, sondern gleichermaßen Sozialstaatlichkeit – und Sozialstaat bedeutet mehr als soziale Sicherung im Alter, bei Krankheit und bei Arbeitslosigkeit; als Maßstab und Ziel umfaßt er Mitbestimmung in der Wirtschaft, Koalitions- und Streikrecht und die gesellschaftliche Verpflichtung, alles uns Mögliche zu tun, damit jeder Mensch Arbeit und Wohnung, Ausbildung und ein Einkommen hat, von dem er eigenständig in Würde leben kann.

Bleibt die Antwort auf die Frage, was heute zu tun ist, um politische und soziale Rechte und Verpflichtungen einzulösen. Aus meiner Sicht – und zum Jahreswechsel 1997/98 befinde ich mich da in einer so breit nicht vermuteten Gemeinsamkeit mit vielen Kommentatoren – geht es unverändert, aber dringlicher als zuvor um die Zivilisierung des Kapitalismus.

Programmatisch ist das die integrierende Botschaft des Ende 1996 verabschiedeten neuen DGB-Grundsatzprogramms. Aktuell ist diese Botschaft deshalb so notwendig, weil immer offenkundiger wird,

- daß die in den vergangenen Jahrzehnten zunächst dominierend gewordene neo-liberale Theorie, die „entbändigten", durch soziale Deregulierung freigesetzten Marktkräfte würden die wirtschaftlichen und sozialen Probleme am ehesten lösen, mehr Probleme geschaffen als gelöst hat;
- daß die in dieser Zeit vorherrschenden nationalen Politiken in Europa (Änderungen zeichnen sich gottlob ab) des Sozialabbaus, der Versuche der Demontage sozialer Regelungsmacht (man betrachte nur die Diskussion um die angebliche „Überlebtheit" von Flächentarifverträgen in Deutschland) und der Umverteilung zugunsten der Unternehmensgewinne und der großen Vermögen zu einer gewachsenen Spaltung unserer Gesellschaften geführt hat.

1998 wird erneut seit 1945 ein Rekordjahr der Arbeitslosigkeit werden – allen Versprechungen zum Trotz. Vermutlich auch ein Rekordjahr für Gewinne und Aktionskurse – *St. Sharholder value* sei gedankt. Ganz sicher wird die demokratische Auseinanderentwicklung von Einkommen aus Unternehmenstätigkeit und Vermögen einerseits und den Einkommen aus abhängiger Arbeit andererseits sich fortsetzen. Mit 22,2 Prozent war die Gewinnquote die höchste seit der Wiedervereinigung, dagegen sind die Lohnstückkosten gesunken.

Die Zahl der Armen und Sozialhilfeempfänger wird weiter wachsen, zugleich aber werden die öffentlichen Kassen noch leerer sein, wovor sie auch der sich fortsetzende Marsch in den Lohnsteuer- und Massensteuerstaat nicht bewahren wird, solange die wirklich Vermögenden relativ immer weniger Steuern zahlen.

Sicher ist auch: Die Exporte werden 1998 weiter boomen, stärker als je zuvor seit dem Kriege – die Binnennachfrage aber sinkt eher, kein Wunder, wenn die Massenkaufkraft stagniert.

Was allerdings unsicherer denn je ist, sind die Prognosen der Weisen und Marktwirtschaftspropheten:

Zwar zerschellen – wie Theo Sommer (in: „Die Zeit" vom 9. Januar 1998) zurecht feststellt – inzwischen so gut wie alle Weissagungen an der Wirklichkeit (wohlgemerkt bezogen auf die vergangenen Jahrzehnte): Das asiatische Wunder löst sich gerade auf, das amerikanische Modell (das englische gleich mit) verliert bei näherem Hinsehen jeden Glanz, von deutschem

Niedergang wegen angeblicher globaler Konkurrenzunfähigkeit keine Spur usw. usf. – zuweilen wird Ratlosigkeit auch schon verstohlen eingestanden. So beispielsweise der Sachverständigen-Rat in seinem Gutachten: „Die Erfahrungen in Deutschland können [...] kein Erfolgsnachweis für angebotsorientierte Wirtschaftspolitik sein [...]", nur: Selbst eingestandene Ratlosigkeit führt nicht zur Einsicht, vielleicht wären die zuvor propagierten Rezepte grundsätzlich zu überprüfen, vielleicht sogar falsch. Wenn nach der „reinen Lehre" alle Zahlen stimmen, nach denen der Konjunkturmotor längst hätte „anspringen" müssen – und der tut das einfach nicht –, könnte das nicht Grund genug sein, auch einmal (wieder!) über die sozialen und ethischen Grundlagen politischen und wirtschaftlichen Handelns nachzudenken – über die einzulösenden Menschenpflichten, damit die Menschenrechte auch wirklich zur Geltung kommen?

Was wir in den vergangenen Jahrzehnten – und grundsätzliche Änderung ist noch nicht in Sicht – erlebt haben, ist für unsere Bundesrepublik eine beispiellose „soziale Entpflichtung", einen als Folge eines angeblichen „Globalisierungs- und Standort-Rettungs-Naturgesetzes" geglaubten oder auch nur getarnten Marschs in soziale Verantwortungslosigkeit, Selbstsucht, Raffgier und Eigennutz.

Das kann und darf nicht damit entschuldigt werden, veränderte internationale Bedingungen der Weltwirtschaft, die bis zum Erbrechen vorgebetete „Globalisierungsanpassung", würden das erzwingen.

Richtig ist, daß die Internationalisierung der Weltwirtschaft, vor allem nach dem Zusammenbruch des „realen Sozialismus", aber auch aufgrund der Ausweitung der Telekommunikation und Datenverarbeitung eine neue Qualität erreicht hat. Richtig ist, daß das über wirtschaftliches Denken hinaus veränderte politische und soziale Strategien erfordert, wenn weltwirtschaftlich wachsende Produktivität und Produktion auch zur Realisierung der politischen und sozialen Menschenrechte genutzt werden sollen.

Das Schlimmste und zugleich Dümmste, was uns in den reichen Ländern, erst recht aber in den Schwellenländern und Ländern der Dritten Welt passieren kann, ist, die globalisierte kapitalistische Welt-Marktwirtschaft zum entscheidenden, gar einzigen, alternativlosen Maßstab für gesellschaftliches, mitmenschliches Handeln zu erheben.

Von Menschenpflichten wäre ernsthaft dann keine Rede mehr – und von Menschenrechten würde nur noch geredet.

IV. Akteure

Kerstin Müller

„Auf keinem Auge blind?“ Politische Justiz in Deutschland

Der Schein der Kontinuität

Im September 1913 hielt Rosa Luxemburg in Frankfurt eine Rede *Gegen Militarismus und imperialistischen Krieg*. Sie wurde daraufhin angeklagt, zum Ungehorsam gegen die Obrigkeit aufgewiegelt zu haben. Ein Polizeispitzel sagte in der Hauptverhandlung vor dem Landgericht Frankfurt aus, Rosa Luxemburg habe erklärt: „Wenn uns zugemutet wird, die Mordwaffe gegen unsere französischen oder anderen Brüder zu erheben, dann rufen wir: ‘Das tun wir nicht!’“ Die Beweislage war ebenso dürftig wie die rechtlichen Grundlagen des Verfahrens selbst. So wurden Fragen der Verteidigung zur Glaubwürdigkeit des Zeugen abgelehnt. Die prominente Angeklagte wurde daraufhin im Februar 1914 zu einem Jahr Haft verurteilt, die sie nach der Zurückweisung ihrer Berufung verbüßen mußte (Kramer, 58ff.).

Viele Beispiele lassen sich nennen, viele Verbindungslinien lassen sich ziehen. Die Wiedereingliederung der alten Nazirichter in den Justizdienst, das politische Klima der Restauration in der Adenauer-Ära und der Kalte Krieg haben tiefe Spuren in der Geschichte der Justiz in der Bundesrepublik hinterlassen. Die Geschichte der Bundesrepublik Deutschland ist auch eine Geschichte ihrer politischen Justiz.

Von *politischer Justiz* können wir nach Otto Kirchheimers klassischer Begriffsbestimmung immer dann sprechen, „wenn gerichtförmige Verfahren politischen Zwecken dienstbar gemacht werden“ (Kirchheimer, 96). Die politische Justiz der Bundesrepublik war auch vor den Veränderungen im Gefolge der Jahre nach 1968 immer eingebettet in ein allgemein herrschendes politisches Ambiente. Sie greift unterstützend ein und legitimiert durch eine gewisse formell rechtsstaatliche Unparteilichkeit. Sie hat aber nie den Platz eines außerhistorischen Standorts der „politikfreien Gerechtigkeit“ für sich in Anspruch nehmen können (Denninger, 8). Nach dem Abflauen der Kommunistenverfolgung im Zusammenhang mit dem Beginn der Entspannungspolitik Ende der sechziger Jahre reduzierte sich die Bedeutung der politischen Justiz als das schärfste Schwert des Staates. An ihre Stelle trat – außer beim politischen Terrorismus – mehr und mehr der vorverlegte Staatsschutz im Zusammenhang mit dem „Radikalenerlaß" von 1972. Die Verfeinerung der politischen „Prävention" war besonders wirkungsvoll und machte bestimmte repressive Methoden von daher entbehrlich.

Da nach 1945 die alten belasteten Richter wieder in ihre Ämter zurückkehren konnten, sorgten sie auch dafür, daß kein einziger Richter des Volksgerichtshofs für seine Justizmorde zur Verantwortung gezogen wurde. Während so mit beachtlichem juristischen Aufwand die Schuld vieler NS-Täter durch Verjährung unbestraft blieb, wurde in den fünfziger Jahren eine üble Verfolgung kommunistischer und sozialistischer Personen und Gruppen betrieben, die zu den dunkelsten Kapiteln der westdeutschen Nachkriegsgeschichte gehört.

Es ist auch richtig, daß nach dem faktischen Ende einer kommunistischen Bewegung im Westen die Friedensbewegung, beginnend mit der Anti-Atom-Bewegung der späten fünfziger Jahre über die Ostermarschbewegung bis hin zur Friedensbewegung der achtziger Jahre in das Fadenkreuz der Strafverfolgung gerieten. Unvergessen ist die Erinnerung an die zahllosen Nötigungsprozesse im Gefolge von Sitzblockaden, während gleichzeitig der damalige bayerische Ministerpräsident Franz Josef Strauß am Brenner blokkierenden LKW-Fahrern Mut zusprach. Selbstverständlich wurde gegen den CSU-Vorsitzenden kein Ermittlungsverfahren eingeleitet.

Von besonderer Beweiskraft für die These von der Kontinuität der Einäugigkeit politischer Justiz in Deutschland ist der Fall des großen Pazifisten Carl von Ossietzky. Der dritte Strafsenat des Bundesgerichtshofs (BGH) hatte die Beschwerde der Tochter des Friedensnobelpreisträgers gegen den Beschluß des Kammergerichts Berlin verworfen, das sich geweigert hatte, ein Urteil des Reichsgerichts vom 23. November 1931 aus der Welt zu schaffen. Seinerzeit war der Herausgeber der *Weltbühne* nach der Veröffentlichung völkerrechtswidriger Rüstungsmaßnahmen der Reichswehr wegen „Verrats militärischer Geheimnisse" bestraft worden. Statt sich von den Kollegen des Reichsgerichts deutlich zu distanzieren, hatten die BGH-Richter nichts besseres zu tun, als die Verunglimpfung Ossietzkys als Landesverräter bestehen zu lassen. Damit nicht genug: Der BGH billigt dem Reichsgericht sogar zu, mit Recht von einem „übergesetzlichen Notstand" ausgegangen zu sein, als es der Führung der Reichswehr das Recht zum heimlichen Aufbau einer Luftwaffe zugestand (BGH-Beschluß vom 3. Dezember 1992, StB 6/92; MDR 2/93, 167). Angesichts einer solchen Entscheidung kommt man nicht umhin, von der Kontinuität politischer Justiz zu sprechen.

Die Justiz nach 1945: Der rein biologische Abbau der Erblast

Es spricht durchaus für einen politischen Lernprozeß innerhalb der Justiz, daß heute sogar das Bundesjustizministerium Ausstellungen über die NS-Justiz organisiert und die Stimmen der Verteidigung und der Verharmlosung deutlich schwächer geworden sind. Im Gefolge der Veränderungen nach 1968 ist mittlerweile eine zweite Nachfolgegeneration der alten belasteten Richter und Professoren im Amt. Richterratschläge, die Arbeit der *Neuen Richtervereinigung* und der Richterinnen und Richter in der ÖTV sowie Richterblockaden vor Munitionsdepots und vieles andere mehr geben durchaus Anlaß zur Hoffnung und zu einer gewissen Zuversicht. Viele stehen heute sehr kritisch dem Treiben ihrer juristischen Vorfahren im Amt gegenüber. Dennoch ist dieser Umstrukturierungsprozeß noch längst nicht vollendet. Das gilt für das Personal selbst, aber auch für die Unterlassungssünden der Rechtsprechung.

So hat der Bundesgerichtshof in seiner Grundsatzentscheidung vom 30. Dezember 1993 zur Rechtsbeugung von DDR-Richtern die Chance ungenutzt verstreichen lassen, die auch von ihm als „beschämende Geschichte" bezeichnete BGH-Rechtsprechung zur Rechtsbeugung der fünfziger und sechziger Jahre endlich umzustoßen. Indem der BGH in dieser Entscheidung die Verfolgung nationalsozialistischen Justizunrechts in der Bundesrepublik eher beiläufig als „insgesamt freilich fehlgeschlagen" bezeichnet, ohne das historisch und juristisch näher zu begründen, hat er sich letztlich „vor seiner eigenen Vergangenheit davongestohlen" (Lamprecht, 57f.). Adelheid Brand ist daher zuzustimmen, wenn sie beklagt, daß der BGH allen Grund gehabt hätte, seine Verantwortung zu erkennen, weil nur so die Voraussetzungen geschaffen werden können, die politische, juristische und individuelle Aufarbeitung der Vergangenheit zu leisten (Brand, 47).

Was die Aufarbeitung der Vergangenheit in der Zeit nach 1945 angeht, so trifft die Anmerkung von Ingo Müller zu, daß wohl keine Berufsgruppe aus der Nazi-Zeit mit derart gutem Gewissen hervorgegangen ist wie die Juristenschaft (Müller, 221). Mit Ausnahme von Carl Schmitt nahm die gesamte alte Garde willfähriger Hofjuristen Hitlers wieder auf Richter- und Lehrstühlen Platz. Namen wie Ernst Forsthoff, Georg Dahm, Walter Hamel, Ernst Rudolf Huber, Günter Küchenhoff, Karl Larenz, Theodor Maunz, Herbert Krüger, Hans-Peter Ipsen, Ulrich Scheuner, Werner Weber, Arnold Köttgen, Hans-Carl Nipperdey, Erich Schwinge, Hans Welzel und viele andere haben bis in die sechziger Jahre hinein die herrschenden Meinungen ihrer Disziplinen geprägt. Bis heute sind sie Namensgeber führender Kommentare und Lehrbücher und von daher auch der heutigen Studierendengeneration noch immer gegenwärtig. Ihre Schüler setzen diese Werke der alten

Meister fort, von kritischer Distanzierung ist nicht die Rede. Trotz der nach seinem Tod bekannt gewordenen innigen Verbindungen von Theodor Maunz mit dem bundesdeutschen Rechtsradikalismus steht sein Name noch immer an der ersten Stelle der Herausgeber des führenden deutschen Grundrechtskommentars. Seine Kommentierungen sind noch immer nicht durch andere ersetzt. Trotz Ruhestand waren diese Leute noch lange einflußreich. So konnte der Kriegsgerichtsrat im Ruhestand Erich Schwinge (Baier, 340ff.) noch Ende der achtziger Jahre als Emeritus in Marburg die Exemplare des Buches *Kampfanzug unter der Robe* des Hildesheimer Richters Ulrich Vultejus aus dem Juristischen Seminar der Universität verbannen lassen.

Gerade im Bereich der juristischen Fakultäten der Universitäten war die schädliche Wirkung dieser personellen Kontinuität (von Rehabilitierung kann man nicht sprechen, weil das eine vorherige Feststellung von Schuld vorausgesetzt hätte) dramatisch. Zum einen ist die Weiterbeschäftigung dieser Leute selbst ein Skandal. Sie verspottet deren Opfer und macht von vornherein den Anspruch auf einen politischen Neuanfang unglaubwürdig. Die Restauration der alten politischen Verhältnisse während der fünfziger Jahre mit ihrer Verdrängung der Vergangenheit und ihrer Unfähigkeit zu trauern ist eine unmittelbare Folge dieser Kontinuität der politischen Eliten, gerade im Bereich der Justiz. Oft nur terminologisch überarbeitet konnten die alten und neuen Professoren ihre Lehrbücher aus den dreißiger und vierziger Jahren wieder auspacken. Hatte Weltzel mit seiner konservativ geprägten Auflösung der Rationalität im Strafrecht durch seine „finale Handlungslehre" vor 1945 noch von „Treue gegenüber Volk, Reich, Führung" und „Gehorsam gegenüber Staatsgewalt, Wehrbereitschaft" schwadroniert, so war im gleichen Argumentationszusammenhang hinterher von der „Achtung vor fremdem Leben, Gesundheit, Freiheit und Eigentum" die Rede (mit weiteren Beispielen Müller, 239). Während nach und nach viele der alten Ordinarien wieder mit offenen Armen von Universität und Justiz empfangen wurden, konnten nur 17 Prozent der von den Nationalsozialisten ins Exil getriebenen Ordinarien auf ihren alten Lehrstuhl zurückkehren. Andere, die sich während der NS-Zeit im Ausland habilitierten, waren in den juristischen Fakultäten des Nachkriegsdeutschland chancenlos (ebd., 238).

Es gehört zu den Erbsünden der deutschen Justiz nach 1945, daß es ihr nicht gelungen ist, personell und auch gedanklich einen klaren Trennungsstrich zur rechtslastigen Justiz der Kaiserzeit und der Weimarer Republik und zur totalen Willfährigkeit gegenüber dem Nationalsozialismus zu ziehen. In viele höhere Ränge von Gerichten und Justizverwaltung rückten die Volksgerichtshofs-, Kriegs- und „Rassenschande"-Richter ein (ebd., 210ff.). Im Bundesjustizministerium konnte ein Mann als Strafrechtsreferent Karriere machen, der sich in seiner Zeit als erster Staatsanwalt beim Sondergericht Innsbruck um die Durchsetzung der Todesstrafe auch bei nichtigen Fällen bemüht hatte. Dieser spätere Kommentator des bis heute meistbenutzten Strafrechtskommentars war an den großen Amnestiewellen für NS-Täter maßgeblich beteiligt. Diesem Herrn, Eduard Dreher, ist es nicht unwesentlich zu „verdanken“, daß 1969 praktisch alle Mordtaten verjährten, nachdem der BGH Massenmörder unvermittelt zu Gehilfen gemacht hatte und so der Unannehmlichkeit einer Verurteilung entziehen konnte. In einen Entwurf zum Ordnungswidrigkeitengesetz war eine Änderung des Strafgesetzbuchs hineingeschmuggelt worden, derzufolge die Verbrechen von Mordgehilfen – das waren außer Hitler, Himmler und Heydrich so gut wie alle anderen – mit einem Schlag rückwirkend zum 8. Mai 1960 verjährten. Diese berühmte „Amnestie über die Hintertür“ ist als besonders übles Beispiel juristischer Amigowirtschaft in die deutsche Rechtsgeschichte eingegangen (ebd., 266f.).

Angesichts dieses Debakels von Parlament und Justiz reicht die wachsweiche und unverbindliche Entschließung des Bundestages vom 25. Januar 1985, die Rechtsprechung des Volksgerichtshofs als Terrorinstrument zur Durchsetzung der nationalsozialistischen Willkürherrschaft zu bezeichnen und die Rechtskraft der Urteile, davon ca. 5 000 Todesurteile, zu bestreiten, in keiner Weise aus. Ulrich Klug merkt hier zu Recht an, daß wohl etwas mit der Rechtsprechung nicht in Ordnung sein kann, wenn 40 Jahre nach dem Krieg noch immer kein Richter wegen Mordes zur Rechenschaft gezogen wurde, obwohl hier keine Verjährung vorliegt (Klug, 93). Es bleibt auch festzuhalten, daß bis zum heutigen Tage die ca. 20 000 Opfer der Wehrmachtsjustiz nicht rehabilitiert wurden und noch immer als vorbestraft gelten. In einer Erklärung des Bundesjustizministeriums vom 26. März 1997 muß der Minister einräumen, daß es noch immer rechtskräftige Urteile im Sinne des Nationalsozialismus gibt. Zu mehr als einer Ankündigung, die Betroffenen rehabilitieren zu wollen, konnten aber weder er noch der Deutsche Bundestag in seinem Beschluß vom 15. Mai 1997 sich bis heute durchringen. Dieses Beispiel zeigt erneut das gravierende Versagen der Politik selbst, nicht allein der Justiz.

Die Notwendigkeit der Differenzierung

Die Frage, ob die Justiz auch heute noch so einseitig und ideologisch gegen Menschen mit pazifistischen, sozialistischen oder linksliberalen Überzeugungen vorgeht wie zur Kaiserzeit oder während der Weimarer Republik, läßt sich aber aus den genannten Beispielen allein nicht beantworten. Auch die Analyse der desaströs gescheiterten Aufarbeitung der eigenen Vergangenheit reicht als Begründungsmuster nicht aus. Der Vorwurf der Rechtsblindheit im doppelten Wortsinne taucht vornehmlich dann auf, wenn Gerichte, ob das Bundesverfassungsgericht oder auch ein Amtsgericht, in Strafsachen Entscheidungen fällt, die leicht den Verdacht der einseitigen Politisierung aufkommen lassen. Zweifel sind jedoch angebracht, ob die Betrachtung forensischer Störfälle der komplizierten und durchaus widersprüchlichen Situation der Gerichtsbarkeit und der in ihr tätigen Personen wirklich gerecht wird.

So muß heute ernsthaft in Zweifel gezogen werden, daß sich heute noch eine der Weimarer Republik vergleichbare antidemokratische und antirepublikanische Grundhaltung des Justizpersonals feststellen läßt. Fraglich ist zudem – und hier ist Helmut Simon zuzustimmen –, ob Strafen gegen rechte Gewalttäter gegenwärtig grundsätzlich milder ausfallen als gegen linke (Simon, 248). Richtig ist aber gleichwohl, daß beim Umgang mit rechten Gewalttätern nichts von der Hysterie eines Deutschen Herbstes zu spüren ist. Es gibt keine neuen Hochsicherheitstrakte, keine Serie von Sondergesetzen und vieles mehr, was den Umgang mit der RAF kennzeichnet (vgl. von Plottnitz, 277ff.).

Gerade bei der Diskussion über das geeignete Vorgehen gegen Rechtsradikalismus muß die Frage gestellt werden, ob es denn das Ziel einer demokratischen Politik sein kann, einen durchperfektionierten Staatsschutz in Gestalt der „Wehrhaften Demokratie" zu bekommen? Jene, die von hartem Vorgehen gegen Rechts schwärmen, müssen letztlich Anleihe nehmen an einem Vorgehen von Polizei, Staatsanwaltschaften und Gerichten, das der demokratischen Kultur dieses Landes stets schwer geschadet hat. Die Kommunistenprozesse der fünfziger Jahre (vgl. Posser, 222ff.), die Verfolgung von APO und Friedensbewegung und schließlich die außer Rand und Band geratene Verfolgung von allem, was unter den Verdacht des Terrorismus geraten war, sind wahrlich keine geeigneten Vorbilder, um mit gleicher Münze gegen Rechts vorzugehen. Erinnert sei in diesem Zusammenhang auch an das ihrerseits terroristische Wüten der DDR-Justiz, insbesondere unter der Führung der Justizministerin Hilde Benjamin. Vielmehr wächst die Gefahr, daß sich Staat und Gesellschaft ihrerseits sehr negativ verändern, je perfekter der Schutz ist und je übereifriger die zuständigen Organe sind. Es besteht die Gefahr, daß die Maßnahmen dann immer weiter über den Kreis der eigentlich Gemeinten ausgedehnt werden und auf diese Weise wie nach dem „Radikalenerlaß" Duckmäusertum entsteht und Zivilcourage verlorengeht. Letztlich wird „der Staat des Grundgesetzes am verläßlichsten durch streitbare Demokraten geschützt, die sich auch rechtsradikalen Tendenzen entschlossen widersetzen und nicht wegsehen, wo Unrecht geschieht" (Simon, 249). Durchaus berechtigte Kritik an einzelnen Urteilen und Entscheidungen von Gerichten mögen berechtigt sein, als Argumentationsansatz für eine generelle Rechtsblindheit der Justiz trägt diese jedoch nicht.

Der Mißbrauch der Justiz durch die Politik – das Täterstrafrecht als Sündenfall der Einäugigkeit

Die Erkenntnis, daß die Kontinuität ideologischer Voreingenommenheit als tragender Erklärungsansatz für politische Justiz fragwürdig und unzureichend geworden ist, kann indes kein Grund sein, sich beruhigt zurückzulehnen. Im Gegenteil: Wir müssen uns fragen, welche Rolle das Recht hat, dem die Gerichte zu folgen haben, und welche Funktion es in einer sich immer schneller verändernden Gesellschaft hat.

Nach Montesquieu ist das richterliche Urteil nur ein logisch determinierter Vollzug des Gesetzes, und die Richter sind „nur der Mund, der die Worte des Gesetzes ausspricht, willenlose Wesen, die weder seine Schärfe noch seine Strenge zu mildern vermögen". Nicht erst seit heute wissen wir jedoch, daß Richter nicht der „Mund des Gesetzes" sind, sondern Menschen, deren persönliche Erfahrung und Einstellung unmittelbar auf die Urteilsfindung durchschlagen.

Ferner sind viele Gesetze so unklar und offen formuliert, daß Gerichte gezwungen sind, rechtsschöpferisch tätig zu werden. Erschwerend kommt hinzu, daß Generalklauseln und unbestimmte Rechtsbegriffe die Grenzen der Regelbarkeit gesellschaftlicher Sachverhalte oft nur allzu schamhaft verdekken. Sie verschleiern aber auch Scheu vor der Verantwortung als eine Art subjektive Grenze des gesetzgeberischen Gestaltungswillens. Letztlich rückt in der aktuellen Urteilspraxis das Gesetz nicht selten in den Hintergrund, während sich die Rechtsprechung selbst der angelsächsischen Praxis des *Case-law* zuwendet. Die geschickte und überzeugend formulierte Begründung tritt an die Stelle der klassischen hermeneutischen Gesetzesauslegung.

Die hier geschilderte Entwicklung sollte jedoch nicht unbedingt als eine bewußte und gegen den Gesetzgeber gerichtete Überschreitung der richterlichen Befugnisse verstanden werden. Sie ist vielmehr das Ergebnis einer bewußten (Nicht-)Entscheidung des Gesetzgebers. Formelkompromisse, Halbheiten und Konfliktscheu der Gesetzgebung münden so zwangsläufig in eine Erweiterung der richterlichen Handlungsspielräume.

Die Dynamik der gesellschaftlichen Veränderungen, die mehr und mehr auch den persönlichen Alltag der Menschen in Mitleidenschaft ziehen, haben im Bereich des Rechts tiefe Spuren hinterlassen. Seit den siebziger Jahren ist eine verstärkte Einbeziehung des Staates in die gesellschaftlichen Prozesse zu beobachten (Hirsch, 98ff.). Das hat erhebliche Auswirkungen auf den Charakter der politischen Apparate, die mehr und mehr politische Aufgaben wahrzunehmen haben. Von daher ist es grundlegend falsch, den Staat als einfachen Überbau der von ihm getrennten ökonomischen Grundlagen ansehen zu wollen. Verfehlt ist es auch zu glauben, daß der Zerfall familiärer und sozialer Strukturen und wachsender persönlicher Risiken infolge technischer

Entwicklungen und Verwerfungen auf dem Arbeitsmarkt keine entsprechende Erwartungshaltung gegenüber der Politik zur Folge haben müßten. Reale Gefahren, aber auch diffuse und irrationale Ängste haben den Ruf nach mehr Sicherheit und nach einem verstärkten Einsatz staatlicher Machtmittel zur Folge. Die „Risikogesellschaft" wird so schnell zum „Präventionsstaat" (Denninger, 1). Die Handlungen aller Bürgerinnen und Bürger sind nun auf das von ihnen ausgehende „Schadenspotential" hin zu beurteilen. Grundrechte der Einzelnen werden so zur Gefährdung der Sicherheit aller umgedeutet. Der Einzelne wird in die Pflicht genommen, sein Leben nach den Zwecken staatlicher Belange auszurichten. Täter und Opfer können so bequem zusammenfallen, was bei der Verpflichtung der Mitführung sogenannter „AIDS-Handschuhe" sinnfällig dokumentiert wird. Vormbaum analysiert richtig, daß die Risikogesellschaft mit Folgerichtigkeit ein auf sie zugeschnittenes „Risikostrafrecht" hinter sich herzieht (Vormbaum, 742). Er faßt die Elemente dieses modernen Strafrechts zusammen als Entformalisierung, Flexibilisierung und Ausweitung des Strafrechts (ebd.). Das materiellrechtliche Zurechnungsprinzip, die prozeßrechtliche Unschuldsvermutung und die gesicherte Stellung des Beschuldigten als autonomes Prozeßsubjekt werden so mehr und mehr beiseite geschoben. Die Politik selbst hat diesen Prozeß beschleunigt, indem sie an die Stelle adäquater Problemlösungen oder eines gebotenen Verzichts auf Strafrecht symbolische Strafverschärfungen gesetzt hat. Ein Beispiel ist die Kriminalisierung von Ärztinnen und Ärzten nach § 218 c im Zusammenhang mit einem Schwangerschaftsabbruch. Änderungen des Strafrechts und des Strafprozeßrechts sind im Gesetzgebungsverfahren einfach zu bewerkstelligen, sie kosten (den Bund) kein Geld, erfordern wenig Phantasie und sind stets in der Lage, der Öffentlichkeit den Anschein von Tatkraft und Entschlossenheit vorzuführen.

Wollen wir dem Phänomen der politischen Justiz näherkommen, müssen wir uns fragen, von welchem Strafrechtsmodell wir ausgehen. Das „Bürgerstrafrecht" setzt an bei einer konkreten Tat, die – gesetzlich genau umschrieben – ein äußerlich manifestes Stück Sozialschädlichkeit aufweist. Diese sozialschädliche Verhaltensweise wird maßgeblich bestimmt durch ein äußeres, tatsächlich vorgenommenes, nicht nur geplantes Täterhandeln. Absichten, Vorsätze, Pläne und Motive sowie Gesinnungen können als einschränkende subjektive Merkmale hinzutreten. Sie können aber niemals allein oder verknüpft mit anderen dann strafbar sein, wenn sie nicht eindeutig auf einen strafbaren Rechtsgutschaden ausgerichtet sind, sondern möglicherweise völlig neutral sind. Die Tat bestimmt die Strafbarkeit dem Grund und dem Grad nach, nicht aber das Innenleben des Täters, das allenfalls bei der Zumessung der Strafe herangezogen werden kann. Die Strafe knüpft an die Tat an und nicht an den Täter. Dessen Persönlichkeit sowie sozialpräventive Überlegungen werden erst bei der Feststellung der Tatschuld bedeutsam. Das so verstandene Schuldprinzip setzt den zu freier Entscheidung (über Gut und Böse) fähigen Menschen, aber auch einen freiheitlichen Staat voraus, der die Bürger bis zum Beweis des Gegenteils nicht als mögliche Gefahrenquelle ansieht, sondern als zum Guten fähige Wesen. Erst die erwiesene und bewiesene Tat erlaubt die repressive strafrechtliche Reaktion.

Die Entwicklung geht aber seit den Anti-Terrorismus-Gesetzen der siebziger Jahre in die Richtung eines Feind- bzw. Gefährlichkeitsstrafrechts. Auf diese Weise kann sich die Begründung der Strafbarkeit von objektiv ungefährlichen Handlungen durch Pläne, Vorsätze und Gesinnungen stützen (Wer viel Bargeld mit sich herumträgt, hat dieses gestohlen oder er will es waschen).

Die Vorverlagerung der Strafbarkeit kann über die Feststellung der Schuld als Bestandteil jeder Verurteilung ablaufen, aber auch durch eigene Strafnormen. Diese abstrakten Gefährdungsdelikte gehen über ein konsequentes Tatstrafrecht hinaus, weil sie an der „Gefährlichkeit" des Täters, seiner kriminellen Energie ansetzen. Letztlich verfolgt die Bestrafung das Ziel, eine mögliche Gefahrenquelle auszuschalten. Konsequent wird dann gefordert, einen als gefährlich erkannten Beschuldigten schon aus dem Verkehr zu ziehen, bevor er verurteilt wurde – Vorbeugehaft. Die Hauptverhandlungshaft oder der Unterbindungsgewahrsam in Bayern und Sachsen, aber auch die Praxis der Anordnung von Untersuchungshaft kennzeichnen dieses polizeirechtliche Denken. Die Grundrechte der Verfahrensbeteiligten stehen zur Disposition – die strikte Rechtsstaatlichkeit eines klar definierten Verfahrens rückt in den Hintergrund. Die Bürger – generell in den Verdacht des Sicherheitsrisikos gerückt – können sich nur auf allgemeine Grundsätze der Verhältnismäßigkeit berufen. Auf Grundrechte wie Datenschutz sollen sie aber verzichten, wollen sie sich nicht von der Sicherheitslobby die Unterstützung von Straftätern vorhalten lassen.

Das „Bürgerstrafrecht" und das „Feindstrafrecht" konnten in diesem Rahmen nur idealtypisch gegenübergestellt werden. In ihrer jeweils reinen Form hat es sie selbstverständlich nie gegeben. Es gab immer das Problem, mit besonders gefährlichen Menschen umgehen zu müssen, ohne daß aber die Verpolizeilichung des Strafrechts auf die Spitze getrieben wurde. Die Rückfallgefährlichkeit kann und darf indes nur täterschaftlich, nicht schuldstrafrechtlich angegangen werden.

Der Angriff des Staates auf die Grundrechte

Das Grundgesetz hat seit 1949 einen außerordentlich wichtigen Beitrag zur Sicherung und auch zum Ausbau der Grund- und Freiheitsrechte und, trotz aller Rückschläge, auch zur Eindämmung der politischen Justiz geleistet. Die Geschichte des Grundgesetzes ist eine Geschichte seines Erfolges, aber auch seiner Verletzungen und Durchbrechungen. Das gilt in besonderem Maße für die Beschneidung des Asylrechts durch die große Koalition von Bundesregierung und SPD. Leider hat das Bundesverfassungsgericht in seinem Urteil vom 14. Mai 1996 die Gelegenheit verstreichen lassen, diese Demontage des Asyl-Grundrechts als unvereinbar mit der Menschenwürde zu verwerfen. Statt dessen erklärte es die verhängnisvolle Drittstaatenregelung ausdrücklich für verfassungsgemäß. So kann die Regierung fortfahren, die Flüchtlinge ohne Prüfung ihrer möglichen Asylgründe in die Hände ihrer Folterer zurückzuschicken.

Immer wieder stellen sich staatliche Sicherheitsorgane auf den Standpunkt, die Bürger- und Menschenrechte seien dazu da, den Staat zu schützen. So wird in unverantwortlicher Weise der Datenschutz als „Täterschutz" diffamiert. Wer indes so agitiert, hat den Sinn einer rechtsstaatlichen Ordnung nicht begriffen. Die Macht neigt immer dazu sich auszubreiten, deshalb muß ihr durch Bürgerrechte Einhalt geboten werden. Beispiele für dieses obrigkeitliche Denken und Handeln sind die zahllosen Verstöße gegen die Pressefreiheit durch Ermittlungsbehörden, die Vermischung der Zuständigkeiten von Polizei und Verfassungsschutz und die Lauschwut von Polizei und Staatsanwaltschaften. Diese Debatte hatte sich seit Jahren insbesondere auf die Diskussion über die Einführung des „Großen Lauschangriffs" zugespitzt. Die Betreiber dieser ebenso überflüssigen wie gefährlichen Beschneidung des Grundrechts auf Unverletzlichkeit der Wohnung sollten einmal in Ruhe über das Wort von Benjamin Franklin nachdenken: „Der Mensch, der bereit ist, seine Freiheit aufzugeben, um Sicherheit zu gewinnen, wird beides verlieren."

Ansätze für eine Augentherapie der Justiz

Es genügt freilich nicht, Zustände im Bereich der politischen Justiz zu beschreiben, Versäumnisse zu beklagen und Schuldzuweisungen vorzunehmen. Die Öffentlichkeit kann zu Recht erwarten, daß Wege aufgezeigt werden, um durch Reformen Mißstände zu beheben. Dabei spielt die Überwindung der strukturellen Probleme im Bereich der Justiz eine maßgebliche Rolle. Der Blick auf bestimmte „Ausreißer" im Bereich der Rechtsprechung darf nämlich nicht zu dem Fehlschluß verleiten, gerade diese strukturellen Ursachen für bedenkliche Entwicklungen im Bereich der Justiz zu vernachlässigen. Reformen müssen die Justiz allgemein verändern, aber auch den speziellen Bereich der politischen Verfahren. Nur so wird auch die besondere Problematik politischer Verfahren erfaßt.

Allenthalben wird die Qualität der Arbeit und die Überlastung der Justiz beklagt. Die Verfahrensdauer wird in der Tat immer länger, die Zeitspanne zwischen den Entscheidungen der Instanzen verlängert sich ebenfalls. Rechtssuchende müssen immer länger auf die schriftliche Urteilsbegründung warten. Die Zeiträume vom Ergehen eines rechtskräftigen Urteils bis zu seiner Vollstreckung verlängern sich ebenfalls. Die Motivation der Justizbediensteten bleibt dabei auf der Strecke.

Die erheblichen Probleme im Bereich der Justiz haben in der Öffentlichkeit Zweifel darüber entstehen lassen, ob sie ihrer Aufgabe weiter gewachsen ist. Der Vorsitzende der *Neuen Richtervereinigung*, Horst Häuser, hat in diesem Zusammenhang Recht, wenn er bemerkt, daß mit dem Anstieg der Rechtsstreitigkeiten das Ansehen der Rechtsprechung sinkt (Frankfurter Rundschau vom 26. Juli 1996). Er zitiert die Allensbach-Studie von 1995, wonach nur noch 40 Prozent aller Deutschen mit den Gesetzen und der Rechtsprechung zufrieden sind. Das ist weniger als die Hälfte der Bevölkerung. 41 Prozent fühlen sich durch unser Recht „nicht beschützt“. Der zu beobachtende Vertrauensverlust hat vielfältige Ursachen, denen nur mit einer Vielzahl von Maßnahmen begegnet werden kann. Die Gerichte müssen insbesondere in die Lage versetzt werden, Verfahren zügig, rechtsstaatlich einwandfrei und auch für den juristischen Laien verständlich durchzuführen.

Eine moderne Justiz wird auf die wachsenden Belastungen nicht allein mit dem Ruf nach mehr Personal reagieren können. Es sind auch die Binnenreserven im Apparat selbst freizusetzen. Traditionelle Strukturen des Justizsystems dürfen nicht länger unangetastet bleiben. Die Öffentlichkeit muß aber auch darüber aufgeklärt werden, daß eine gut funktionierende Justiz Geld kostet. Diese kann sich ihre Aufgaben nicht selbst aussuchen und ist von daher nicht in der Lage, wie andere Behörden, Einsparungsreserven etwa im Investitionsbereich zu mobilisieren. Es muß auch gegenüber den Ländern daran erinnert werden, daß die Justizhaushalte im Durchschnitt lediglich drei Prozent des Gesamthaushalts ausmachen und die Refinanzierung bis zu 80 Prozent beträgt. Angesichts der Finanzlage der öffentlichen Haushalte lassen sich Aufstockungen der Haushaltstitel für Justiz allerdings leider kaum noch durchsetzen.

Es ist schwierig, bürgerrechtlich unantastbare Verfahrensrechte auf der einen Seite und eine demokratische Strukturreform der Justiz auf der anderen Seite in Zeiten begrenzter Haushaltsmittel durchzusetzen. Dabei muß die Mahnung des Präsidenten des *Deutschen Anwaltsvereins* berücksichtigt werden: „In einem Rechtsstaat dürfen Eingriffe in den Rechtsschutz unserer Bürger niemals in Betracht gezogen werden, wenn und solange die Justiz nicht im eigenen Hause gekehrt hat.“ Es ist ein offenes Geheimnis und seit der Kienbaum-Untersuchung von 1990 sachverständig belegt, daß die Zustände in unseren Gerichten häufig an ein Museum erinnern. Mit der Organisation, Ausstattung und Personalführung eines Dienstleistungsbetriebs hat vieles nichts zu tun.

Der Aufbau demokratischer Strukturen bedeutet mehr Selbstbestimmung von unten, mehr Mitbestimmung und mehr Selbstverwaltung. Um die Unabhängigkeit der Richterinnen und Richter zu stärken und die Justiz insgesamt demokratisch zu gestalten, ist der Abbau von Hierarchien in den Gerichten selbst unumgänglich. Hier sind folgende Reformen erforderlich:

1. Auch in politisch bedeutsamen Prozessen sollte die Praxis der Sonderzuweisungen von Zuständigkeiten an die besonderen Staatsschutzsenate der Oberlandesgerichte beendet werden. Darüber hinaus sind die politischen Strafbestimmungen der ersten fünf Abschnitte des Besonderen Teils des Strafgesetzbuchs mit ihren teilweise grotesken Staatsschutzvorschriften gründlich zu durchforsten.
2. Zur internen Demokratisierung der Justiz sollte die Funktion des Vorsitzenden nur noch für eine bestimmte Zeit vergeben und wahrgenommen werden. Die Vergabe dieser Funktion muß durch Wahl der richterlichen Mitglieder des jeweiligen Gerichts erfolgen. Auch die Mitglieder der Revisionsinstanz sollten für einen bestimmten Zeitraum gewählt werden. Es gibt keinen sachlichen Grund, bei der Vergabe von Führungspositionen auf Zeit im Bereich der Justiz eine Ausnahme zu machen.
3. Die Stärkung der Eingangsinstanz und der notwendige Abbau dysfunktionaler Hierarchien macht eine Überprüfung der Besoldungsstrukturen der Richterinnen und Richter erforderlich. Es sollte angesichts des höchst problematischen und hierarchiekultivierenden Beförderungswesens ernsthaft erwogen werden, die Richterinnen und Richter der ersten Instanz im Grundsatz nicht geringer zu besolden als in der zweiten Instanz. Für die Wahrnehmung von herausgehobenen Führungspositionen auf Zeit muß ein eigenes Zulagensystem entwickelt werden.
4. Die Verwaltung der Gerichte und die Rechtsprechung müssen organisatorisch getrennt werden. Die Verwaltung der Gerichte muß professionell arbeiten können. Die Verwaltung sollte daher durch ein professionelles und effektives Management geleistet werden. Auf diese Weise würde das Präsidium entlastet und könnte sich auf seine eigentliche Aufgabe, die Selbstverwaltung der Rechtsprechung konzentrieren.
5. Die Richterinnen und Richter bedürfen für die Wahrnehmung ihrer Aufgabe einer breiteren und qualifizierteren Aus- und Weiterbildung. So muß unbedingt die Fähigkeit zum Umgang mit Menschen aus anderen Kulturkreisen verbessert werden. Die prüfungsrelevanten Ausbildungsinhalte sollten sich stärker auf das Verständnis sozialer und wirtschaftlicher Probleme und deren Lösung im Einzelfall ausrichten. Kommunikative und psychologische Fähigkeiten sind zu fördern. Das Beispiel des Familienrechts zeigt, daß die Fähigkeit, ein Mediationsverfahren zur Streitschlichtung durchführen zu können, von besonderer Bedeutung für eine erfolgreiche Berufsausübung sein kann.
6. Als erster Schritt zu einer Enthierarchisierung und inneren Demokratisierung der Gerichte selbst, sollte das Gerichtsverfassungsgesetz geändert werden, damit nicht länger nur der Vorsitzende die Geschäftsverteilung

innerhalb des Spruchkörpers festlegt. Die Geschäftsverteilung ist vielmehr durch die Mitglieder des Spruchkörpers vorzunehmen. In einer Justiz ohne überkommene beamtenrechtliche Hierarchien ist für Vorrechte bestimmter Berufsgruppen kein Raum.

Die neue Rolle einer demokratischen Justiz

Der Justiz wurde im Grundgesetz die Rolle der dritten Säule des demokratischen und sozialen Rechtsstaats übertragen. Dieses Urvertauen der Väter und Mütter des Grundgesetzes in die Justiz ist angesichts der geschilderten gravierenden Defizite, insbesondere bei der eigenen Vergangenheitsbewältigung, durchaus nicht selbstverständlich.

So geht heute die richterliche Verantwortung weit über die Entscheidung von Streitigkeiten hinaus. Sie soll nicht allein Konflikte schlichten und den Rechtsfrieden bewahren. Sie hat auch die Aufgabe, die sozial Schwächeren sowie gesellschaftliche Minderheiten vor Diskriminierungen zu schützen. Hier ist nicht zuletzt der Gesetzgeber gefordert. Auch für die Bundesrepublik ist es an der Zeit, endlich wie andere Länder ein Anti-Diskriminierungsgesetz für Minderheiten einzuführen. Auch Minderheiten brauchen klare Rechtsansprüche und Verfahren, um sich gegen Diskriminierungen wehren zu können.

Das Ziel einer Justizreform aber muß es sein, die Justiz in ihrer Verantwortung zu stärken, statt sie zur Erledigung politischer Auseinandersetzungen zu verschleißen. Die geltende Rechtslage ist klar und unmißverständlich. Richter sind unabhängig und nur dem Gesetz unterworfen. So heißt es in Artikel 97 Absatz 1 des Grundgesetzes. Dies ist weder ein Grundrecht noch ein Standesprivileg. Nach der Rechtsprechung des Bundesgerichtshofs ist dies vielmehr eine „durch Gewaltenteilung bedingte, in der Natur der Sache begründete Voraussetzung objektiver, von Fremdbeeinflussung freier Rechtsprechung.“ (BGHZ 67, 184).

Mehr als einzelne Ausreißer in bestimmten Urteilen der verschiedenen Gerichtszweige hat beispielsweise die Affäre um die Honorarzahlungen an den Frankfurter Oberlandesgerichtpräsidenten Horst Heinrichs die dubiose Praxis der Nebentätigkeiten offengelegt. Sie zeigt schlaglichtartig die tiefen Strukturprobleme, die bei der Ernennung der hohen Richter nach wie vor nicht gelöst sind. Hier muß Abhilfe geschaffen werden. Geschieht das nicht, gilt auch für das Deutschland des dritten Jahrtausends noch immer das Wort von Tocqueville: „Erstaunlich ist der meinungsbildende Einfluß, den die Menschen im allgemeinen dem Eingriff der Gerichte einräumen. Dieser Einfluß ist so groß, daß er der Form der Gerichtsbarkeit noch anhaftet, wenn die Substanz bereits dahin ist; er gibt dem Schatten einen Leib.“

Literaturhinweise:

St. Baier: Das Todesurteil des Kriegsgerichtsrats Dr. Schwinge, in: Kritische Justiz (1988) 3;
A. Brand: Die Auseinandersetzung mit dem Justizunrecht in der DDR – Eine Möglichkeit zur gleichzeitigen „Nach"bewältigung der NS-Vergangenheit, in: Kerscher/Landfried/Mahrenholz (Hg.): Lamprecht im Spiegel, Baden-Baden 1995;
A. v. Brünneck: Politische Justiz gegen Kommunisten in der Bundesrepublik Deutschland 1949-1968, Frankfurt a. M. 1978;
E. Denninger: Der Präventionsstaat, in: Kritische Justiz (1989) 1;
H. Hannover: Klassenherrschaft und Politische Justiz, 2. Aufl., Hamburg 1978;
H. Hannover: Zum Ossietzky-Beschluß des BGH, in: Demokratie und Recht (1993) 1;
A. Hesse: Der Schutzstaat. Rechtssoziologische Skizzen in dunkler Zeit, o. O. 1994;
I. Heiliger: Zweites Fehlurteil gegen Ossietzky, in: Kritische Justiz (1991) 4;
J. Hirsch: Der Sicherheitsstaat, Frankfurt a. M. 1980;
O. Kirchheimer: Politische Justiz (1955); in: ders.: Politik und Verfassung, Frankfurt a. M. 1981;
U. Klug: Die Rechtsprechung des Bundesgerichtshofs in NS-Prozessen, in: Schoeps/Hillermann (Hg.): Justiz und Nationalsozialismus, Stuttgart/Bonn o. J.;
H. Kramer: Justiz und Pazifismus – Eine historische Betrachtung, in: Vorgänge. Zeitschrift für Bürgerrechte und Gesellschaftspolitik (1986) 2;
R. Lamprecht: Freispruch für Rechtsblinde, in: Der Spiegel (1994) 5;
R. Luxemburg in: H. M. Enzensberger (Hg.): Freisprüche. Revolutionäre vor Gericht, Frankfurt a. M. 1973, S. 263ff.;
I. Müller: Furchtbare Juristen. Die unbewältigte Vergangenheit unserer Justiz, München 1987;
J. Perels: Amnestien für NS-Täter, in: Kritische Justiz (1995) 3;
R. von Plottnitz: Politischer Protest, Terrorismus und der Staat. Vom Umgang der Bundesrepublik Deutschland mit Andersdenkenden, in: F.-J. Hutter/C. Tessmer (Hg.): Die Menschenrechte in Deutschland. Geschichte und Gegenwart, München 1997, S. 270-285;
D. Posser: Die feindlichen Schwestern: BRD und DDR. Politische Verfolgung im Kalten Krieg, in: F.-J. Hutter/C. Tessmer (Hg.): Die Menschenrechte in Deutschland. Geschichte und Gegenwart, München 1997, S. 222-238;
U. K. Preuss: Politische Justiz – 10 Thesen, in: Vorgänge. Zeitschrift für Bürgerrechte und Gesellschaftspolitik (1986) 2;
H. Simon: Wehrhafte Demokratie oder streitbare Demokraten? in: Kerscher/Landfried/Mahrenholz (Hg.): Lamprecht im Spiegel, Baden-Baden 1995;
Th. Vormbaum: Politisches Strafrecht, in: Zeitschrift für die gesamte Strafrechtswissenschaft (1995);
U. Vultejus: Der politische Straf-Prozeß, in: Vorgänge. Zeitschrift für Bürgerrechte und Gesellschaftspolitik (1986) 2.

Martin Klingst

Nachrichtendienste und Menschenrechte in Deutschland

Im November 1993 wies Hessens ehemaliger Innenminister Herbert Günther seine Ordnungshüter an, Namensschilder ans Revers ihrer Uniform zu heften. Die Begründung: „Polizeiarbeit ist offene Vertauensarbeit." In einem Rechtsstaat müßten sich Polizeibeamte gegenüber dem Bürger grundsätzlich zu erkennen geben. Wer von Gesetzes wegen befugt sei, in die Rechte Dritter einzugreifen, dürfe seine Identität nicht geheimhalten. Die Uniform sei kein Versteck. Die Vorschrift hielt nicht lange. Die Beamten protestierten, die konservative Opposition tobte, und Herbert Günther mußte den Erlaß schon wenige Monate später korrigieren.

Die Idee, Polizeibeamte ein Namensschild tragen zu lassen, flammt immer wieder einmal auf. Aber sie wirkt in dieser Zeit fast wie ein Anachronismus, denn der Bürger kann heutzutage froh sein, wenn er den Polizisten noch an einer Uniform erkennt. Der Ordnungshüter der Zukunft wird heimlich und in stets wechselndem Gewand daherkommen. Mal als menschliches Wesen in ziviler Kleidung, aber mit verschleierter Identität. Mal in Gestalt modernster Technik: als Wanze im Telephon oder unter der Wohnzimmertapete, als Richtmikrophon oder versteckte Kamera, als Abhörsatellit oder Späher im Datennetz.

Die Sicherheitspolitiker bevorzugen am Ende dieses Jahrhunderts geheime Ermittlungsmethoden und räumen Schritt für Schritt alle Barrieren aus dem Weg, die eine heimliche Staatstätigkeit noch behindern. So werden zwei demokratische Grundsätze allmählich ausgehöhlt: Erstens, in einem freiheitlichen Rechtsstaat muß sich der brave Bürger den Staat vom Leib halten können. Zweitens, Polizeiarbeit muß grundsätzlich offen sein, denn nur so bleibt sie kontrollierbar.

Die wachsende Heimlichkeit hat einen schlichten Grund: ein sich wandelndes Sicherheitskonzept. Der fürsorgliche Staat will seinen Bürgern möglichst totale Sicherheit garantieren; er will bereits bloße Risiken für die Gesellschaft aufdecken und ausschalten.

Das hat seinen Preis: Wer bereits Gefahrenquellen erkennen möchte, muß viel über seine Bürger wissen. Der muß frühzeitig lauschen, spähen und tonnenweise Informationen über seine Untertanen sammeln. Und der entfernt sich allmählich von den zwei traditionellen Aufgaben der Polizei: unmittelbar bevorstehende, *konkrete* Gefahren abzuwehren und Straftäter dingfest zu machen. Der Risikovermeidungsstaat wird bereits tätig, lange bevor sich ein mögliches Risiko zu einer wirklichen Gefahr entpuppt. Er unterscheidet sich damit – auch wenn er es durchaus gut mit seinen Bürgern meint – immer weniger von einem Überwachungsstaat.

Das Sicherheitsrisiko der modernen Zeit heißt: Organisierte Kriminalität. So jedenfalls suggerieren es Innenpolitiker aller Parteien seit dem Fall der Mauer. Wie neue Notstandsgesetze lesen sich die Vorschriften zur Bekämpfung der Organisierten Kriminalität, die das Parlament seit Beginn der neunziger Jahre wie am Fließband erlassen hat. Die Strategie ist jedes Mal gleich: Zunächst werden die großen Gefahren für den Staat beschworen; Drogenkartelle, Waffenhändler, Menschenschmuggler bedrohten die Bundesrepublik. Dann wird Hand an die Grundrechte gelegt, weil die Bürgerfreiheiten angeblich den Feldzug gegen das Schwerverbrechen behinderten.

So wenig Achtung vor der Verfassung war selten. Mit großer Beharrlichkeit reißt eine unheilige Allianz aus Politik, Verwaltung und Justiz die Hindernisse heimlicher Staatstätigkeit ein.

Beispiel Nummer eins: Am 1. Dezember 1994 machte der Gesetzgeber den Bundesnachrichtendienst (BND) in Pullach zum Hörrohr der Polizei. Für sie sucht der BND nun im internationalen Telephonverkehr nach Schwerverbrechern. Im Augenblick aber mit gebremster Kraft. Das Bundesverfassungsgericht hat im Sommer 1995 eine einstweilige Verfügung erlassen, die zwar die neuen Überwachungsbefugnisse des BND unberührt läßt. Die nachrichtendienstlichen Erkenntnisse über eine verdächtige Person dürfen aber seitdem nur dann an die Staatsanwaltschaft und Polizei weitergegeben werden, wenn eine wesentliche Voraussetzung erfüllt ist: der hinreichende Tatverdacht. Über die Verfassungsmäßigkeit des Gesetzes wollen die Karlsruher Richter nach Möglichkeit noch im Laufe des Jahres 1998 entscheiden.

Hinter der komplizierten neuen Vorschrift, die selbst Juristen kaum noch verstehen, verbirgt sich ein großangelegtes Informationsbeschaffungsprogramm: die gezielte, weltumspannende Rasterfahndung nach Kriminellen, weit im Vorfeld eines konkreten Tatverdachts. In der Praxis sieht der große Horchangriff so aus: Der Bundesnachrichtendienst entwickelt bestimmte „sachbezogene Suchbegriffe“, die ihn auf die Spur von Terroristen, Waffenhändlern, Geldfälschern oder Drogenschmugglern führen könnten. Will er beispielsweise die Absprachen von Rauschgiftbaronen aus weltweiten Telephonaten herausfiltern, bieten sich Stichworte wie weiße Ware, Gras oder auch Blumentopf an. Sein Stichwortverzeichnis legt der BND dem Bundesinnenminister vor. Erhebt auch der Geheimdienstausschuß des Bundestags keinen Einwand, speichert der BND die Begriffe in sein Wortbankensystem ein. Der große Staubsauger wird eingeschaltet und die Überwachung beginnt.

Wer dann „00“ wählt oder aus dem Ausland angerufen wird und „Blumentopf“ sagt, muß damit rechnen, daß die Computer des Bundesnachrichtendienstes anspringen und das Gespräch aufzeichnen – egal ob sich hier nun tatsächlich Drogenhändler oder lediglich Hobbygärtner unterhalten. Scheint den Lauschern des BND eine Nachricht verdächtig, leiten sie ihre Erkenntnisse auf dem kleinen Dienstweg an die Strafverfolgungsbehörden weiter. Der Polizei wächst so mit Hilfe der Horcher von Pullach ein riesengroßes Ohr.

Eine der grundlegenden Lehren der Hitler-Diktatur wird so zur Makulatur: das Gebot, Polizei und Geheimdienste streng zu trennen. Eine Gestapo, eine allmächtige „Geheime Staatspolizei“, die spionieren und verhaften durfte, sollte es nach 1945 nicht mehr geben. Die Nationalsozialisten hatten noch 1936 bestimmt: „Die Geheime Staatspolizei hat die Aufgabe, alle staatsgefährlichen Bestrebungen im gesamten Staatsgebiet zu erforschen *und zu bekämpfen*, das Ergebnis der Erhebungen zu sammeln und auszuwerten, die Staatsregierung zu unterrichten und die übrigen Behörden über für sie wichtige Feststellungen auf dem laufenden zu halten und mit Anregungen zu versehen.“ Und die Ausführungsverordnung zu diesem Gesetz über die Geheime Staatspolizei regelte: „Soweit Beamte der Geheimen Staatspolizei im Rahmen der Zuständigkeit der Geheimen Staatspolizei die den Behörden und Beamten des Polizei- und Sicherheitsdienstes nach den Bestimmungen der Strafprozeßordnung obliegenden Aufgaben übernehmen, handeln sie als Hilfsbeamte des Oberreichsanwalts oder des örtlich zuständigen Oberstaatsanwalts.“

Nach dem Zweiten Weltkrieg hat der Gesetzgeber – auf Drängen der Alliierten – die Rolle der Nachrichtendienste strikt beschränkt. Sie sollten herausfinden, ob Verfassungsfeinde den Staat von innen aushöhlen oder ob ausländische Mächte von außen das Land bedrohen. Dabei dürfen sie – anders als die Polizei – weit im Vorfeld einer strafbaren Handlung herumschnüffeln. Streng untersagt ist ihnen aber etwa, eine Wohnung zu durchsuchen oder eine Person festzunehmen. Exekutive Befugnisse hat allein die Polizei: um *konkrete* Gefahren abzuwehren oder eine bereits begangene Straftat zu verfolgen. Ihr wiederum ist es grundsätzlich nicht erlaubt, wie ein Geheimdienst zu arbeiten. Denn wer verhaften darf, muß offen auftreten, um kontrollierbar zu bleiben.

Doch seit Beginn der neunziger Jahre wird dieses Trennungsgebot aufgeweicht. Die Geheimdienste unterstützen inzwischen die Polizei.

Beispiel Nummer zwei: Seit dem 1. August 1994 darf in Bayern der Landesverfassungsschutz der Polizei bei der Bekämpfung der Organisierten Kriminalität helfen.

Der Geheimdienst als verlängerter Arm der Polizei – in dieser Rolle würden einige auch gerne das Kölner Bundesamt für Verfassungsschutz sehen. 1993 verlangte die CDU/CSU-Bundestagsfraktion in ihrem „Programm Innere Sicherheit": Die „Nachrichtendienste des Bundes (Bundesnachrichtendienst und Verfassungsschutz)" sind zu beteiligen „bei der Bekämpfung der Organisierten Kriminalität durch Beobachtung ihrer Strukturen und ihrer Entwicklung im Vorfeld".

Bereits drei Jahre zuvor hatte der damalige Präsident des Bundesamtes für Verfassungsschutz, Gerhard Boeden, für „neue Aufgaben" plädiert. Die Mauer war gerade gefallen, das Ministerium für Staatssicherheit und mit ihm die DDR-Auslandsdienste wurden aufgelöst. Die bundesdeutsche Spionageabwehr verlor ihren Hauptgegner. „Brauchen wir überhaupt noch einen Verfassungsschutz?" wurde immer wieder gefragt. „Wir brauchen ihn", lautete die Antwort, „weil rechtsradikale Organisationen und politische Gewalttäter ihm Arbeit verschaffen."

Doch der Geheimdienst wollte mehr. Gleich nach der Wende entdeckte er eine „neue Gefahr": die Organisierte Kriminalität. Internationale Banden, hieß es, nutzten die offenen Grenzen nach Osten und machten Deutschland allmählich zur Drehscheibe ihrer Verbrechen. Wie eine Krake legten sie ihre Arme um Politiker, Verwaltungsbeamte, Richter und Staatsanwälte.

Je früher man diese mafiosen Strukturen aufdecke, desto erfolgreicher ließen sie sich bekämpfen, sagte Verfassungschef Boeden damals. „Systematische Vorfeldaufklärung" könnte dabei sein Amt leisten, schlug er unbekümmert vor, dies sei doch „insbesondere bei der Spionage- und Terrorismusbekämpfung schon jetzt seine Domäne".

Der Kölner Vorstoß hatte bislang auf Bundesebene keinen Erfolg. Doch neben Bayern liebäugeln auch andere Bundesländer damit, ihren jeweiligen Landesverfassungsschutz für Handlangerdienste der Polizei einzuspannen. Es ist nur eine Frage der Zeit, wann das Trennungsgebot nur noch Historiker interessiert.

Niemand bestreitet heute ernsthaft, daß Rauschgiftringe, Autoschieber, Waffenhändler und Falschmünzer die Bundesrepublik nach dem Fall der Mauer und der kommunistischen Regime in Osteuropa als Basis für ihre Operationen entdeckt haben. Sie waschen ihre schmutzigen Gelder in ostdeutschen Immobiliengeschäften. Sie stehlen Luxuskarossen „Made in Germany" und schaffen sie über die polnischen und tschechischen Grenzen nach Osten. Sie nutzen die deutschen Wirtschaftsverbindungen und das moderne Kommunikationssystem, um weltweite Netze des Verbrechens zu knüpfen. Ihnen ist jedes Mittel recht: Gewalt, Erpressung, Betrug, Bestechung, Mord.

Auf diese Herausforderung müssen Gesetzgeber, Polizei und Justiz reagieren, auch mit neuen, unkonventionellen Methoden. Nur: Der Kampf gegen die Mafia heiligt nicht alle Mittel. Ein Rechtsstaat darf eben nicht alles tun, was helfen könnte, um Kriminelle auszuschalten. Sonst stellt er sich selbst in Frage.

Beispiel Nummer drei: Auch hier war der Freistaat Bayern wieder einmal Vorreiter; seit dem 1. Januar 1995 hat die Landespolizei das Recht zu verdachtsunabhängigen Kontrollen. Und was der Bayer darf, dürfen inzwischen auch viele andere Länderpolizeien – und seit dem Sommer 1998 auch der Bundesgrenzschutz: Ohne einen konkreten Verdacht in Grenznähe, auf Bahnhöfen, in Zügen und auf Flughäfen jeden Passanten kontrollieren und, wenn es die Lage erforderlich macht, sogar die Passanten und ihr Gepäck durchsuchen.

Natürlich gibt es dafür Gründe. Die Grenzkontrollen zwischen den Mitgliedsstaaten des Schengener Vertrags sind weggefallen, davon profitieren natürlich international operierende Verbrecherbanden. Kein Schlagbaum hindert sie mehr an ihren Geschäften. Mit verdachtsunabhängigen Kontrollen gehen vielleicht einige Kriminelle ins Netz. Das ist aber nur die eine Seite der Medaille. Die andere: Die Polizei arbeitet immer weiter im Vorfeld der Kriminalität und entfernt sich damit von ihrer bisherigen Aufgabe: *konkrete* Gefahren für die öffentliche Sicherheit abzuwehren sowie Straftaten zu verfolgen. Auf Prävention und Repression sollte sich ihre Arbeit erstrecken, aber auch beschränken. Verdachtsunabhängige Kontrollen nehmen selbst dem unbescholtenen Bürger die Chance, sich den Staat vom Leib zu halten.

Beispiel Nummer vier: Der große Lauschangriff. Er ist seit dem Frühjahr 1998 Gesetz und zerstört – trotz aller Einschränkungen in letzter Sekunde – das Recht auf Unantastbarkeit der Privatsphäre in seinem Kern.

Schon seit Urzeiten ist es ein elementares menschliches Anliegen, zu Hause ungestört zu bleiben. *My home is my castle* – dieses Recht gehört seit zwei Jahrhunderten zum Herzstück aller freiheitlichen Verfassungen. In Deutschland hieß es erstmals in der Paulskirchenverfassung von 1848: „Die Wohnung ist unverletzlich“. Absoluten Schutz hat dieser Zufluchtsort allerdings auch im freiheitlichen Rechtsstaat nie genossen. Die Polizei darf einem auf frischer Tat ertappten Dieb in seine Wohnung nachstellen, auch in die Wohnung eines unbeteiligten Dritten. Sie darf sogar von außen hineinhören, um schwerste Gefahren für Leib und Leben abzuwenden. Läßt sich ein Verbrechen noch verhüten, darf der Staat seit jeher stärker in die Grundrechte eingreifen, als wenn die Straftat bereits begangen wurden und „nur“ noch das Ziel verfolgt wird, den Täter dingfest zu machen. Prävention und Repression – das ist eine logische, im Alltag mitunter allerdings komplizierte Unterscheidung.

Gleichwohl galt bisher jedoch ein ehernes Gesetz: Der schuldlose Bürger kann sich in den eigenen vier Wänden im großen und ganzen sicher fühlen. Damit ist es nun vorbei, denn der große Lauschangriff richtet sich gegen jeden. Heften sich die Fahnder an die Fährte eines Verdächtigen, geraten alle, die mit ihm sprechen, in den Hörbereich der Wanze: die Ehefrau, die Kinder, Freunde, Zufallsbekannte.

Es ist naiv zu glauben, allein strenge Kontrollen würden die Horcher im Zaum halten. Die Erfahrung lehrt: Die Obrigkeit kennt kein Maß, und auch auf die kontrollierende Justiz ist immer weniger Verlaß.

Beispiel Nummer fünf: Richter haben in den vergangenen Jahren tatkräftig dabei geholfen, die Hindernisse heimlicher Staatstätigkeit einzureißen. So hat es der Bundesgerichtshof in Karlsruhe für zulässig erachtet, einen Beschuldigten durch staatlich arrangierte Privatgespräche zur Selbstbelastung zu verführen. Jedenfalls dann, „wenn es um die Aufklärung einer Straftat von erheblicher Bedeutung geht und die Erforschung des Sachverhalts unter Einsatz anderer Ermittlungsmethoden erheblich weniger erfolgversprechend oder wesentlich erschwert gewesen wäre".

Warum also sollte die Polizei künftig einen Beschuldigten noch offen vernehmen und über sein Schweigerecht belehren, wenn sie ihn doch viel unkomplizierter mit List und Tücke überführen kann?

Die Gerichte haben auch dem großen Lauschangriff bereits eine Hintertür geöffnet, jedenfalls einen Spalt weit: Unter bestimmten Voraussetzungen, entschieden Richter in Karlsruhe, dürfen Informationen, die beim Überwachen einer Wohnung zum Zwecke der Gefahrenabwehr (der „präventive Lauschangriff" ist nach den meisten Polizeigesetzen der Länder erlaubt) gewonnen werden, auch als Beweismittel in einem strafrechtlichen Ermittlungsverfahren benutzt werden.

Eine düstere Bilanz: Vor einem halben Jahrhundert trat zum ersten Mal der Parlamentarische Rat zusammen. Nach intensiven Beratungen legte er einen beispielhaften Verfassungsentwurf vor, der Grundgesetz genannt wurde. Fünfzig Jahre später haben Bundestag und Bundesrat diese Verfassung in ihrem freiheitlichen, an universellen Menschenrechten orientierten Kern schwer beschädigt: Das Trennungsgebot von Polizei und Geheimdienst wurde durchlöchert und das Grundrecht auf Unverletzlichkeit der Wohnung ausgehöhlt, die Beweisverwertungsgebote, das Schweigerecht des Beschuldigten und seiner Angehörigen, die Zeugnisverweigerungsrechte sowie die Unschuldsvermutung wurden perforiert.

Kein Zweifel, die Risiken für die Gesellschaft und für den einzelnen Menschen sind gestiegen. Der technische Fortschritt hat auch den Verbrechern neue Möglichkeiten eröffnet. Der moderne Staat muß deshalb die Gefahren für seine Bürger frühzeitig erkennen und eindämmen.

Doch gerade in der modernen Welt ist auch die Privatsphäre ein besonders knappes Gut. Vor Jahrhunderten haben Bürger und Barone den Fürsten und Königen das Recht auf Privatheit abgetrotzt, es hat seitdem nicht an Gewicht verloren. Im Gegenteil, je mehr Daten der Staat von seinen Bürgern speichert, desto wichtiger ist die Kontrolle der Obrigkeit; denn öffentliche Gewalt muß in einem Rechtsstaat kontrollierte Gewalt sein. Desto wichtiger wird für den Menschen auch ein Raum, in den er sich ungestört zurückziehen kann. Sonst bleibt ihm nur noch die Freiheit der Gedanken, bis auch sie eines Tages erforscht werden.

Otto Diederichs

Die deutsche Polizei und die Menschenrechte

Durch die Brille deutscher Politik gesehen, finden Menschenrechtsverletzungen vornehmlich in den Staaten der sogenannten Dritten Welt statt; bestenfalls noch auf dem Balkan und den übrigen Nachfolgestaaten des ehemaligen „Ostblocks“. In der Bundesrepublik und in Westeuropa hingegen gehören sie, seit man sich nach dem Zweiten Weltkrieg hier auf die (seit 1950 rechtsverbindlich normierte) *Europäische Menschenrechtskonvention* verständigte, aus dieser Sicht längst der Vergangenheit an.

Die *Menschenrechtskommission* des Europarates und der *Europäische Gerichtshof für Menschenrechte* in Straßburg wachen seither über ihre Einhaltung. Vor diesen Instanzen können Bürgerinnen und Bürger klagen, die sich als Opfer einer Menschenrechtsverletzung durch ein Mitgliedsland des Europarates betrachten. 1996 gingen bei der Menschenrechtskommission insgesamt 4 758 Beschwerden ein; 334 der Eingaben richteten sich gegen die Bundesrepublik.

In einem Klagefall bemüht sich die Menschenrechtskommission zunächst um eine gütliche Einigung zwischen Beschwerdeführer und Beklagtem. Scheitert dies, kann sie den Fall an den Gerichtshof weiterleiten, dessen Urteil anschließend rechtsverbindlich ist. Soweit, so gut – und ganz sicher sind viele der Klagen, die hier zur Verhandlung anstehen, mit der Schwere von Menschenrechtsverletzungen in anderen Teilen der Welt nicht zu vergleichen. Mehrheitlich betreffen sie die übermäßig lange Dauer von Gerichtsverfahren, mit Blick auf die Menschenrechtsverbrechen andernorts also eher Bagatellen.

Alles in Ordnung?

Aber ist deshalb in Deutschland – und in Europa – alles in Ordnung? Offenkundig nicht: Insbesondere *amnesty international* (ai) weist immer wieder auch auf Menschenrechtsverletzungen in unserem Teil der Welt hin. In erster

Linie sind es die Sicherheitskräfte, bei denen ai zum Teil massive Menschenrechtsverletzungen ausmacht. Die Bundesrepublik Deutschland wird dabei ebenso genannt wie unter anderem Dänemark, Frankreich, Großbritannien, Italien, Spanien, Portugal, Bulgarien, Rumänien und die Türkei (amnesty international, Jahresbericht 1996, 79ff.).

Das Europäische Parlament debattiert alljährlich einen Bericht zur Menschenrechtslage in der Europäischen Union. Allerdings gleichen diese Debatten meist einer „europäischen Geisterstunde", wie es der Journalist Heribert Prantl in der Süddeutschen Zeitung vom 20. Mai 1995 ausdrückte. Der Bericht für das Jahr 1993 wurde gleich rundweg abgelehnt: Menschenrechtsverletzungen in Europa finden eben nicht statt.

Ebenfalls regelmäßig lassen sich die Vereinten Nationen von den 134 Unterzeichnerstaaten der UN-Menschenrechtskonvention einen Bericht zur Menschenrechtssituation vorlegen. Die Bundesrepublik war hierzu bislang viermal aufgerufen, zuletzt im Jahr 1996. Im Unterausschuß der Menschenrechtskommission mußten sich die deutschen Diplomaten dabei einigen peinlichen Fragen stellen. Überwiegend war es die deutsche Polizei, insbesondere ihr Verhalten gegenüber Ausländerinnen und Ausländern, das zu kritischen Nachfragen Anlaß gab. Was also ist los mit der deutschen Polizei?

Konjunkturen und Zielgruppen

Seit vermehrt polizeiliche Übergriffe hierzulande auf Ausländerinnen und Ausländer bekannt werden, wird viel über die Gründe spekuliert. Ohne Zweifel haben die Ausländer- und Asylpolitik der Bundesregierung und die fremdenfeindliche Atmosphäre, die in der neuen, weil vereinten Republik nahezu überall spürbar ist, das ihrige dazu beigetragen. Gleichwohl sind Polizeiübergriffe kein Novum – allerdings haben sie unterschiedliche Konjunkturen. So waren und sind politische Protestaktionen immer wieder Anlaß und Ausgangspunkt für massive polizeiliche Übergriffe auf Festgenommene sowie Pressevertreterinnen und -vertreter. „Hin und wieder muß ich meine Leute auch mal von der Kette lassen", verharmloste Ende der achtziger Jahre ein hoher Berliner Polizeiführer mir gegenüber das, was in solchen Augenblicken geschieht.

Ebenso gehören Übergriffe bis hin zu vorsätzlichen Mißhandlungen zum „normalen" polizeilichen Alltag. In erster Linie sind es soziale Randgruppen, welche dabei zu Opfern werden: Obdachlose, Drogenabhängige, Prostituierte etc. – Personengruppen mit einer geringen Beschwerdemacht also. Nur selten und dann meist in besonders schweren Fällen dringen Vorgänge an die Öffentlichkeit, wie z. B. 1980 in Mainz oder drei Jahre später in Düsseldorf: Die Düsseldorfer Beamten hatten ihre Opfer nicht nur geschlagen und getreten, sondern in mindestens einem Fall auch dazu gezwungen, die eigene

Urinlache vom Zellenboden aufzulecken (Maibach, 91 und 93); sie erhielten Haftstrafen zwischen sechs Monaten auf Bewährung und zweidreiviertel Jahren.

In Mainz hatten Polizeibeamte regelmäßig Nichtseßhafte in der City aufgegriffen, verprügelt und an den Stadtrand verfrachtet. Bei einem solchen Einsatz im Dezember 1980 war ein betrunkener Obdachloser, den die Beamten „aufs Feld wie immer" verbracht hatten, auf einem Weinberg erfroren. Sie wurden zu Geldstrafen von 2 000 DM und 2 400 DM verurteilt.

Die Entfernung von Nichtseßhaften, die von den Kommunen meist als Schandflecke des Stadtbildes betrachtet werden, ist keine Erfindung der Gegenwart. Was die Stadtväter von Koblenz über Freiburg und Saarbrücken, von Hamburg über Berlin bis Erfurt heute als notwendig für das „saubere Bild" ihrer Innenstädte erachten, galt Ende der siebziger/Anfang der achtziger Jahre ebenso als erfolgversprechende Problemlösung: Heidelberg, Paderborn, die Mainmetropole Frankfurt, Mannheim, Baden-Baden und andere Städte ließen ihre Innenstädte bereits damals gern von der Polizei „säubern". Da Aufenthaltsverbote und in ihrer Folge ausgesprochene Platzverweise jedoch wenig helfen, verfielen die Beamten nahezu zwangsläufig auf den Ausweg, Obdachlose, Bettlerinnen und Bettler etc. zur „Erholung" (contact [1978] 10-11, 7) an den Stadtrand zu fahren, um die in sie von den Stadtoberen gesetzten Erwartungen erfüllen zu können. Für eine solche Art von „Verbringungsgewahrsam" sind die Beamtinnen und Beamten somit nur begrenzt verantwortlich zu machen. Daß sie ihren Frust über dessen Sinnlosigkeit dabei nicht selten gewalttätig an den hilflosen Menschen auslassen, steht freilich auf einem anderen Blatt.

Von Aufenthaltsverboten (Platzverweisen) und Verbringungsgewahrsam betroffen sind stets auch Drogenabhängige. Seit 1991 beispielsweise bekämpft die Hamburger Polizei – bei anderen Großstadtpolizeien sieht es nicht viel anders aus – die offene Drogenszene am Hauptbahnhof mit Aufenthaltsverboten. Von 1992 bis 1995 wurden in der Hansestadt ca. 90 000 Platzverweise ausgesprochen. Kamen die Betroffenen dieser Aufforderung wiederholt nicht nach, drohte ihnen „Verbringung" oder Ingewahrsamnahme (Kritische Polizisten, 7).

Sicher kann eine „Verbringung" im Einzelfall auch das mildere Mittel gegenüber einer Ingewahrsamnahme oder Inhaftierung sein. Wo sie jedoch dazu führt, daß – wie mehrfach geschehen – Drogenabhängige, das heißt im medizinischen Sinne Kranke ohne Ortskenntnisse und/oder eine Anbindung an öffentliche Verkehrsmittel ausgesetzt und damit bewußt einem „cold turkey", dem (schmerzhaften) Nachlassen der Drogenwirkung, überlassen werden, wirkt dies nicht nur als zusätzliche Strafe. Die Grenze zur körperlichen Folter wird zumindest erreicht, wenn nicht überschritten.

Auch der Umgang mit Straßendealern hat seine eigenen Regeln: Nicht selten werden sie bei der Festnahme kräftig in den Magen geschlagen, um sie am Verschlucken etwaiger im Mund verborgener Drogenpäckchen zu hindern. Können Beweismittel so nicht sichergestellt werden, droht ihnen (ebenso wie Drogenkurieren) vielerorts auf der Wache das gewaltsame Einflößen eines Brechmittels. Hierbei beruft sich die Polizei auf die Strafprozeßordnung, wonach bei einem Beschuldigten „körperliche Eingriffe" zur Beweismittelsicherung gestattet sind, „wenn kein Nachteil für seine Gesundheit zu befürchten ist". Als Nebenwirkung des zumeist benutzten „Ipecacuanha"-Sirup, der in der Medizin bei Vergiftungen u. ä. eingesetzt wird, kommt es allerdings häufig zu stundenlangem Erbrechen, Blutspucken und tagelangen Durchfällen. In Hessen wurde der Einsatz des Mittels im Herbst 1996 als rechtswidrig eingestuft. Nach Auffassung des dortigen Oberlandesgerichtes verstößt er sowohl gegen die Menschenwürde wie auch gegen das Grundrecht auf körperliche und seelische Unversehrtheit (Az.: 1 Ss 28/96). Die Berliner Justiz hat sich diesem Urteil inzwischen angeschlossen und den polizeilichen Einsatz von „Ipecacuanha" ebenfalls untersagt.

Als dritte potentielle „Risikogruppe" müssen Prostituierte gelten, die nicht selten als „Freiwild" betrachtet werden. Immer wieder tauchen Meldungen auf, wonach Prostituierte auf der Wache zu sexuellen Handlungen genötigt oder gar vergewaltigt wurden. Allerdings kann es generell auch jede andere Frau treffen. Das Spektrum der Übergriffe reicht hier vom „Busengrapschen" bis zu Vergewaltigungen.

Vor solcher Gewalt sind selbst Polizeibeamtinnen nicht unbedingt gefeit: 1991 widmete die Gewerkschaft der Polizei (GdP) der sexuellen Belästigung am Arbeitsplatz sogar einen Themenschwerpunkt in ihrer Gewerkschaftszeitung (Deutsche Polizei [1991] 4, 6f.). Wie richtig man damit lag, zeigen aktuelle Vorfälle: In Niedersachsen wird gegenwärtig gegen acht Ausbilder der Polizeischule ermittelt, denen sexueller Mißbrauch vorgeworfen wird. Auch in der Hauptstadt wurden im ersten Halbjahr 1996 13 Fälle von sexueller Belästigung bekannt (Landespressedienst Berlin vom 11. September 1996, 14f.), wobei die Dunkelziffer nach Ansicht der Frauenbeauftragten bei der Berliner Polizei erheblich höher liegt: „Besonders Polizistinnen der unteren Besoldungsgruppe haben große Probleme, sich zu offenbaren, weil sie Nachteile für ihre weitere Laufbahn befürchten" (die tageszeitung vom 13. September 1996). In den anderen Bundesländern sieht es ähnlich aus.

Nicht erst seit den neunziger Jahren, als auch wegen der Berichte von ai das Thema polizeilicher Übergriffe gegen Ausländerinnen und Ausländer in der bundesdeutschen Öffentlichkeit diskutiert wurde, war diese Bevölkerungsgruppe ein bevorzugtes, weil risikoloses Ziel polizeilicher Schläger. Lediglich ein Fall, der auch heute, über zehn Jahre später, noch seinesgleichen sucht, soll kurz nachgezeichnet werden: Mitte Juli 1985 wurde in Hamburg der Venezolaner Jorge H. wegen eines mutmaßlichen Fahrraddiebstahls festgenommen. Als er dagegen protestierte, nach der Aufnahme seiner Personalien in eine Arrestzelle gesperrt zu werden, wurde er von fünf Beamten zunächst zusammengeschlagen und dann in die Zelle gestoßen. Als die Eisentür zugeschlagen wurde, geriet H. mit einigen Fingern seiner rechten Hand in die Tür. Trotz seiner Schreie wurde er erst nach einigen Minuten wieder befreit. Da jedoch war der Ringfinger bereits vollständig abgequetscht.

Auch wenn dieser Fall in seiner Brutalität für die Gesamtheit polizeilicher Übergriffe auf Ausländer nicht repräsentativ ist, steht er doch in einer unrühmlichen Reihe mit den jüngst bekanntgewordenen Scheinexekutionen in Hamburg in den Jahren 1991/92 und zwei Jahre später in Frankfurt und deutet damit eine gewisse Kontinuität an. Minderschwere Fälle aufzuzählen erübrigt sich da. Die Dokumentationen, die *SOS Rassismus*, *amnesty international* und andere unterdessen vorgelegt haben, lassen zudem an Deutung wenig Raum.

Gewalt auch ohne Prügel

Daß man Menschen allerdings auch Gewalt antun kann, ohne direkt auf sie einzuschlagen, hat die Berliner Polizei bewiesen, als Anfang 1990 vermehrt illegal eingereiste Rumäninnen und Rumänen in Abschiebehaft genommen wurden. Diese erhielten nach ihrer Festnahme ausrangierte Polizeitrainingsanzüge, die eigentlich zur Vernichtung bestimmt waren – mit anderen Worten Lumpen, an denen zudem Reißverschlüsse und Taschen entfernt worden waren. „Eine fremdenfeindliche Motivation hat der Einkleidungspraxis zu keiner Zeit zugrunde gelegen“, heißt es in einem rechtfertigenden Polizeibericht. Vielmehr habe es „insbesondere in den Jahren 1990 bis 1994“ eine erhebliche Anzahl von rumänischen Festgenommenen gegeben, „die dadurch auffällig wurden, daß sie gefährliche Werkzeuge, u. a. Rasierklingen, in ihrer Kleidung verbargen, um sich damit teilweise schwer zu verletzen. Sie benutzten auch die Reißverschlüsse der ausgegebenen Trainingsanzüge, um sich selbst Verletzungen beizubringen. Daraufhin wurden die Reißverschlüsse herausgetrennt“. Erkennungsdienstliche Fotos aus dieser Zeit zeigen spärlich bekleidete Menschen, die versuchen ihre Hosen festzuhalten oder gar keine besitzen. Frauen wurden z. T. mit entblößter Brust abgelichtet. Erst im Sommer 1994 wurde das entwürdigende Verfahren schließlich beendet (vgl. Bürgerrechte & Polizei/CILIP 54 [1996] 2).

Verbesserung der Ausbildung?

Erklärungsversuche für solches Verhalten gibt es unterdessen auch auf seiten der Polizei mehrere. Zumeist wird dabei der Ruf nach einer besseren Ausbildung als Lösungsansatz laut. Über das, was verbessert werden soll, macht sich hingegen kaum jemand Gedanken.

Wie also sieht die Ausbildung der Polizei aus? Das erste Ausbildungsjahr beginnt nach einer fachtheoretischen und -praktischen Einführung mit der sogenannten Grundausbildung. Sie umfaßt das Erlernen der umfangreichen Rechtsbereiche sowie die Lehrgebiete Einsatzlehre, Polizeidienstkunde, Verkehrslehre, Politische Bildung, Geschichte, Sozial- und Berufskunde, Deutsch und Englisch. Weiterhin als praktische Fächer: Ausbildung für den Einsatz (AfdE), Sport, Erste Hilfe und Maschinenschreiben. Im zweiten Jahr werden diese Fächer vertiefend weitergeführt. Im letzten Abschnitt erhalten die künftigen Polizistinnen und Polizisten schließlich ihre Spezialausbildung: Einsatzbezogener Schußwaffengebrauch, Funkausbildung, Verkehrsregelung und Fahrausbildung. Eingestreut in alle drei Abschnitte sind zudem kurze (meist unbeliebte), ein- bis zweiwöchige Kommunikations- und Verhaltenstrainings, Konfliktbewältigungs- und Anti-Streß-Seminare.

Der größte Teil der praktischen Ausbildung wird dabei durch das Erlernen von Gewalttechniken beherrscht: vom (Kampf-)Sport bis zum Einsatz körperlicher Gewalt und der üblichen Zwangsmittel vom Schlagstock bis zum Wasserwerfer. Das hohe Gewicht, das solchen Techniken beigemessen wird, vermittelt nahezu zwangsläufig die Vorstellung von ständiger Gefährdung. Gewalt wird als Routine erlernt, Kommunikation vorrangig in der Beherrschung technischer Kommunikationsmittel gesehen. Sozialwissenschaften spielen bestenfalls eine randständige Rolle. Das, was den späteren schutzpolizeilichen Einzeldienst ausmacht, der Umgang und die Kommunikation mit hilfesuchenden, streitenden oder gar mit zu den Beamten in Widerspruch tretenden Bürgerinnen und Bürgern, wird kaum erlernt. Gerade in jenen Situationen, in denen es auf Handlungskompetenz und kommunikative Fähigkeiten ankäme, versagen Polizistinnen und Polizisten immer wieder (Herrnkind, 54ff.).

Praxisschock

Unzureichend ausgebildet, treffen die jungen Polizeibeamten anschließend im aktiven Dienst auf eine manifeste hierarchische Struktur, in der sie zunächst als lästige „Kielschweine“ und „Achsbeschwerer“ gelten. Hinzu kommen immer noch häufig genug sogenannte „gut gemeinte Ratschläge“ dienstälterer Kollegen, „keine neue Sitten einzuführen" oder hinsichtlich des gezeigten Arbeitseifers „die Preise nicht zu versauen" (Bürgerrechte & Polizei/CILIP 56 [1993] 3, insbes. 42ff.). Wer da nicht das Glück hat, einen guten „Bärenführer" als Kollegen zugeteilt zu bekommen, hat beinahe schon verloren. „Am Anfang konnte ich mich gar nicht orientieren, weil ich nicht wußte, was richtig ist", benennt ein Polizeibeamter das Dilemma, in dem sich frischgebackene Polizistinnen und Polizisten häufig befinden: „Zum Beispiel eine Wirtshausschlägerei, man kommt da rein, man hat jetzt einen Kollegen, der eine relativ niedrige Schwelle hat, was die eigene Gewaltanwendung anbelangt. Der fackelt also nicht lange, sondern wenn da die ersten Ansätze von Widerstand entstehen, dann wird draufgehauen. Wenn man dann nachher bei der Nachbesprechung auf der Wache hört: 'Au super, dem haste wieder eine gegeben, der hat's verdient', und alle stehen drumrum und klatschen Beifall, macht man sich natürlich Gedanken und sagt sich: Das war also super, das könnte man demnächst auch machen" (vgl. Maibach). Nur persönlich halbwegs gefestigte (kritische) Geister haben unter diesen Rahmenbedingungen im Grunde noch eine Chance, durch Umsetzungsgesuche, teils mit Karrierenachteilen verbunden, einem vorgezeichneten Weg zu entfliehen.

Es kommt somit nicht so sehr darauf an, die Ausbildung zu „verbessern". Es gilt, sie ebenso wie die gesamten polizeilichen Strukturen und das Verständnis ureigentlicher polizeilicher Aufgaben zu verändern. Es dreht sich nicht darum, dieses oder jenes Detail zu ändern. Nur wenn eine grundsätzliche Veränderung der Politik „Innerer Sicherheit" erfolgt, läßt sich ein an den Bürgerinnen und Bürgern orientiertes System polizeilichen Schutzes entwikkeln, das auch den einzelnen Beamtinnen und Beamten eine Chance bietet, sich anders zu verhalten. Ein solches Verständnis setzt voraus, daß die Polizei sich nicht länger als den „starken Arm", als Vollzugsorgan staatlicher Autorität und politischer Entscheidungen begreift, sondern als eine gesellschaftliche Zwangsinstanz, die primär zum Schutz der Bürgerinnen und Bürger vor alltäglichen Gefahren und alltäglicher Gewalt da ist. Eine Reform der Ausbildung allein, die nicht kompatibel ist mit dem organisatorischen Arrangement sowie den sonstigen formellen und informellen Strukturbedingungen der beruflichen Tätigkeit, ist von vornherein zum Scheitern verurteilt.

Solange sich daran also nichts ändert, sind Aussagen wie die des Berliner Landesschutzpolizeidirektors Gernot Piestert zwar richtig, haben jedoch den ganz entscheidenden Makel, daß sie nicht mehrheitsfähig sind: „Ich glaube wirklich, daß man sich hier an Menschen vergreift, die – in dem Moment, in dem sie bei der Polizei sind – schwach sind. Das kann der Skinhead sein, das kann der Vietnamese sein, das kann der Betrunkene sein" (zit. nach Berliner Zeitung vom 23. November 1994).

Literaturhinweise:

K. Ahlheim/B. Heger: „Fremdenfeindlichkeit und Polizei“ als Thema politischer Bildung in der Aus- und Fortbildung der Polizei, Essen 1995;

amnesty international: Vorwürfe über Mißhandlungen an ausländischen Staatsbürgern: Eine Zusammenfassung der jüngsten Anliegen, London 1993;

amnesty international: Ausländer als Opfer. Polizeiliche Mißhandlungen in der Bundesrepublik Deutschland, London/Bonn 1995;

amnesty international: Bundesrepublik Deutschland. Vorwürfe über Mißhandlungen an Ausländern – aktuelle Entwicklungen seit Veröffentlichung des Berichts vom Mai 1995, London/Bonn 1996;

amnesty international: Jahresbericht 1996, Frankfurt a. M. 1996;

Anti-Rassismus-Büro Bremen (Hg.): Bevor die Polizisten uns schlagen, sagen sie, daß sie es tun, weil sie die Schwarzen hassen, Bremen 1992;

BAG Kritische Polizistinnen und Polizisten (Hg.): Unbequem (1996) 27 und 28;

M. Bornewasser/R. Eckert: Belastungen und Gefährdungen von Polizeibeamtinnen und -beamten im alltäglichen Umgang mit Fremden. Abschlußbericht zum Projekt „Polizei und Fremde“, Trier/Münster 1995;

Aktion Courage e. V./SOS Rassismus (Hg.): Polizeiübergriffe gegen Ausländerinnen und Ausländer, Bonn 1994 u. 1996;

Forum Buntes Deutschland e. V./SOS Rassismus (Hg.): Menschenrechtsverletzungen in Deutschland, Bonn 1993;

Die Grünen im Bundestag/Alternative Liste Berlin (Hg.): „Nicht dem Staate, sondern den Bürgern dienen“. Ein Gutachten zur demokratischen Neubestimmung polizeilicher Aufgaben, Strukturen und Befugnisse, Bonn/Berlin 1990;

M. Herrnkind: Der Fehler im System, in: Bürgerrechte & Polizei/CILIP/O. Diederichs (Hg.): Hilfe Polizei. Fremdenfeindlichkeit bei Deutschlands Ordnungshütern, Berlin 1995, S. 54ff.

G. Maibach: Polizisten und Gewalt. Innenansichten aus dem Polizeialltag, Reinbek 1966;

G. Maibach (Hg.): Polizisten und Gewalt. Innenansichten aus dem Polizeialltag, Hamburg 1996.

H. Prantl: Menschenrechte in Deutschland und Europa. Verfassung und Staatspraxis, in: F.-J. Hutter/C. Tessmer (Hg.): Die Menschenrechte in Deutschland. Geschichte und Gegenwart, München 1997, S. 305ff.

Volkmar Deile

Gibt es eine glaubwürdige deutsche Menschenrechtspolitik?

Bevor eine Antwort auf die Frage, ob es eine glaubwürdige deutsche Menschenrechtspolitik gibt, versucht wird, ist es notwendig zu definieren, was unter Menschenrechtspolitik überhaupt zu verstehen ist.

Was ist Menschenrechtspolitik?

Daß sie auf der Agenda der Politik zu stehen hat – wenn man so will, das „Ob" ihrer Existenz –, kann nicht bestritten werden. Da ist das Grundgesetz der Bundesrepublik Deutschland ganz eindeutig: „Die Würde des Menschen ist unantastbar. Sie zu achten und zu schützen ist Verpflichtung aller staatlichen Gewalt. Das deutsche Volk bekennt sich darum zu unverletzlichen und unveräußerlichen Menschenrechten als Grundlage jeder menschlichen Gemeinschaft, des Friedens und der Gerechtigkeit in der Welt." Die Absätze 1 und 2 des Artikel 1 des Grundgesetzes unterstreichen die außerordentliche Wichtigkeit der Menschenrechte als Grundlage aller Politik – nach innen wie nach außen.

Desto umstrittener ist das „Wie", das letztlich darüber entscheidet, ob man von einer Menschenrechtspolitik, einer glaubwürdigen obendrein, überhaupt sprechen kann. Was ist in diesem Sinne Menschenrechtspolitik? Folgt man den artikulierten Erwartungen nicht-staatlicher Menschenrechtsorganisationen, so sind an eine Politik, die für sich in Anspruch nimmt, den Menschenrechten zu dienen und diese zu verwirklichen, zumindest folgende Forderungen zu richten:

- Menschenrechtspolitik muß den Opfern von Menschenrechtsverletzungen helfen (Solidarität);
- Menschenrechtspolitik muß drohende Menschenrechtsverletzungen verhindern und deren Ursachen überwinden helfen (Prävention);

- Menschenrechtspolitik muß der Schaffung von Strukturen dienen, die die Fortsetzung bzw. die Wiederholung von Menschenrechtsverletzungen verhindern helfen, und sie hat alle staatliche oder quasi-staatliche Gewalt, die Menschenrechtsverletzungen oder -verstöße verursacht, gegenüber diesen Strukturen rechenschaftspflichtig zu machen. Dies gilt global, regional und national;
- Menschenrechtspolitik muß Menschenrechtsbewußtsein schaffen und stärken. Sie zielt auf eine „Kultur der Menschenrechte“.

Wie muß eine solche Politik aussehen? Das *Forum Menschenrechte*, ein Zusammenschluß von jetzt 38 überregional arbeitenden deutschen Organisationen, die entweder selbst Menschenrechtsorganisationen sind oder sich in Teilen ihrer Arbeit den Menschenrechten besonders verpflichtet wissen, hat im Kontext der Weltmenschenrechtskonferenz der Vereinten Nationen 1993 in Wien folgende Definition formuliert: „Von jeder Regierung ist eine konsistente, nicht-selektive, transparente, nicht-instrumentalisierende und umfassend ressortübergreifende Menschenrechtspolitik nach innen wie nach außen zu verlangen, die sich unabhängig von anderen politischen, wirtschaftlichen, militärischen oder geostrategischen Erwägungen gleichermaßen intensiv für alle unteilbaren und in gegenseitiger Abhängigkeit stehenden Menschenrechte einsetzt.“

Angesichts des überragenden Stellenwertes, den die Verfassung der Bundesrepublik Deutschland und die Ratifikation einschlägiger völkerrechtlicher Verträge den Menschenrechten als Grundlage der Politik nach innen wie nach außen geben, ist dies keine „idealistische“ Erwartung, der durch Realpolitik niemals entsprochen werden könnte. Vielmehr ist dieser Anspruch legitimerweise an alle Realpolitik zu richten.

Rahmenbedingungen deutscher Menschenrechtspolitik

Die Welt nach dem Ende des Kalten Krieges

Das Ende des Ost-West-Konflikts hat vieles geändert. Im bipolaren Weltsystem wurden bis 1989 die Menschenrechte meist für andere politische Ziele instrumentalisiert. Selbst im Rahmen des 1975 mit der Schlußakte von Helsinki angestoßenen KSZE-Prozesses wurde die Menschenrechtskarte allzu oft gespielt, um die Abrüstungsforderungen der Warschauer-Pakt-Staaten abzuwehren. Am Punkt „Menschenrechte“ waren die Diktaturen Ost- und Mitteleuropas am verletzlichsten. Seit dem Ende des Kalten Krieges muß „der Westen“, der bis 1989 nur seine Überlegenheit im Systemwettbewerb mit den realsozialistischen Unrechtsregimen beweisen mußte, nun aber zeigen, daß er auch wirklich die

Kompetenz besitzt, die drängendsten globalen Probleme zu lösen. Die Bekämpfung der weltweiten Menschenrechtsverletzungen und die Überwindung von deren Ursachen gehört zu diesen großen Herausforderungen.

Die Aufgabe der Bekämpfung von Menschenrechtsverstößen und ihrer Wurzeln wollten diejenigen nicht stellen, die 1989 „das Ende der Geschichte" gekommen sahen und Utopien als ein für alle Mal gescheitert und überholt verwarfen. Aber schon der einfache Satz von der unveräußerlichen und unantastbaren Würde jedes einzelnen Menschen zeigt trotz der völkerrechtlichen Erfolgsstory der Menschenrechte eine weitgreifende real-utopische Kraft, der sich die Politik nicht entziehen darf und kann. Die zentrale Bedeutung der Menschenrechte wurde bei fast allen Weltkonferenzen deutlich, die die Vereinten Nationen seit der „Zeitenwende" 1989/90 durchgeführt haben. Zwar vermochten diese Weltkonferenzen (noch) nicht, in der Praxis eine neue internationale Politik zu etablieren. Faktisch erhoben sie aber die Menschenrechte zum unverzichtbaren Maßstab für jede wertorientierte internationale Politik. Dies wurde auch dadurch verstärkt, daß seit dem Ende der bipolaren Weltordnung in vielen Staaten die Zivilgesellschaft wuchs und Menschenrechtsorganisationen an Bedeutung gewannen. Der durchaus ambivalente Charakter des öffentlichen Legitimationsbedürfnisses aller staatlichen und nicht-staatlichen Politik tat ein Übriges. Davon legt ebenfalls die Bonner Politik Zeugnis ab, wie die Auseinandersetzungen über die richtige Politik etwa gegenüber der Türkei, China oder dem Iran deutlich zeigen. Insgesamt betrachtet, aber auch nur mit Blick auf die deutsche Politik läßt sich festhalten, daß die Menschenrechte von der Peripherie ins Zentrum des politischen Streits und öffentlicher Aufmerksamkeit rückten. Für die vielen Opfer umfassender und schwerer Menschenrechtsverletzungen, die auch nach 1989/90 zu verzeichnen sind, hat dies zwar noch nicht die wünschenswerte praktische Besserung der Lage erbracht. Jedoch wurde für Menschenrechtsorganisationen der Resonanzboden in der Politik verstärkt, so daß langfristig durchaus positive Veränderungen möglich erscheinen.

Widersprüchliche Entwicklungen negativer und positiver Natur greifen seit 1989 ineinander. Auf den Zerfall Jugoslawiens, der mit Vertreibung, Mord und Vergewaltigung verbunden war (und ist), folgte die Gründung eines Internationalen Kriegsverbrechertribunals. Gleiches gilt für den Völkermord in Ruanda 1994. Und es ist nicht unwahrscheinlich, daß 1998 eine internationale Konferenz der Regierungen eine Konvention über einen Internationalen Strafgerichtshof zur Ratifizierung durch die Staaten vorlegen wird. Leider ist dieser „Erfolg" wie schon die *Allgemeine Erklärung der Menschenrechte* aus dem Jahr 1948 als Antwort auf die Barbarei des Nationalsozialismus mit unendlichem menschlichen Leid erkauft worden.

Diese langsam wachsende internationale Struktur für die Durchsetzung der Menschenrechte wird durch das neue Amt des Hochkommissars der Vereinten Nationen für die Menschenrechte ergänzt. Zwar ist diese Funktion ebenso wie die anderen internationalen Instrumente zur Durchsetzung der Menschenrechte mit völlig ungenügenden Ressourcen ausgestattet, weil die Regierungen bisher nichts anderes zulassen. Aber ein Anfang ist gemacht, und es wird die Aufgabe der weltweiten zivilgesellschaftlichen Kräfte – besonders der nicht-staatlichen Menschenrechtsorganisationen – sein, auf eine Ausstattung zu dringen, die es den Menschenrechtsschutzinstrumenten erlaubt, die anstehenden Aufgaben effektiv zu bewältigen. Leider ist der politische Wille, 50 Jahre nach Schaffung der *Allgemeinen Erklärung der Menschenrechte* alle Kraft der „internationalen Staatengemeinschaft" auf die politische Durchsetzung der Menschenrechte zu konzentrieren, bisher nicht in ausreichendem Maße vorhanden. Auch nicht in Deutschland.

Staatliche Infrastruktur für die Menschenrechte in Deutschland

Nicht nur international, sondern auch national wächst in der staatlichen Politik langsam eine Infrastruktur für die Menschenrechte. Dieser Entwicklung stehen in Deutschland zwar die negativ zu wertende Einschränkung des Asylrechts, völlig unangemessene Reaktionen auf Berichte von Menschenrechtsorganisationen über Mißhandlungen vor allem von Ausländern und Minderheiten durch deutsche Polizeibeamte sowie eine Beschneidung von Bürgerrechten entgegen. Dennoch können positive Entwicklungen nicht übersehen werden. Dazu gehören:

1990, 1993, 1995 und 1997 hat das Auswärtige Amt zweijährig zu erstellende Menschenrechtsberichte veröffentlicht. Diese werden zwar vielfältig – auch von *amnesty international* (ai) – wegen der Anwendung eines auf die Außen- und Entwicklungspolitik reduzierten, die sozialen sowie wirtschaftlichen Rechte weitgehend ignorierenden und verengten Menschenrechtsbegriffs, der sich nur auf einen „Kern" von bürgerlichen und politischen Rechten beschränkt, und wegen der völlig fehlenden innenpolitischen Dimension kritisiert. Negativ zu Buche schlägt aus Sicht der Menschenrechtlerinnen und Menschenrechtler zudem, daß Menschenrechtspolitik weder als ressortübergreifende noch als transparente Unternehmung erscheint. Allerdings ist mit den Berichten, die leider in der Öffentlichkeit kaum (kritisch) zur Kenntnis genommen werden, immerhin der Anfang einer weiter zu entwickelnden öffentlichen Rechenschaftspflicht der Politik in diesem Bereich gemacht.

Seit 1991 haben nicht nur die Europäische Union (EU), sondern auch die Bundesrepublik Deutschland die entwicklungspolitische Zusammenarbeit an Kriterien gebunden, zu denen auch die Einhaltung der Menschenrechte gehört. Wie sich dies konkret in der Praxis ausnimmt, kann hier zwar nicht diskutiert werden. Doch die stärkere programmatische Verpflichtung der Entwicklungspolitik auf die Menschenrechte ist ein Schritt in die richtige Richtung. Länderstrategiegespräche, zu denen das Bundesministerium für wirtschaftliche Zusammenarbeit nicht-staatliche Organisationen einlädt, wurden eingerichtet, weitere Maßnahmen ergriffen, die der Koppelung von Entwicklungshilfe und der Durchsetzung der Menschenrechte dienen sollen. Allerdings verhindert die bislang fehlende Transparenz staatlicher Politik ein Urteil darüber, ob diese infrastrukturelle Stärkung der Menschenrechte auch als Fortschritt der praktischen Politik bewertet werden kann. Daß die Volksrepublik China, Indonesien und die Türkei zu den größten Nutznießern staatlicher Entwicklungshilfe aus Deutschland zählen, widerspricht der erklärten Absicht.

Die Anzahl der Ministerien nimmt zu, in denen es Menschenrechtsbeauftragte oder Arbeitsstäbe, wie etwa den für humanitäre Hilfe und Menschenrechte im Auswärtigen Amt, gibt.

Die auswärtigen Botschaften der Bundesrepublik Deutschland sind heute gehalten, dem Auswärtigen Amt regelmäßig auch über die Entwicklung der Lage der Menschenrechte im Land Auskunft zu geben. Die anhand dieser Informationen verfaßten Lageberichte des Auswärtigen Amtes sind nicht öffentlich zugänglich, noch nicht einmal für die Abgeordneten des Bundestages. Sie werden von Menschenrechts- und Flüchtlingsorganisationen vielfältig kritisiert. Einem Vergleich mit nicht-staatlichen Quellen (etwa den Gutachten von *amnesty international*) können sie sich nur deshalb nicht entziehen, weil sie von Gerichten, die über die Schicksale von Flüchtlingen zu entscheiden haben, als Entscheidungsgrundlage genutzt werden.

Für nicht-staatliche Menschenrechtsorganisationen wie *amnesty international* hat sich der Zugang zur auswärtigen Politik und zur Entwicklungspolitik in den letzten Jahren erheblich verbessert. Problematisch bleibt weiterhin die eingeschränkte Zugänglichkeit zur tatsächlich implementierten Politik sowie ihre oft fehlende Kontrolle durch Parlament, Medien, Öffentlichkeit und nicht-staatliche Organisationen.

Das Tibet-Hearing und die Tibet-Resolution des Deutschen Bundestages, Versuche des Dialogs zwischen der EU oder der Bundesregierung mit anderen Staaten über Menschenrechtsfragen, öffentliche Kritik von Vertretern der Diplomatie an Menschenrechtsverletzungen besonders in afrikanischen Staaten sowie andere Vorgänge unterstreichen die Tatsache, daß sich die Stellung der Menschenrechte in der Politik verändert hat.

Man kann zusammenfassen: Es gibt heute in der bundesdeutschen Politik eine Menschenrechtsdimension. Wie stark diese Dimension ausgeprägt ist, hängt von der Stärke anderer, ihr entgegenstehender wirtschafts- oder sicherheitspolitischer Interessen ab. So spielen die Menschenrechte in der deutschen Afrikapolitik eine größere Rolle als in der Asienpolitik, weil mit Blick auf den schwarzen Kontinent konkurrierende Interessen weitgehend fehlen. Eine durchgängig umgesetzte menschenrechtspolitische Konzeption im Sinne des zitierten Anspruchs des *Forum Menschenrechte* oder der genannten Anforderungen ist jedoch nicht erkennbar.

Deutsche Menschenrechtspolitik

Der Streit um eine menschenrechtspolitische Konzeption in Deutschland

Die Frage, ob die politischen Kräfte, die die staatliche Politik in Regierungs- oder Oppositionsverantwortung nach innen wie nach außen wesentlich prägen, überhaupt eine Konzeption für eine deutsche Menschenrechtspolitik wollen, ist schwer zu beantworten. Die Konfliktlinien der Auseinandersetzung um diese Konzeption verlaufen nämlich weniger zwischen den Parteien als *durch* die Parteien. Manche wichtigen Bundestagsentschließungen in Menschenrechtsfragen, wie die Tibet-Resolution 1996, sind nur durch überparteiliche, interfraktionelle Zusammenarbeit von Abgeordneten möglich geworden. In den Parteien selbst ist ungeklärt, welcher Stellenwert Menschenrechtspolitik zukommt, was sie leisten soll und kann. Die einen, wie Norbert Blüm, betrachten die Menschenrechte als Grundlage für das gerechte und friedliche Zusammenleben der verschiedenen Menschen in einem Staat und zwischen Staaten, der eine Menschenrechtspolitik verpflichtet sein soll: „Sie sollen wissen, daß die Achtung der Menschenrechte das oberste Prinzip darstellt, an dem wir unsere politischen, wirtschaftlichen, kulturellen, wissenschaftlich-technischen und sonstigen Kontakte zu anderen Staaten messen." Die anderen, zum Teil aus derselben Partei, bestreiten genau dies. Karl Lamers etwa, der stellvertretende Fraktionsvorsitzende der CDU/CSU und ein Parteifreund Blüms, führte in einer Chinadebatte des Bundestages aus: „Jeder ernsthafte Versuch, Menschenrechte zur Grundlage unserer auswärtigen Politik zu machen, jeder Versuch, gleich wie er geartet ist, muß in ein Dilemma führen."

Läßt man einmal den deklamatorischen Charakter des Redens über die Menschenrechte für einen Moment unberücksichtigt, so könnte der Gegensatz nicht unversöhnlicher sein. Diese Unklarheit führt zu dem oft zu registrierenden „Herumeiern" der Politiker im Verhältnis zu Staaten, deren Eliten für schwere Menschenrechtsverletzungen verantwortlich sind, und es zeigt, warum in der Politik der Umgang mit Menschenrechtsverletzungen oftmals selektiv ist und Doppelstandards nicht selten sind.

Exkurs: Die Menschenrechte in der deutschen Chinapolitik seit 1989

Die fehlende Konzeption wird deutlich, wenn man sich vor Augen führt, daß dieselben deutschen Politiker, die nach dem Massaker auf dem *Platz des Himmlischen Friedens* in Peking 1989 hoch und heilig versprachen, sich mit den für das Massaker Verantwortlichen „nie wieder an einen Tisch zu setzen“, ja nicht einmal mehr deren „Hände, die im Blut gebadet sind“, zu schütteln, heute mit ebendiesen chinesischen Politikern rege Beziehungen unterhalten. Wohlgemerkt: An der Unterdrückung der Menschenrechte in der Volksrepublik China hat sich seitdem nichts Substantielles geändert. Dieses ambivalente Verhalten ist nicht auf ein Konzept zurückführbar, das erlaubte, auf Situationsveränderungen differenziert und abgestuft zu reagieren. Die durchaus exemplarischen Kontroversen um die deutsche Chinapolitik seit 1989, die bis heute anhalten, hat *amnesty international* in einem Bericht ausführlich dokumentiert (amnesty international, Volksrepublik China, 183ff.). Die Schlußfolgerungen, die hier aktualisiert werden, halten fest:

Seit dem Massaker auf dem Pekinger Platz des Himmlischen Friedens 1989 hat die Bundesregierung ihre politischen, wirtschaftlichen und militärischen Beziehungen mit der Volksrepublik China kontinuierlich ausgebaut. Im gleichen Zeitraum hat sich die Lage der Menschenrechte nicht verbessert. Die Aussagen und Zielformulierungen deutscher Politiker zu den Menschenrechtsverletzungen in China sind vielmehr in dem Maße unverbindlicher und unkonkreter geworden, wie sich die Beziehungen intensiver gestalteten. Die 1989 beschlossenen Sanktionen in Teilbereichen der politischen Beziehungen wurden 1992 endgültig aufgehoben. Die Gestaltung der Beziehungen wird seitdem nicht mehr an die Achtung der Menschenrechte geknüpft. Gefordert wurde zunächst ein „sichtbares Zeichen“ mit Blick auf die Menschenrechtslage; in der Praxis erfolgte der Übergang zur „Normalität“. Die im Jahre 1993 erkennbaren Ansätze einer Menschenrechtspolitik im Verhältnis zu Peking – besonders der begonnene Menschenrechtsdialog – wurden nicht zielgerichtet weiterverfolgt. Die einzige Ausnahme stellte allein eine offizielle Anhörung zur Tibetproblematik dar, die der Unterausschuß *Menschenrechte und humanitäre Hilfe* des Auswärtigen Ausschusses des Deutschen Bundestages 1995 veranstaltete. Daraus erwuchs die bereits erwähnte Resolution des Deutschen Bundestages im Jahr 1996, die auch die Menschenrechtsverletzungen im von China besetzten Tibet verurteilte. Die Reaktion Pekings war heftig. Sie lud Außenminister Klaus Kinkel kurz vor einem anstehenden Staatsbesuch aus. Einige Monate danach konnte er dennoch reisen und den Staatsbesuch von Bundespräsident Roman Herzog vorbereiten. Der Menschenrechtsertrag beider Reisen war gering.

Erfolge in der Menschenrechtspolitik der Bundesregierung gegenüber Peking sind nicht nachweisbar. Sie setzt sich außer in sehr wenigen Einzelfällen dem Verdacht aus, sich im wesentlichen auf wohlfeile Rhetorik zu beschränken. Zwar sind von der Liste mit den Namen 18 gewaltloser politischer Gefangener, die Helmut Kohl bei einem China-Besuch im Gepäck hatte, mittlerweile einige entlassen worden und in Freiheit. Da die auf dieser Liste aufgeführten Fälle aber weltweit von *amnesty international* und anderen Organisationen bearbeitet werden, ist offen, inwiefern die Freilassung ursächlich auf Aktivitäten der Bundesregierung zurückgeführt werden kann. Dies gilt um so mehr, als die fehlende Transparenz deutscher Chinapolitik auf diesem Gebiet – „stille Diplomatie“ eben – keine Rückschlüsse zuläßt.

Die Bundesregierung fürchtet eine kritische Öffentlichkeit bezüglich ihres mangelnden und erfolglosen Engagements für Opfer von Menschenrechtsverletzungen in China. Daß die chinesische Staatsführung in Menschenrechtsfragen „verletzlich“ ist, hat sie mehrfach gezeigt. Warum die Bundesregierung dies nicht nutzt, kann nur mit dem Vorrang anderer Interessen zusammenhängen. Diese Interessen sind bei allen Besuchen aus und in der Volksrepublik China deutlich von Konzernvertretern artikuliert worden, die – bis auf wenige Ausnahmen – zur Zurückhaltung in Menschenrechtsanliegen mahnten.

Für das Argument der chinesischen Führung, stabile innere Verhältnisse sicherten wirtschaftliches Wachstum und Frieden im Fernen Osten, bringt die Bundesregierung so viel Verständnis auf, daß dies von der Staats- und Parteispitze im „Reich der Mitte“ als Unterstützung ihres Repressionskurses mißverstanden werden kann. In Peking und Bonn wird gleichermaßen vor einer Entwicklung Chinas wie beim Zerfall der Sowjetunion gewarnt. Zu fragen ist, ob eine die Menschenrechte aussparende oder unterbewertende Politik nicht gerade die Entwicklung fördert, die verhindert werden muß und die sie vorgibt, verhindern zu wollen.

Der von vielen Politikern und Managern unisono geäußerte Glaube, daß Wirtschaftsreformen automatisch zu einer Verbesserung der Lage der Menschenrechte in China beitragen werden, ist entweder naiv oder eine Ausrede für unterbliebenes Engagement. Es kann keine Verbesserung der Menschenrechtssituation in China geben, ohne daß man sich für die Opfer aktiv und verbindlich einsetzt. Natürlich führt „Handel zu Wandel“. Jedoch haben zehn Jahre ökonomischer Reformpolitik in der Volksrepublik genauso wenig die gewaltsame Niederschlagung der Demokratiebewegung 1989 verhindert wie die zahllosen weiteren schweren Menschenrechtsverletzungen in den Jahren danach.

Die von ihren Protagonisten als „Realpolitik“ beschworene Gestaltung der Beziehungen zur Volksrepublik China offenbart sich auf dem Feld Menschenrechte weitgehend als eine Politik, die die Realitäten leugnet. Nicht, daß man nicht wüßte, wie schlecht es um die Menschenrechte im „Reich der Mitte“ bestellt ist – die Bundesregierung weiß dies, denn dafür sorgen *amnesty international* und andere Menschenrechtsinitiativen. Es fehlt jedoch das systematische Bemühen um eine Verbesserung. Im Asienkonzept der Bundesregierung spielen die Menschenrechte eine Nebenrolle. Die Volksrepublik China ist als Regionalmacht – zudem mit dem Ehrgeiz, zur Supermacht aufzusteigen –, als wachsender Wirtschaftsmarkt, als Atomwaffenbesitzerin und als vetoberechtigtes ständiges Mitglied des Sicherheitsrates der Vereinten Nationen so bedeutsam, daß die Frage der Menschenrechte im Umgang mit Peking keine Priorität hat. Damit gibt Politik ihren eigentlichen Sinn auf, dem Zusammenleben der Menschen ohne Not, Angst, Unfreiheit und Gewalt zu dienen.

Die Bundesregierung hat kein erkennbares Konzept einer Menschenrechtspolitik gegenüber der Volksrepublik China. Ihre Politik besitzt allerhöchstens eine Menschenrechtsdimension, deren Ausprägung immer dann unbedeutend ausfällt, wenn andere Interessen als gewichtiger betrachtet werden.

amnesty international hingegen fordert, daß die Frage der Menschenrechte ein integraler Bestandteil aller politischen und wirtschaftlichen Beziehungen wird.

Das Desaster der deutschen Außenpolitik in bezug auf die Menschenrechte wurde im Frühjahr 1997 bei der 53. Sitzung der Menschenrechtskommission der Vereinten Nationen in Genf überdeutlich. Nachdem Außenminister Klaus Kinkel 1996 noch selbst zur Sitzung des UN-Gremiums gereist war, um die Notwendigkeit einer Resolution zu den Menschenrechtsverletzungen in China zu begründen, hat die Bundesregierung 1997 zusammen mit den französischen, spanischen und italienischen Regierungen auf die anhaltenden Drohungen und Erpressungsmanöver Pekings mit Nicht-Unterstützung einer von Dänemark vorgelegten EU-Resolution reagiert, die die Menschenrechtsdefizite in China beim Namen nennt und Verbesserungen anmahnt. Die Regierung in Bonn hat damit aktiv die ohnehin beschädigte Glaubwürdigkeit der Menschenrechtskommission weiter verringert und an führender Stelle dazu beigetragen, daß die bisher ohnehin nur schwach ausgebildete Menschenrechtspolitik in der *Gemeinsamen Außen- und Sicherheitspolitik (GASP)* der EU schweren Schaden nehmen mußte. Zu recht hat der niederländische Außenminister dieses Verhalten der Regierungen kritisiert, die sich mit der Verweigerung ihrer Unterstützung für die Resolution gegen die Mehrheit der EU-Mitgliedsstaaten, aber auch die USA und eine Reihe anderer Staaten gestellt haben: Er warf der französischen und deutschen Regierung vor, „Doppelstandards" zu praktizieren, die zwischen sogenannten bedeutenden und sogenannten weniger wichtigen Staaten unterschieden. Menschenrechtsorganisationen unterstützten diese Kritik. Diese Art opportunistischen Verhaltens der politisch Verantwortlichen in Bonn wurde schon 1995 deutlich, als Helmut Kohl als erster westlicher Politiker nach der blutigen Niederschlagung der Demokratiebewegung der sogenannten Volksbefreiungsarmee einen Besuch abstattete, es aber nicht für notwendig hielt, die Verantwortung dieser Armee für das Massaker auf dem Platz des Himmlischen Friedens 1989 auch nur zu erwähnen.

In letzter Zeit hat die VR China begonnen, Strafrechtsreformen durchzuführen. An den unfairen Gerichtsverfahren hat dies aber nichts geändert. Die Todesstrafenpraxis hat sich erschreckend ausgeweitet. Die chinesische Staats- und Parteiführung antwortet zwar zunehmend auf internationalen Druck (Freilassung Wei Jingshengs ins Exil), aber ohne die Lage der Menschenrechte im Land für die Dissidenten in der Substanz zu ändern.

Selektive Menschenrechtspolitik

Die Substanz der Kritik, die hier geäußert wird, läßt sich auch auf die Gestaltung der politischen Beziehungen zu anderen Staaten anwenden. Diese Kritik dient nicht dem Ziel, Menschenrechtspolitik als „grundsätzliches Dilemma“ oder vergebliches Unterfangen überhaupt abzuschreiben, sondern sie will vielmehr auf die Defizite hinweisen, die überwunden werden müssen, um einer konsistenten Menschenrechtspolitik nahezukommen.

Zweifellos stellen ein selektiver Ansatz und das Anlegen von Doppelstandards an die Nicht-Einhaltung der Menschenrechte die Glaubwürdigkeit jedes Versuchs ganz erheblich in Frage, Menschenrechte in der Politik wichtig zu machen. Das gilt nicht nur aus der Sicht der Opfer, deren Schicksal deshalb unbeachtet bleibt, weil andere Interessen die Menschenrechtsverletzungen vergessen machen. Dies trifft auch deshalb zu, weil Regierungen menschenrechtsverletzender Staaten die Kritik an sich mit Hinweis auf die Doppelstandards in der Menschenrechtspolitik der Kritisierenden leicht abweisen können. Selektives Vorgehen in prinzipiellen Fragen bilateraler bzw. multilateraler Beziehungen oder mit Blick auf regionale respektive globale Strukturen schwächt die Kraft menschenrechtlicher Argumentation. Es untergräbt auch die notwendige Autorität von Gremien, deren Aufgabe der Menschenrechtsschutz ist. Dabei heißt selektives Vorgehen nicht, daß unterschiedlich Schwerpunkte gesetzt werden. Es bedeutet vielmehr, daß aus Gründen politischer Opportunität Menschenrechtsverletzungen mit unterschiedlicher Elle gemessen werden. So verstandene Selektivität gibt es in der deutschen Außenpolitik in mehrfacher Hinsicht.

Die Bundesregierung und die EU nehmen gegenüber menschenrechtsverletzenden Staaten unterschiedliche Haltungen ein. Je nach politischen, wirtschaftlichen oder sicherheitspolitischen Interessen wird als Folge davon bedrohtes menschliches Leben praktisch unterschiedlich gewichtet. Kuba etwa wird zu recht stark kritisiert, China aber nicht. Mit dem Iran führt man einen „kritischen Dialog“, der freilich durch die Urteile im Mykonos-Prozeß im Frühjahr 1997 erst einmal ein vorläufiges Ende gefunden zu haben scheint. Zu den Menschenrechtsverletzungen in der Türkei und in Algerien läßt die Bundesregierung wesentliche Initiativen auf internationaler Ebene überhaupt vermissen. Dies wird auch offen zugegeben. So hat etwa der frühere Vorsitzende des Auswärtigen Ausschusses des Deutschen Bundestages, Hans Stercken, die Praxis, die Mißachtung von Menschenrechten in der Türkei anders zu gewichten als die in anderen Staaten, mit folgenden Worten gerechtfertigt: „Natürlich legen wir an einen befreundeten oder verbündeten Staat [...] andere Maßstäbe an als an Länder, in denen es noch eines langen Wachstumsprozesses bedarf, um auch dort eine tragfähige Grundlage für die Demokratie zu errichten." Mit der Kritik an dieser Form selektiven Vorgehens sind nicht mögliche unterschiedliche Herangehensweisen – auch in der Menschenrechtspolitik – angesprochen. Diese können natürlich durchaus verschieden sein. Die Hauptsache ist, daß überhaupt ein kontinuierliches Bemühen um die Menschenrechte und um die damit konkret verbundenen Schicksale einzelner Menschen erkennbar sein muß. Wenn es um Menschenrechtspolitik geht, kann es wegen des unendlichen Wertes jeden einzelnen menschlichen Lebens kein politisch (oder anders) motiviertes selektives Vorgehen geben. Jede andere Haltung und Praxis leugnet die universell geltenden Menschenrechte. Schon deswegen ist Selektivität stets und hartnäckig zu bekämpfen.

Menschenrechtsorganisationen gehen davon aus, daß die Menschenrechte nicht nur universell gelten, sondern auch unteilbar sind. Theoretisch haben alle bei der Weltmenschenrechtskonferenz 1993 in Wien versammelten Staaten durch ihre Annahme der Schlußerklärung der universalen Geltung und der Unteilbarkeit der Menschenrechte zugestimmt. Ein Blick auf die Praxis zeigt aber leider, daß dies wenig heißen muß. Im Kalten Krieg hatten „der Westen" und der Ostblock jeweils die bürgerlichen und politischen Rechte gegen die sozialen und wirtschaftlichen Rechte aufgerechnet und in der Systemauseinandersetzung als unterschiedliche Konzepte propagiert. Doch auch sein Ende hat hier keine wirkliche Änderung gebracht. Die unterschiedlichen Menschenrechte werden nach wie vor selektiv wahrgenommen und bewertet. Deutschland bildet hier ebensowenig eine Ausnahme wie die übrigen westlichen Staaten. Die bürgerlichen und politischen Rechte sind dort in den Verfassungen verankert und in der Gesetzgebung umgesetzt. Die sozialen und wirtschaftlichen Menschenrechte führen dagegen ein Schattendasein, selbst die Ratifizierung des Internationalen *Paktes über die wirtschaftlichen, sozialen und kulturellen Rechte* durch Deutschland hat nicht dazu geführt, daß die in der Allgemeinen Erklärung der Menschenrechte und dem Pakt festgeschriebenen sozialen Rechte auch nur als Staatszielbestimmungen in das nach der Vereinigung überarbeitete Grundgesetz aufgenommen wurden. Zwar ist in den letzten beiden Jahren eine gewisse Bewegung in die Diskussion um das Recht auf Entwicklung gekommen, aber schon die Zustimmung der westlichen Staaten zur Schaffung eines Zusatzprotokolls zur

Einrichtung eines Individualbeschwerdeverfahrens zum Sozialpakt ist bisher nicht zu erhalten.

Wenn „der Westen" die unteilbaren Menschenrechte selektiert und unterschiedlich gewichtet, lädt er andere Staaten bzw. Regierungen zu angeblich kulturspezifischen Adaptionen von Teilen der Menschenrechte geradezu ein. Die Folge ist eine Hierarchisierung der Menschenrechte, die den Achtungsanspruch und die gegenseitige Abhängigkeit aller Menschenrechte voneinander mißachtet. Universalität und Unteilbarkeit der Menschenrechte sind zwei Seiten einer Medaille. Einer Reklamierung der universell gültigen Menschenrechte als „westliche Werte" ist unbedingt zu widerstehen. Sie gehören allen Menschen – überall. Wie hat der Leiter der deutschen Delegation bei der Menschenrechtskommission, der frühere Innenminister Gerhart Baum, so schön gesagt: „Etwas mehr Selbstkritik täte uns auch gut" (EPD-ZA, 10. März 1995).

Auffällig ist weiter ein selektiver Umgang mit den Menschenrechten, wenn es darum geht, nicht nur über sie zu reden, nicht nur ihre Einhaltung andernorts anzumahnen, sondern eigenes, mitunter vielleicht sogar kostenträchtiges Engagement an den Tag zu legen. Die Regel, der diese Haltung gehorcht, könnte lauten: Je näher die Verpflichtung rückt, desto abweisender verhält sich die Politik.

Mit den Sonntagsreden über die Menschenrechte ist gewöhnlich dann Schluß, wenn Menschenrechtsverletzungen im eigenen Land kritisiert werden oder Solidarität mit bedrohten Menschen anderswo nicht ohne eigene Opfer möglich ist. Die Geschichte der Zerstörung des früheren Artikel 16 des Grundgesetzes („Politisch Verfolgte genießen Asylrecht") ist dafür exemplarisch. Die „Marginalisierung" (Wolfgang Schäuble) von Menschenrechtsverletzungen als Fluchtgründe für politisch Verfolgte in anderen Staaten war der Anfang, zweifelhafte Drittstaatenregelungen und das Konzept angeblich verfolgungsfreier Herkunftsstaaten standen am Ende einer von einer ganz großen Bonner Koalition betriebenen Erosion des Systems des Flüchtlingsschutzes. Da werden Rückübernahmeabkommen etwa mit Algerien, das das Tätigwerden algerischer Sicherheitskräfte (!) in Deutschland bei der Abschiebung und Rückführung abgelehnter algerischer Asylsuchender erlaubt, vereinbart oder Unbedenklichkeitsbescheide bei der Abschiebung von Flüchtlingen in den Sudan angefertigt, die alle nur ein Ziel haben: Flüchtlinge loszuwerden. Briefwechsel zwischen den Innenministern Deutschlands und der Türkei ersetzen rechtlich bindende Regelungen, die wie die Genfer Konvention verlangen, daß kein Flüchtling in eine Gefahr für Leib, Leben oder Freiheit abgeschoben wird. Der deutsche Bundesminister des Innern hat kürzlich die italienische Regierung aufgefordert, mit Blick auf kurdische Flüchtlinge das internationale Flüchtlingsrecht zu mißachten. Auch das Vorgehen der Innenminister des Bundes und der Länder im Fall der Abschiebung bosnischer Kriegsflüchtlinge ist durch die Genfer Konvention und den Friedensvertrag von Dayton nicht gedeckt. Zweifellos ist diese Praxis nur möglich, weil große Teile der deutschen Bevölkerung ihr als Maßnahme zur Abwehr einer „Bedrohung" zustimmen. Hier haben die Menschenrechts- und Flüchtlingsorganisationen die wichtige und große Aufgabe, neue Akzeptanz für Menschen zu schaffen, die Opfer von Menschenrechtsverletzungen geworden oder von ihnen bedroht worden sind und deshalb in andere Staaten fliehen mußten. Ein Ende der zivilisatorischen Errungenschaft des rechtlich gesicherten, internationalen Flüchtlingsschutzes kann auf keinen Fall hingenommen werden. Die Zahlen der Flüchtlinge sind nach UNHCR-Angaben in den letzten zehn Jahren von acht auf 15 Millionen gestiegen, eine wirkliche Politik zur Überwindung der Fluchtursachen gibt es nicht. Abwehr und Abschreckung der 15 Prozent der weltweit gezählten Flüchtlinge, die in oder nach Europa flüchten, sind ein Verstoß gegen das menschenrechtliche Gebot. Beatrice von Weizsäcker hat dies zur Aussage verdichtet: „Die deutsche Asylpolitik produziert Illegalität" (Evangelische Kommentare, März 1997). Leider ist diese Entwicklung in allen EU-Mitgliedsländern festzustellen, und die armen Staaten des Südens folgen der Praxis der reichen Industrienationen.

Andere Beispiele politischer Menschenrechtsunverträglichkeit

Auch in anderen Politikbereichen trifft man auf ein selektives Vorgehen, wenn menschenrechtliche Verpflichtungen eingelöst werden müssen oder die Politik mit Kritik konfrontiert wird, die eine Förderung von Menschenrechten einfordert und alle Maßnahmen ablehnt, die in irgend einer Form zu Menschenrechtsverletzungen – nicht nur andernorts, sondern auch hierzulande – beitragen können.

Dies gilt etwa für den Bereich der Rüstungsexporte. Seit Jahren versuchen Menschenrechtsorganisationen, eine Menschenrechtsklausel in den Kriegswaffenkontroll- und Außenwirtschaftsgesetzen zu verankern. Rüstungsexporte, Ausbildungs- und Ausstattungshilfen sollten – so sieht es diese Klausel vor – nämlich niemals zu Menschenrechtsverletzungen anderswo beitragen können. Vergeblich! Hier bohren Menschenrechtsorganisationen seit Jahren die dicken Bretter ökonomischer Interessen und kommen dabei kaum voran. Dasselbe gilt für Bemühungen, die Herstellung, den Handel mit und den Export von Elektroschlagwaffen zu verbieten, die in einer Reihe von Staaten zur Ausübung der Folter verwandt werden. Allerdings haben die Aktionen von *ai* dazu beigetragen, daß im Frühjahr 1997 Elektroschockwaffen und -schlagstöcke auf die Liste genehmigungspflichtiger Exportgüter genommen wurden und ihre Ausfuhr seither staatlicher Kontrolle unterliegt.

Ebenso zeichnet sich die Innenpolitik durch einen selektiven Umgang mit Menschenrechten aus. Davon zeugt etwa der Unwille, Informationen über Menschenrechtsverletzungen in Deutschland ernst zu nehmen. Dies hat sich überdeutlich an Berichten von Menschenrechtsorganisationen über Polizeiübergriffe vor allem gegenüber Ausländern, Asylsuchenden und Minderheiten gezeigt. Die Antwort des Bundesinnenministeriums lautete: „Maßlos, absurd, einseitig". *amnesty international* stelle „Deutschland auf eine Stufe mit Folterstaaten", war der durch nichts zu begründende Vorwurf. Die Empörung verstummte wenigstens zu großen Teilen, als eine von der Innenministerkonferenz in Auftrag gegebene Studie 1996 zu dem Ergebnis kam, solche Übergriffe seien „keine bloßen Einzelfälle" (Bornewasser/Eckert). Der parlamentarische Untersuchungsbericht über den „Hamburger Polizeiskandal" bestätigte im November 1996 die Ermittlungen und Veröffentlichungen von *ai*. Die Empfehlungen von *amnesty international* zur Überwindung dieser Menschenrechtsverletzungen sind dennoch zum großen Teil bis heute nicht umgesetzt.

Schließlich kommt es im Zusammenhang der Menschenrechtsarbeit in Deutschland immer wieder zu staatlichen Versuchen, die Demonstrationsfreiheit – ein unverzichtbares Bürgerrecht – einzuschränken. 1994 wurde etwa anläßlich einer ASEAN-EU-Konferenz in Karlsruhe eine Demonstration von Menschenrechtsorganisationen untersagt, die auf die Menschenrechtsverletzungen in Südostasien aufmerksam machen und eine adäquate Politik der EU einfordern wollten. Dieses von der Politik verfügte Demonstrationsverbot wurde später gerichtlich für nicht zulässig erklärt. Leider zu spät!

Ebenso erging es *amnesty international* 1995 anläßlich des Besuches des chinesischen Staatspräsidenten Jiang Zemin in Deutschland. Bonn hatte die Sicherheitsstufe 1 verhängt. Das wirkte sich in den vom chinesischen Gast besuchten Bundesländern so aus: In Brühl bei Bonn und in München fuhr die Polizei große Busse vor erkennbar kleine und friedliche Demonstrantengruppen, so daß der Staatsgast keine Transparente und Schilder sehen konnte, auf denen die Freilassung gewaltloser politischer Gefangener in China gefordert wurde. In München verhinderte zusätzlich ein Drei-Minuten-Aufmarsch eines bayerischen Musikkorps, daß den hohen Besuch irgendwelche akustischen Botschaften erreichten. *amnesty international* hat gegen diese Behinderung des Rechts auf Demonstrationsfreiheit Klage eingelegt. Hier handelt es sich nicht mehr nur um politisch motivierte Selektivität, hier wurde die Grenze zur aktiven Komplizenschaft mit dem chinesischen Diktator deutlich überschritten. Übrigens war dies nicht nur in Deutschland so. Auch in Frankreich und Norwegen wurden Demonstranten während der Staatsbesuche des chinesischen Ministerpräsidenten Li Peng bzw. des Staatspräsidenten Jiang Zemin durch ihre Verhaftung daran gehindert, ihm ihr Anliegen kundzutun. Dieses sind – man muß es klar sagen – die ersten kleinen Siege der wirtschaftlichen Interessen über die Bürgerrechte in westlichen Demokratien. Es bleibt zu hoffen, daß die Zivilgesellschaft stark genug ist zu verhindern, daß dieser Weg fortgesetzt wird.

Fehlende Transparenz

Menschenrechtspolitik ist wie die gesamte auswärtige Politik kein von der Öffentlichkeit abzuschirmendes überparteiliches Staatsinteresse. Das mag zur Kaiserzeit akzeptiert worden sein. Heute ist ein solches Politikverständnis demokratiefeindlich zu nennen. Menschenrechtspolitik bedarf der Kontrolle durch das Parlament und der Partizipation der Öffentlichkeit. Beides ist aber nur in Ansätzen oder gar nicht verwirklicht. So ist bis heute keine Initiative bekannt geworden, in der die Bundesregierung ihr Engagement gegen die Todesstrafe (immerhin hat sie zur Schaffung des Zweiten Fakultativprotokolls zum Internationalen Pakt über die bürgerlichen und politischen Rechte, das sich gegen die Todesstrafe richtet, erheblich beigetragen) auch zum Gegenstand ihrer Beziehungen zu den USA gemacht und sich ganz konkret gegen die dortige Todesstrafenpraxis gewandt hat. Dabei ist klar, daß sich viele andere Staaten, die die Todesstrafe nicht abschaffen wollen, auf die „legalen" Exekutionen in den USA berufen. In der Tat kommt für den internationalen Kampf gegen die Todesstrafe dem Verhalten der USA eine Schlüsselfunktion zu. Ebenso verhält es sich auf einem anderen Gebiet mit Frankreich. Es ist mit Blick auf die bisherige Praxis nicht zu vermuten, daß es jemals innerhalb der EU zu einer kontroversen Debatte über die die Menschenrechte mißachtende Afrikapolitik der französischen Regierung kommt.

Von der Politik, die auf der allen sichtbaren Bühne aufgeführt wird, ist noch einmal die Politik zu unterscheiden, die hinter der Bühne stattfindet. Selten gelingt es den Medien oder den Abgeordneten, diese Geheimpolitik öffentlich zu machen. Aber es ist bekannt, daß sich namentlich die Gestaltung der Außenbeziehungen immer wieder auch im Klandestinen bewegt. Der iranische Geheimdienstminister Fallahian etwa war ebenso wie der in Kolumbien inhaftierte deutsche Privatdetektiv und ehemalige Mitarbeiter des Bundesnachrichtendienstes, Werner Maus, Gast im Bundeskanzleramt. Falsch verstandenes Geheimhaltungsinteresse staatlicher Behörden behindert die Demokratie, wenn es um Waffenhandel, wirtschaftliche oder geheimdienstliche Vorhaben geht, die sehr oft menschenrechtsrelevant sind.

An Transparenz in Menschenrechtsfragen fehlt es auch, weil Staatsbesuche aus und in Deutschland erst kurz vor dem Ereignis selbst bekannt werden. Ähnliches gilt gleichfalls für Abgeordnetenreisen, da sich das Bundestagspräsidium weigert, über diese rechtzeitig und unter Angabe von Details zu berichten. Zudem bleiben viele diplomatische Initiativen und Demarchen der Öffentlichkeit verborgen. Die Unzugänglichkeit der Lageberichte des Auswärtigen Amtes wurde schon genannt. Dies alles behindert diejenigen, die sich für eine konsequentere Menschenrechtspolitik staatlicher Stellen einsetzen. Es ist eine wichtige Aufgabe von Parlament, Medien und Öffentlichkeit, Transparenz einzufordern oder gar herzustellen, wo falsche Geheimhaltungsinteressen Politik im Dunkeln belassen. Sonst können die zivilgesellschaftlichen Kräfte kaum Fortschritte bei der Realisierung der Rechenschaftspflicht von Regierungen auf diesem Feld erzielen.

Die Instrumentalisierung der Menschenrechte

Wer glaubte, daß die Instrumentalisierung der Menschenrechte zu anderen politischen Zwecken mit dem Kalten Krieg beendet worden wäre, sieht sich heute getäuscht. Die Menschenrechtsdimension der Politik läßt keine Strategie erkennen, die die Menschenrechte unabhängig von anderen – möglicherweise legitimen – Interessen zum Tragen bringt. Neue Feindbilder werden artikuliert. Wenn der frühere NATO-Generalsekretär Willy Claes *den* Islam für schlimmer als den Kommunismus hält und dafür die Unterstützung deutscher Politiker bekommt, zeigt sich dies deutlich. Zwar lehnt jeder Politiker den „clash of civilizations“ (Samuel Huntington), den „Kampf der Kulturen“, verbal ab. Man wird aber den Eindruck nicht los, daß etwa im Verhältnis der EU zur Türkei die konservativen Parteichefs von genau diesem Denkmodell ausgehen und die Menschenrechte instrumentell für diese Absicht einsetzen. Wer wirklich Menschenrechtspolitik machen will, kann sich nur an Realbildern orientieren. Feindbilder in der Politik sind *die* Voraussetzung für die Instrumentalisierung der Menschenrechte und der oft praktizierten außenpolitischen Regel, daß der „Feind des Feindes ein Freund“ sei. Dies haben wir im Golfkrieg, in der Türkei, in Ex-Jugoslawien, in Somalia erlebt. Menschenrechtspolitik muß die Ziel-Mittel-Relation unbedingt wahren. Einer Legitimierung der riesigen Militärapparate, die aus dem Kalten Krieg übriggeblieben sind, können die Menschenrechte und die Aufgabe zu ihrem Schutz bzw. ihrer Durchsetzung nicht dienen. Menschenrechtsarbeit ist friedensfördernd und in der Regel unverträglich mit der „Makrokriminalität“ (H. Birckenbach) von Kriegen. Menschenrechtspolitik will Opfern helfen, Bedrohte schützen und vorbeugend Menschenrechtsverletzungen verhindern. An diesem Anspruch ist sie zu messen. Hierfür sind sorgfältig recherchierte Informationen notwendig, die von unabhängigen Menschenrechtsorganisationen verbreitet werden, und Aktionen der Zivilgesellschaft. Nur so kann verhindert werden, daß Menschenrechtspolitik sich im propagandistischen Mißbrauch der Menschenrechte erschöpft.

Stabilität contra Menschenrechte

Außenpolitik und besonders die in ihr dominante Außenwirtschaftspolitik sind oft stabilitätsorientiert, weil Investitionen in anderen Staaten um so ertragreicher erscheinen, desto „stabiler“ diese sind. Dabei interessiert in dieser Sicht wenig, worauf die Stabilität sich gründet. Manchmal ruht sie auf Bajonetten, ist sie ein Resultat erfolgreicher Repression durch Militär und sogenannte Sicherheitskräfte. Hier widerspricht die Stabilitätsorientierung der Politik diametral dem Anspruch, die Menschenrechte zu schützen. Menschenrechtsorientierte Außenpolitik darf die zu bekämpfenden Ursachen der Menschenrechtsverletzungen nicht aus dem Blick verlieren. Menschenrechtsverletzungen sind oft Ausdruck ungerechter Machtausübung und repressiver Herrschaft. Sie treten vermehrt auf in Kriegen und Bürgerkriegen (besonders wenn diese durch nationalistische, ethnische, religiöse oder rassistische Propaganda zusätzlich angeheizt werden), bei sozialer Verelendung und Hunger, ökologischen Katastrophen und im Zusammenhang dadurch ausgelöster Massenfluchtbewegungen.

Resümee

Die Infrastruktur für Menschenrechtsfragen wächst auch in der deutschen Politik. Eine konsistente Menschenrechtspolitik fehlt aber. Deshalb gibt es auch keine wirkliche Strategie zur politischen Durchsetzung der Menschenrechte nach innen (Asyl) wie nach außen (Außen-, Entwicklungs- und Sicherheitspolitik). Sobald das Menschenrechtsinteresse mit anderen Politikzielen in Konflikt gerät, muß es zu oft zurücktreten. Besonders verhängnisvoll ist das Fehlen einer vorausschauenden Prävention von Menschenrechtsverletzungen und der dafür notwendigen Ressourcen. Dagegen kann die Zivilgesellschaft nur betonen, daß die unteilbaren Menschenrechte (neben der notwendigen Hilfe für Menschen) auch ein politisches Konzept darstellen, das mit Aktionen der internationalen Solidarität erst noch durchgesetzt werden muß. Dazu müssen Menschenrechtsorganisationen Artikulations-, Organisations- und Konfliktfähigkeit besitzen. Eine Beschränkung auf „Beratung“ der Politik ist nicht hinreichend. Das weltweite Wachstum der Menschenrechtsbewegungen und das darin zum Ausdruck kommende zivilgesellschaftliche Engagement gibt Anlaß zur Hoffnung.

Literaturhinweise:

amnesty international: Freiwillige Flüchtlinge gibt es nicht. Flüchtlinge schützen. Menschenrechte kennen keine Grenzen, Bonn 1997;

amnesty international: Jahresbericht 1997, Frankfurt a. M. 1997;

amnesty international: Volksrepublik China – Reformen ohne Menschenrechte. Staatliche Willkür in China, Bonn 1996;

M. Bornewasser/R. Eckert: Abschlußbericht zum Projekt „Polizei und Fremde". Belastungen und Gefährdungen von Polizeibeamtinnen und -beamten im alltäglichen Umgang mit Fremden, Trier/Münster 1995;

Bürgerschaft der Freien und Hansestadt Hamburg: Bericht des Parlamentarischen Untersuchungsausschusses „Hamburger Polizei". 15. Wahlperiode, Drucksache 15/6200, Hamburg (13. November) 1996.

V. Ausblick

Roderich Reifenrath

Über die „zivile Republik" zum Europa der Menschenrechte?

Das Jahrhundert geht zu Ende. Ein banaler Satz. Sollte man, um die Schlichtheit dieses Einstiegs ins Thema zu mildern, lieber vom bevorstehenden Ende des Jahrtausends sprechen? Also von jener Zeitspanne der Menschheit, die unsere Phantasie besonders belebt, gespickt mit Namen und Ereignissen, bei deren Erwähnung höchstes Entzücken und tiefste Verachtung Hand in Hand gehen?

Wer unter dieser Prämisse den europäischen Kontinent betrachtet und sich auf die Frage beschränkt, was so nach und nach aus den *human rights* geworden ist, der wird hin- und hergerissen sein. Welches Fazit erlaubt die Betrachtung? Mit welchen Hoffnungen darf über die Zukunft spekuliert werden? Kriege der Völker untereinander, Kriege der Bürger gegeneinander, ideologisch begründete Staatsverbrechen, gesellschaftliche Mißachtung des Toleranzgebots – das alles hat in der Vergangenheit Städte und Länder verwüstet, Millionen Tote verursacht, ethnische Gruppen auf Vernichtungslisten gesetzt, Minderheiten ausgegrenzt.

Die Schrecken des Dreißigjährigen Krieges vom Prager Fenstersturz bis zum Westfälischen Frieden (1618-1648), die sich in grausamen Individualverbrechen manifestierten, sind Musterexemplare für menschliche Deformationen in Phasen des permanenten Ausnahmezustandes. Kaum vorstellbar ist die Tatsache, daß der Machtkampf um die europäische Stellung des Hauses Habsburg damals fünfzig Prozent der Bevölkerung auf deutschem Boden das Leben kostete. Wie konnten angesichts solcher Auswüchse und der daraus abgeleiteten historischen Erfahrung weitere fundamentale Beschädigungen des Zivilisatorischen geschehen? Wie war, um einen zweiten schrecklichen Beleg menschlicher Verirrung vorzulegen, der Zweite Weltkrieg möglich, wie Auschwitz, barbarischer Höhepunkt der Geschichte, das „Non-Plus-Ultra der Menschenverachtung" (Christian Meier)?

Alte Ängste

Darauf gibt es Antworten, aber nicht nur solche, die mit Blick auf kommende Zeiten beruhigen. Die Verbrechen des Dritten Reiches sind unvergleichbar. Ein Volk hatte und hat sie zu verantworten, tat und tut sich schwer damit. Deshalb wirkten Versuche jüngeren Datums zur Relativierung des Holocausts verstörend. Nehmen wir den Historikerstreit (1986-88), als die schleichenden Bemühungen um eine „Trivialisierung" (Peter Gay) der Nazigreuel ins rechte Licht gerückt wurden. Jürgen Habermas sei heute noch gedankt dafür.

Nachdem Ernst Nolte sich angeschickt hatte, die Singularität der Judenvernichtung auf den „technischen Vorgang der Vergasung" (Hans-Ulrich Wehler) zu begrenzen und die Verbrechen Stalins in der Sowjetunion, den „Archipel GULag", für ursprünglicher als Auschwitz zu erklären, als „logisches und faktisches Prius des Rassenmordes der Nationalsozialisten", da brandete nicht nur wissenschaftlicher Protest auf, sondern auch die politische Empörung angesichts des vermuteten Bemühens, die eigene Geschichte zu entlasten. Das Korrekturbedürfnis des zum Apologeten Gestempelten reichte nämlich bis zur abstrusen Behauptung, Hitlers Angriffskrieg im Osten und seine Zerstörungswut seien Akte der Prävention gewesen. Hätte sich die Sehnsucht, endlich aus dem Schatten des „Dritten Reiches" herauszutreten, durchgesetzt und wäre es gar möglich gewesen, dem Erinnern offiziell und ungeniert abschwächende Impulse beizumischen, dann hätte dies die Republik innerlich zerrissen. Kaum auszudenken, daß nach einem solchen Vorstoß zugunsten einer geglätteten Identität anschließend dubiose Reflexe auf das „Dritte Reich" wieder möglich gewesen wären.

Im benachbarten Ausland flackern immer mal wieder die alten Ängste auf, Skepsis und Furcht vor den unberechenbaren Deutschen und ihren aus sentimentalen Quellen hochsteigenden Aggressionen. Alle erfolgreichen Ansätze, durch Entsorgung der Vergangenheit einem selbst im Gefühlswert belasteten nationalen Denken höhere Weihen zu verleihen, hätten Deutschlands aktive Teilnahme am Zusammenschluß Europas blockiert. Generalverdacht gegen das Land in der Mitte des Kontinents, das aus weltpolitischen Gründen bereits im „Kalten Krieg" Gewehr bei Fuß stand und im Anschluß an das Gemetzel auf dem Balkan die letzte Stufe militärischer Normalität fast erreicht hat, besteht auch weiterhin – selbst wenn in den Hauptstädten unserer Nachbarn offiziell Vertrauen herrscht – und Staatsmänner keinen Grund sehen, Alarm zu schlagen. Widersprüche. Mit ihnen werden wir leben müssen. „Die moderne Welt ist ohne Deutschland nicht denkbar", hat der italienische Historiker Angelo Bolaffi in einer merkwürdigen Liebeserklärung an die Nord-Adresse gesagt und hinzugefügt: „Und trotzdem mißtraut sie ihm mindestens ebenso, wie die Deutschen sich immer noch selbst mißtrauen."

Rushdie und Europa: Will man dies und anderes nicht als hysterisches Gehabe abtun, als sanft verpackte Infamie gegen eine demokratische Wirklichkeit, die sich nach mehr als 50 Jahren in großen Zügen doch bewährt hat und im Kreise ähnlich strukturierter Staaten gewiß nicht die schlechteste Figur macht, so bleibt die Notwendigkeit der genauen Beobachtung dessen, was bei uns geschieht. Dann darf sogar, um beispielhaft und etwas willkürlich Frankreich oder Italien als Vergleich zu nehmen, eine höhere Sensibilität und Entschiedenheit angemahnt werden, sollte auch außerhalb der eigenen vier Wände Einmischung notwendig sein, weil empörende Verletzungen der Menschenrechte vorliegen. Betrachten wir aus Gründen andauernder Aktualität Salman Rushdie, der im Februar 1997 nach acht Jahren unter fundamental-islamischer Todesdrohung ein persönliches Resümee gezogen hat. Darin verweist er auf die europäische Geschichte als eine Kette von Eroberungen, Plünderungen, Inquisitionen und Ausrottungen. Aber mit Blick auf das künftige Europa erinnert er an die „besten Bedeutungen dieses klangvollen Namens“. Er schreibt: „Es gibt ein Europa, das vielen, wahrscheinlich den meisten seiner Bürger am Herzen liegt. Es ist kein Europa des Geldes oder der Bürokratie. Da das Wort 'Kultur' durch allzu häufigen Gebrauch abgenutzt ist, wähle ich ein anderes. Das Europa, von dem zu reden sich lohnt und das wert ist, neu geschaffen zu werden, ist sowieso etwas größer als eine 'Kultur'. Es ist eine Zivilisation“.

Im Sinne einer Präjudizierung künftiger Verhaltensweisen in noch engerer Gemeinschaft mit den Ländern Europas wäre es kein Luxus gewesen, hätte die Bonner Politik die Drohgebärden Irans konsequenter als notorische, staatlich geförderte Menschenrechtsverletzung zurückgewiesen. Auch die Deutschen zählen zu Rushdies Adressaten, wenn er seine demütigenden Erfahrungen in einem bitteren Fazit festhält: „Das neue Europa ist mir nicht wie eine Zivilisation vorgekommen. Es ist ein viel zynischeres Unternehmen. Die Führer der Europäischen Union legen zwar Lippenbekenntnisse zu den großen europäischen Idealen ab – freie Rede, Menschenrechte, Aufklärung, das Recht auf abweichende Meinung, die Trennung von Kirche und Staat. Aber wenn diesen Idealen machtvolle Banalitäten der sogenannten Wirklichkeit entgegenstehen – Handel, Geld, Waffen, Macht –, dann muß die Freiheit kuschen. Wenn die Europäische Menschenrechtskonvention es mit dänischem Feta-Käse oder irischem Rindfleisch aufnehmen muß, sollte niemand erwarten, daß die Meinungsfreiheit gewinnt. Ich bin ein erklärter Europäer, aber all das genügt, um mich in einen Euro-Skeptiker zu verwandeln.“

Die Chancen einer dauerhaften Akzeptanz in einem Europa der Menschenrechte liegen für Deutschland in erster Linie und unausweichlich in der Art, wie wir mit unserer Vergangenheit umgehen. Soll das Attribut „zivil“ nicht nur als Etikettierung für eine Republik mit hohem rechtsstaatlichen und liberalen Standard zutreffen, sondern auch den Umgang mit der eigenen Geschichte abdecken, so ist Verzicht auf relativierende Aufrechnerei der deutschen Verbrechen mit denen anderer Völker zwingend. Ansonsten droht Akzeptanzverlust.

Das Grundgesetz

Ein kurzer Blick zurück bis ins Jahr 1945 zeigt die Etappen, über die erreicht wurde, was Deutschland heute im Kern ausmacht und von nüchternen Beobachtern jenseits der Grenzen längst wohlwollend gewürdigt wird. In diesen Zusammenhang paßt eine Bemerkung des in Frankfurt geborenen Franzosen Alfred Grosser, der bereits vor rund zehn Jahren notierte, Deutschland habe, was die Festigkeit seines demokratischen Systems und die Öffnung nach außen angehe, alle Erwartungen übertroffen, die man angesichts der materiellen und geistigen Trümmer in der ersten Nachkriegszeit formulieren konnte. Das ist treffend, wenn auch nicht das letzte Wort.

Die Adenauer-Ära war gekennzeichnet von gelungenen Anläufen, den westlichen Teil des gespaltenen Landes bei den Siegermächten USA, Großbritannien und Frankreich salonfähig zu machen. Das Grundgesetz, juristisches Fundament des zweiten Versuchs der Deutschen mit der Demokratie, ist die bewußte Antwort auf die Rechtsbrüche der Nazis und die Schwächen der Weimarer Reichsverfassung. Das Werk hat mehr gehalten, als es Teile der politischen Linken hierzulande wahrhaben wollten, weil die Verfassung dem Volk von oben übergestülpt wurde. Was jedoch als Ideal auf dem Papier steht, ergriff erst langsam Besitz von den Köpfen der Bürger, der Parteien und auch der Regierenden. Es mußte sich bewähren zwischen Anspruch und Wirklichkeit. Hervorzuheben bleibt der gezielte Vortrag aus einigen politischen Zentralen der Bundesländer (Hessen zum Beispiel), über Normenkontrollklagen das Bundesverfassungsgericht zu zwingen, das Grundgesetz aus der Abstraktion herauszuholen und mit Leben zu füllen. Föderalismus wurde auf diesem Weg auch im Alltag konstitutiv.

Und zu erwähnen sind eine Fülle exemplarischer Verfassungsbeschwerden – Gelegenheiten jeweils für die „Roten Roben“, den Grundrechtsgehalt der deutschen „magna charta“ auszuloten. Menschenwürde, Freiheitsrechte, Trennung von Kirche und Staat, Glaubensfreiheit (positiv wie negativ), Versammlungsfreiheit: Da galt es ja nicht nur, das Gegenmodell zum „Tausendjährigen Reich“ transparent zu machen, sondern auch Neigungen zur Restauration des Wilhelminischen oder des Autoritären aus Weimarer Tagen zu überwinden.

Meinungsfreiheit

Prototypisch für das Ringen um eine adäquate, dem Geist der Verfassung angemessene Auslegung der Begriffe ist das Kapitel Meinungsfreiheit. In seinen dramatischen Varianten stellte sich der Streit häufig als Auseinandersetzung über das Volumen der Pressefreiheit dar. Da gab es Anlässe genug für Karlsruhe, den Stellenwert des freien Wortes hoch anzusiedeln. Im richtungweisenden Lüth-Urteil des Ersten Senats von 1958 hieß es bereits, das Grundrecht auf freie Meinungsäußerung sei als unmittelbarster Ausdruck der menschlichen Persönlichkeit in der Gesellschaft eines der vornehmsten Menschenrechte überhaupt – „un des droits les plus precieux de l'homme" nach Artikel 11 der französischen Erklärung der Menschen- und Bürgerrechte von 1789. Und in einem nicht weniger bedeutsamen Urteil gegen das Hamburger Nachrichtenmagazin „Der Spiegel" präzisierte der Erste Senat 1961 diesen Gedanken mit Blick auf die Presse: „Nur die freie öffentliche Diskussion über Gegenstände von allgemeiner Bedeutung sichert die freie Bildung der öffentlichen Meinung, die sich im freiheitlich demokratischen Staat notwendig pluralistisch im Widerstreit verschiedener und aus verschiedenen Motiven vertretener, aber jedenfalls in Freiheit vorgetragener Auffassungen vor allem in Rede und Gegenrede vollzieht." Immerhin hatte damals ein leibhaftiger Oberlandesgerichtspräsident – nämlich Richard Schmid aus Stuttgart – Rudolf Augsteins „Sturmgeschütz der Demokratie" als eine Gattung von Publizistik angegriffen, „die auf dem Gebiet der Politik das ist, was die Pornographie auf dem Gebiet der Moral, nur mit dem Unterschied, daß man die erstere noch lesen kann".

Während das Landgericht Göttingen die Schärfe des Tons mit 150 Mark wegen Beleidigung ahndete und das Oberlandesgericht Celle diesen Spruch der Vorinstanz absegnete, untermauerten die Karlsruher ihren Respekt vor der Meinungsfreiheit – was sie im übrigen 1966 wieder taten, als die „Spiegel"-Affäre rechtlich abzuwickeln war, also der frontalste Angriff des Staates nach dem Ende des Zweiten Weltkriegs auf die Rechte der Medien sein juristisches Nachspiel hatte.

Die Pressefreiheit ist ein zentraler Maßstab für den Zustand einer Gesellschaft. Schlechthin konstitutiv für eine demokratische Ordnung – so haben die höchsten Richter im gewaltengeteilten System der Bundesrepublik Deutschland das Postulat bereits 1958 auf einsame Höhen gebracht, weltweit gesehen. Unausgesprochen sorgten sie dafür, daß vielfach im Vorfeld sämtlicher Politiker-Gelüste, den Journalisten einen Maulkorb zu verpassen, die Debatten beendet wurden. Spätere Anläufe, nach angelsächsischem Vorbild mit Hilfe von Contempt-of-Court-Regeln Spannungsverhältnisse zwischen Öffentlichkeit und Politik etwa zugunsten beschuldigter Parlamentarier aufzulösen (wie beim Parteispendenskandal 1983/84), scheiterten meist bereits im Ansatz. Dafür waren die Karlsruher Hürden dann doch zu sperrig.

Fernsehen, Computer

Die Zeiten sind schwieriger geworden. In den westlichen Demokratien gewinnen ausgeprägt kaufmännisch denkende Kommunikations-Verwalter die Oberhand. Sie operieren in einem Klima, in dem das Menschenrecht auf Meinungsfreiheit in diesen Breiten nirgends elementar bedroht wird. Es erlebt statt dessen eine solche Eigendynamik und Autonomie, daß der Ruf nach seiner Überprüfung erschallt. Meinungsfreiheit, denken viele, sei längst eine scheinheilige Chiffre, um ungestört mit diesem Grundrecht alles und damit auch Schindluder treiben zu können. Auswüchse ließen sich in der Praxis nicht mehr mit der traditionellen Interpretation des Gesetzesvorbehalts in Artikel 5 der Verfassung steuern. Und die Selbstregulierungsinstrumente der Journalisten hätten versagt. Wieviel Macht hat denn der Deutsche Presserat?

Viele Warner finden die härtesten Belege für ihre Einwände bei den eingespielten elektronischen Medien und den jüngsten Angeboten aus der Zwitterwelt der Computer, Stichwort Internet. Bei letzterem reicht die Palette im weltweit vernetzten und im Prinzip jedem zugänglichen Programm von Texten mit zivilisatorischer Gesinnung bis hin zu obszönem Rechtsradikalismus und Antisemitismus, bis hin zu Pornographie und Pädophilie, Lustmordphantasien einkalkuliert und eingeschlossen. Natürlich beunruhigt das. Und Einspruch bleibt angesagt, wenn ständig brutal-perfektere Inszenierungen von Mord und Totschlag im Kino und im Fernsehen vorzugsweise der privaten Anbieter (der Ziehkinder konservativer Politiker) ohne den geringsten Ansatz einer logischen Begründung ablaufen: reduziert auf den schieren Spaß am Vernichten. Bei Produzenten und Anbietern solcher nackten Gewalt löst es im Zweifel wahrscheinlich nur homerisches Gelächter aus, wenn die Forderung nach freiwilligem Verzicht auftaucht. Die Gesetze des Marktes erlauben kein Forum der Nachdenklichen.

Fragen sind dennoch erlaubt: Wie zivil ist eine Republik, in der es Medien beim Zugriff auf das Freizeitbudget der Bürger gelingt, den „Menschheitstraum von der ewigen Jugend in ein Menschenrecht auf Pubertät" (Richard Schröder) zu verwandeln? Wie ist das mit dem Frauenbild in den einschlägigen Gazetten und wie mit dem Toleranzgebot gegenüber Minderheiten, mit Begriffen wie Fairneß und Solidarität mit den sozial Schwachen, wenn die Kapitäne des allgemeinen Willensbildungsprozesses kompromißlos nach den Regeln des Kommerzes handeln und die moderierenden Schleuser durchs Labyrinth des Lebens größte Mühe haben, das Privileg ihres Tuns zu legitimieren?

Wer die revolutionären Entwicklungen auf dem Kommunikationssektor verfolgt, wer spürt, wie im Sog der Bilder und Banalitäten oder in der hypertrophen Neigung, Sex und Gewalt den Angehörigen der Postmoderne als Lebenselixier unterzujubeln, nicht nur Ansprüche auf Human-Qualität auf der Strecke bleiben, sondern auch die Träger der Kultur als Vorbild ausgedient haben, der hegt schon seine Zweifel am Fortschritt unter der Flagge einer schrankenlosen Liberalität. Und der möchte gerne wissen, in welches Europa die Europäer jenseits der Ökonomie, des Euro und der Globalisierung denn hineinmarschieren.

Die „Ausfallerscheinungen, der Qualitätsverlust, die Aufspaltung des Metiers in einen wertorientierten, seriösen Journalismus und einen kommerzialisierten, auf Massenemotionen spekulierenden" (Hermann Boventer), sind nicht ausschließlich ein deutsches Phänomen. Gut möglich, daß dem Kanon der Menschenrechte Begriffe beigegeben werden, die heute keinen Verfassungsrang besitzen. Denkbar zudem, daß Pressefreiheit als notwendiges Abwehrrecht gegen staatliche Allmacht und Willkür bei jenen eingeklagt werden muß, deren Neigungen virulent sind, die Ursprungsidee zu verraten, den inneren Kern zerstörend – irgendwann im Namen des Virtuellen. Dann könnte das Recht auf wahre Information eines Tages Grundrechtscharakter erhalten wie bereits vor Jahren durch eine Entscheidung des Bundesverfassungsgerichts das Recht auf „informationelle Selbstbestimmung" ein kaum erwartetes Eigengewicht bekam. Und sei es auch bloß in der Form des ungebundenen Staatsziels. Eine zivile Republik mißt sich im übrigen nicht bloß am Freiheits-Volumen, das der Staat gewährt und garantiert, sondern auch an der Art, wie die Nutznießer damit umgehen.

Möglicherweise bleibt aber dieser Sektor der Gesellschaft von scharfer Kritik verschont, weil er auf Wachstum angelegt ist und damit ein nicht mehr hinterfragter Hoffnungsträger bei der hektischen Suche allerorten nach sinnvoller Beschäftigung für die Bürger. Vielleicht erstickt die Freude über jede realistische Chance auf neue Arbeitsplätze selbst schwerste Anwandlungen von Unbehagen über die sich abzeichnenden Entwicklungen gleich im Keim. Es bleibt nämlich bis auf weiteres ein Geheimnis, wie die Bundesrepublik das Heer der Aussortierten und Entlassenen verkleinern und wie man mit dieser Hypothek auch ins Europa der Menschenrechte wechseln will.

Das soziale Umfeld

Das Niveau der Menschenrechte steht und fällt mit dem Niveau des sozialen Umfelds. Wer seine Familie dauerhaft aus eigener Kraft nicht ernähren kann, wer am Tropf der Nothilfe hängenbleibt, über Beruf und Leistung, Kreativität und Anerkennung nicht zu sich selbst findet, der wird im Zweifel erst einmal nur das akzeptieren, was seinem sehr individuellen Bedürfnis nach Sicherheit und Stabilität nützt. Mit solchen Männern und Frauen läßt sich über so komplexe Themen wie Zuwanderung und Asyl, kontinentale Freizügigkeit oder Gleichwertigkeit anderer Kulturen vorurteilsfrei und zivil vermutlich nur schwer reden. Aber auch diese Menschen müssen eingebunden, auch mit ihnen muß der Quantensprung eines erweiterten Zugehörigkeits- und Existenzgefühls gewagt werden.

Ein Europa stabiler Menschenrechte ist kaum denkbar, wenn elementaren Grundbedürfnissen des Alltags keine Rechnung getragen wird. Es gibt in Deutschland zwar kein grundgesetzlich garantiertes Recht auf Arbeit, aber Artikel 1 der Verfassung, der sich mit der Menschenwürde befaßt, begünstigt den Anspruch auf Verwirklichung im Beruf, auf Abwesenheit von Not, auf Absicherung der materiellen Grundlage. In welchem inneren Zustand die Bundesrepublik, teils sehnsüchtig, teils abwehrend-ängstlich in Maastricht ankommen wird, hängt letzten Endes davon ab, ob es gelingt, den Trend zu stoppen, stets weiter im Namen höherer Wettbewerbsfähigkeit oder gewinnbringender Rationalisierung der Betriebe Menschen von der Produktionswelt auszuschließen. Ins Maastrichter Gepäck gehört nämlich nicht nur Theo Waigels sprödes Zahlenmaterial. Europa darf sich nicht beschränken auf die Bedingungen des Kapitals, auf die Hoffnungen der Steuerschätzer und die Spekulationen derer, die den Sozialstaat ab- und umbauen wollen.

Der Schutz der wirtschaftlichen, sozialen und kulturellen Menschenrechte käme viel zu kurz, hat Michael Windfuhr in der „ZEIT“ geschrieben. Diese Aussage dient der keineswegs neuen, aber selten favorisierten Einsicht, daß auch in der westlichen Hemisphäre, deren politische Sprecher immer wieder allen Erdbewohnern ihre Definition der Menschenrechte als zivilisatorische Leistung zu vermitteln versuchen, nicht alles zum Besten bestellt ist. Da schneiden dann Länder wie die Bundesrepublik oder andere aus der Europäischen Union bescheidener ab, wenn nicht nur staatlicher Terror gegen die je eigenen Bürger zur Sprache kommt, wie bei China oder der Türkei, sondern die Kapitel Armut oder Ausländerfeindlichkeit. Und da wächst die Vermutung, daß vom Übergang einer nationalstaatlichen zu einer kosmopolitischen Ordnung Nachbesserungen auf bestimmten Sektoren von Nutzen wären. Da muß nicht gleich eine scharfe Debatte angezettelt werden, weil über Leben und Tod abzustimmen wäre. Man sollte jedoch Bestandsaufnahmen auch nicht mit dem Hinweis verhindern, es ließen sich – wenn überhaupt – nur die wirtschaftlichen Probleme der Vierten Welt als Menschenrechtsthema aufgreifen.

Die Deutschen sondieren die nächste Etappe auf dem Weg nach Europa. Die Frage, wie gut das Land gerüstet ist, läßt sich abschließend nicht beantworten. Die Vergangenheit holt uns gelegentlich massiv ein. Meinungsfreiheit verkümmert streckenweise zum manipulativen Umgang mit dem Grundrecht. Und das Sozialstaatsgebot des Grundgesetzes verliert durch gezielte

Demontage als Wesenselement unserer Demokratie an Bedeutung. Ab und zu möchte man den eigenen Landsleuten größere Anstrengung empfehlen, sich dem Widersprüchlichen, Doppelbödigen, dem Ungesicherten und Utopischen hoffnungsfroh und skeptisch zugleich zu nähern – auch dem kulturellen Teil des Wagnisses Europa, dem zivilisatorischen, nicht nur dem aus den Bedürfnisetagen der Ökonomie und der Banken.

Die Autorinnen und Autoren

Degener, Theresia, Dr., LL.M. (Berkeley), Jg. 1961, Hochschulassistentin im Fachbereich Rechtswissenschaften an der Universität Frankfurt a. M., Mitglied im *Forum behinderter Juristinnen und Juristen in Deutschland.*
Veröffentlichungen u. a.: Das ambulante Pflegerechtsverhältnis als Modell eines Sozialrechtsverhältnisses, Frankfurt a. M. 1994; (mit S. Köbsell) „Hauptsache es ist gesund?" Weibliche Selbstbestimmung unter humangenetischer Kontrolle, Hamburg 1992; (Hgin. mit Y. Koster-Dreese) Human Rights and Disabled Persons, Dordrecht 1995.

Deile, Volkmar, Jg. 1943, seit 1990 Generalsekretär der Sektion der Bundesrepublik Deutschland von *amnesty international*, Bonn; Mitherausgeber des *Jahrbuch Menschenrechte.*
Veröffentlichungen u. a.: (Hg. mit H. Bielefeldt und B. Thomsen) amnesty international: Menschenrechte vor der Jahrtausendwende, Frankfurt a. M. 1993; Menschenrechtspolitik – Von der Notwendigkeit zur Einmischung, in: C. Tessmer (Hg.): Kein Recht auf Menschenrecht? Menschenrechte und internationale Politik, Marburg 1994; Zur Durchsetzung der Menschenrechte. Hg. v. Generalsekretariat der Sektion der Bundesrepublik Deutschland von amnesty international, Bonn 1996.

Diederichs, Otto, Dr., Jg. 1951, freier Journalist, Vorstandsmitglied des ‚Instituts für Bürgerrechte & öffentliche Sicherheit e. V.', Berlin.
Veröffentlichungen u. a.: Fremdenfeindlichkeit – Die Polizei krankt an sich selbst, in: Komitee für Grundrechte und Demokratie (Hg.): Jahrbuch '94/95, Köln 1995; (Hg.) Hilfe Polizei. Fremdenfeindlichkeit bei Deutschlands Ordnungshütern, Berlin 1995; Wissenswertes vom Lauschen, in: Backslash u. a. (Hg.): Der kleine Abhörratgeber, Berlin/Amsterdam 1996; regelmäßige Veröffentlichungen in: Bürgerrechte & Polizei/CILIP.

Frevert, Ute, Prof. Dr., Jg. 1954, Professorin für Neuere und Neueste Geschichte an der Universität Bielefeld.
Veröffentlichungen u. a.: Frauen-Geschichte. Zwischen Bürgerlicher Verbesserung und Neuer Weiblichkeit, Frankfurt a. M. 1986; Ehrenmänner. Das Duell in der bürgerlichen Gesellschaft, München 1991; „Mann und Weib, und Weib und Mann". Geschlechter-Differenzen in der Moderne, München 1995.

Griefahn, Monika, Dipl.-Soziologin, Jg. 1954, MdB, bis 1998 Niedersächsische Umweltministerin, Bonn.
Veröffentlichungen u. a.: (Hgin.) „Wir kämpfen für eine Welt, in der wir leben können" – Greenpeace-Report Nr. 5, Reinbek 1989; „Weil ich ein Lied hab'". Die Politik einer Umweltministerin, München 1994; „Wie können wir überleben?", in: Eine Welt für alle. Lesebuch Dritte Welt, Reinbek 1990.

Hutter, Franz-Josef, M.A., Jg. 1963, Politikwissenschaftler in Mannheim; Mitherausgeber des *Jahrbuch Menschenrechte*.
Veröffentlichungen u. a.: (Hg. mit C. Tessmer) Die Menschenrechte in Deutschland. Geschichte und Gegenwart, München 1997; (Hg. mit H. Speer u. C. Tessmer) Das gemeinsame Haus Europa: Menschenrechte zwischen Atlantik und Ural, Baden-Baden 1998; Deutschland auf dem Weg zur Bürgergesellschaft?, in: Ebenda, S. 103-121.

Janowski, Hans Norbert, Jg. 1938, Pfarrer, 1993-1997 Rundfunkbeauftragter des Rates der Evangelischen Kirche in Deutschland, Direktor des Gemeinschaftswerkes der Evangelischen Publikzistik (GEP) in Frankfurt a. M.
Veröffentlichungen u. a.: (Hg.) Die kanalisierte Botschaft. Religion in den Medien – Medienreligion, Gütersloh 1987; Das Wort und die Wörter, Bild Gottes und die Bilder, in: I. de Haen/C. Eurich (Hg): Hören und Sehen. Die Kirche des Wortes im Zeitalter der Bilder, Stuttgart 1991; Kommunikation als öffentliches Ritual. Mediendemokratie und Medienreligion, in: H. Boventer (Hg): Medien und Demokratie. Hat das Volk die Presse, die es verdient?, Konstanz 1993.

John, Barbara, Jg. 1938, Diplompolitologin, Lehrerin, Ausländerbeauftragte des Senates von Berlin.
Veröffentlichungen u. a.: Sprachlehrwerk für Fatma, Jannis und Branko, Düsseldorf 1982; (mit M. Rommel) Multikulturelle Vielfalt in den Städten, Stuttgart 1994; (Mitherausgeberin) Von Zuwanderern zu Einheimischen. Hugenotten, Juden, Böhmen und Polen in Berlin, Berlin 1996.

Klingst, Martin, Jg. 1955, Rechtsanwalt, stellvertretender Ressortleiter Innenpolitik bei der Wochenzeitung „Die Zeit“, Hamburg.
Veröffentlichungen u. a.: (mit I. v. Münch) Abrüstung, Nachrüstung, Friedenssicherung, München 1983.

Leggewie, Claus, Prof. Dr., Professor für Politikwissenschaft an der Justus-Liebig-Universität Gießen und Fellow am Remarque Institute der New York University.
Veröffentlichungen u. a.: America first? Der Fall einer konservativen Revolution, Frankfurt a. M. 1997; (Hg. mit Chr. Maar) Internet & Politik. Von der Zuschauer- zur Beteiligungsdemokratie, Köln 1998; Von Schneider zu Schwerte. Das ungewöhnliche Leben eines Mannes, der aus der Geschichte lernen wollte, München 1998.

Mönig-Raane, Margret, Jg. 1948, Erzieherin und Sozialarbeiterin (grad.), 1. Vorsitzende der Gewerkschaft Handel, Banken und Versicherungen (HBV), Düsseldorf.

Müller, Kerstin, MdB, Jg. 1963, Volljuristin, Fraktionssprecherin von Bündnis 90/Die Grünen im Deutschen Bundestag, Bonn.

Reemtsma, Jan Philipp, Prof. Dr., Jg. 1952, Vorstand des Hamburger Instituts für Sozialforschung, Vorstand der Arno-Schmidt-Stiftung, Lehrbeauftragter an der Universität Hamburg.
Veröffentlichungen u. a.: (Hg.) Folter. Zur Analyse eines Herrschaftsmittels, Hamburg 1991; Falun. Reden und Aufsätze, Berlin 1992; Der Vorgang des Ertaubens nach dem Urknall. Zehn Reden und Aufsätze, Zürich 1995; Im Keller, Hamburg 1997.

Reifenrath, Roderich, Dr., Jg. 1935, Chefredakteur der Frankfurter Rundschau.
Veröffentlichungen u. a.: Begegnungen mit Richard von Weizsäcker, München 1993; Handelt der Journalist als Teil der Gesellschaft?, in: Medien-Ethik. Beschreibungen, Analysen, Konzepte für den deutschsprachigen Journalismus, Opladen 1992; Der Mob zelebriert die Vereinigung, in: Neues Deutschland. Innenansichten einer wiedervereinigten Nation, Frankfurt a. M. 1993.

Salazar-Volkmann, Christian, Dr., Jg. 1961, war als Mitglied der Geschäftsleitung von UNICEF Deutschland zuständig für die Umsetzung der Kinderkonvention; jetzt Projektleiter der GTZ in Guatemala-Stadt.
Veröffentlichungen u. a.: Kinder haben Rechte. Ein Leitfaden zum Verständnis der Konvention über die Rechte des Kindes, Köln 1996; Die Zerstörung

der Kindheit, in: Der Überblick (1995) 2; Child Rights in Industrialized Countries, Nyon 1995.

Sokol, Bettina, Jg. 1959, Landesbeauftragte für den Datenschutz Nordrhein-Westfalen, Düsseldorf.
Veröffentlichungen u. a.: (Hgin.) 20 Jahre Datenschutz – Individualismus oder Gemeinschaftssinn?, Düsseldorf 1998; Quote allein genügt nicht: Überlegungen zu strukturellen Veränderungen des Rechts, in: M. Krüger (Hgin.): Was heißt hier eigentlich feministisch? Zur theoretischen Diskussion in den Geistes- und Sozialwissenschaften, Bremen 1993; Frauen verändern die Justiz, in: Deutsche Richterzeitung 1996; Datenschutz versus Informationszugang?, in: Datenschutz und Datensicherheit 1997.

Tessmer, Carsten, M.A., Jg. 1963, wissenschaftlicher Mitarbeiter und stellvertretender Geschäftsführer der Bundeskanzler-Willy-Brandt-Stiftung, Berlin; Mitherausgeber des *Jahrbuch Menschenrechte*.
Veröffentlichungen u. a.: Innerdeutsche Parteienbeziehungen vor und nach dem Umbruch in der DDR, Erlangen 1991; (Hg.) Deutschland und das Weltflüchtlingsproblem, Opladen 1994; (Hg. mit F.-J. Hutter) Die Menschenrechte in Deutschland. Geschichte und Gegenwart, München 1997; (Hg. mit F.-J. Hutter u. H. Speer) Das gemeinsame Haus Europa: Menschenrechte zwischen Atlantik und Ural, Baden-Baden 1998.